Kleine Geschichte Schottlands

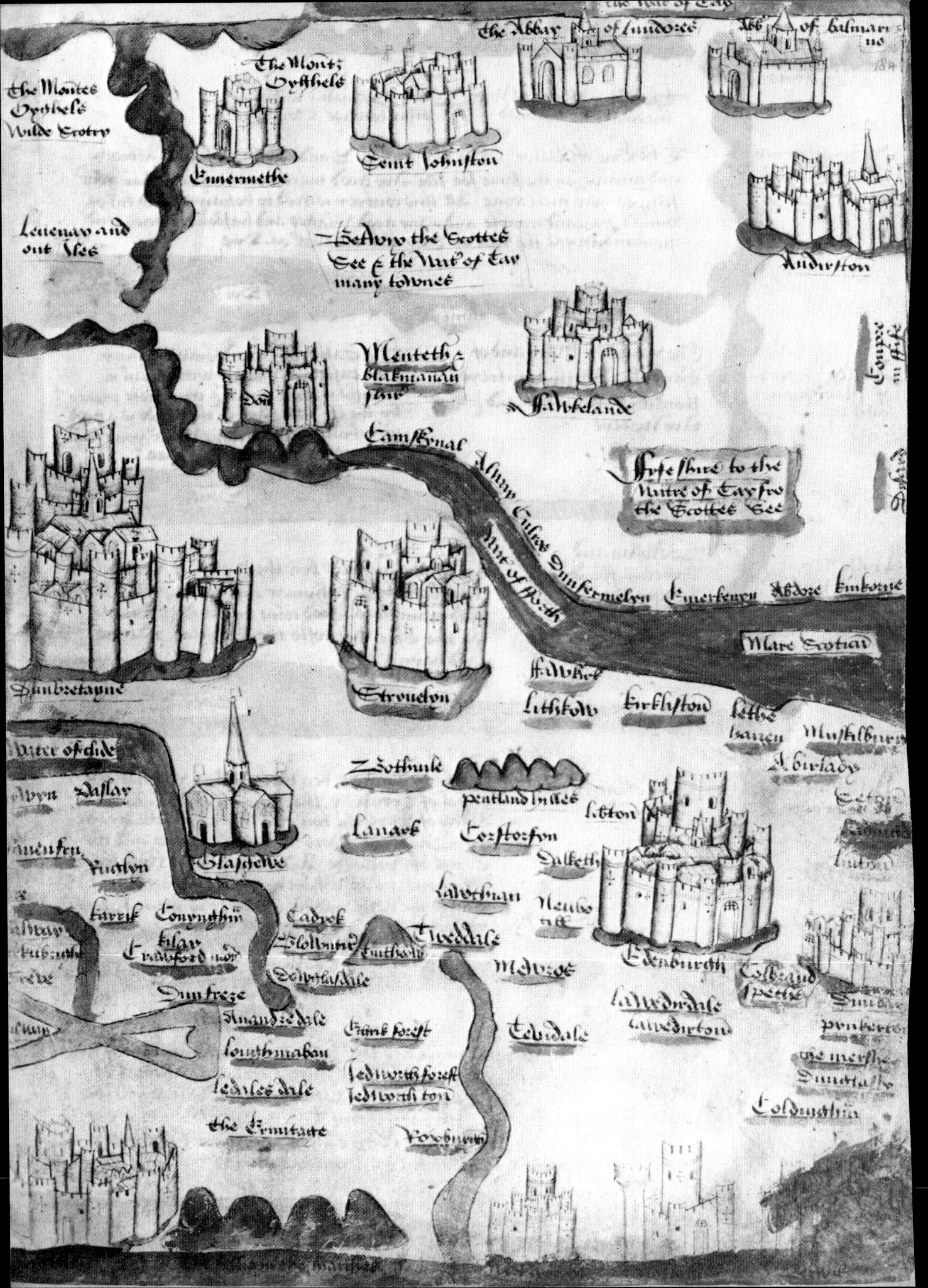

the Abbay of Lundoree
Abb of Balmarino
184
the Montes Gythels Wilde Scotry
The Mont; Gythels
Emermethe
Seint Johnston
Lenenay and out Iles
Betwix the Scottes See & the Watir of Tay many townes
Andirston
Menteth & Blakmanan shir
Faukelande
Camskynal
Abbay Culros
Watir of Forth
Fyfe shire to the Watre of Tay fro the Scottes See
Dunfermelyn
Emerkenyn
Abdore
Kinkorne
Mare Scoticu
Dunbretayne
Strevelyn
Falkirk
Lithkow
Kirkliston
Lethe haven
Muskilburgh
Abirlady
Water of Clide
Paslay
Glasgewe
Bothwile
peatland hilles
Libton
Lanark
Corstorfyn
Dalketh
Newbottle
Cadyok
Tweddale
Edenburgh
Carrik
Conynghm
Kilan
Crawford more
Dowglasdale
Dunfreze
Melroce
Colbrand spethe
Annandale
Louthmaban
Ettrik forest
Tevidale
Lawedirton
pinkerton
the mersh
Dunglasse
Ledisdale
Jedworth forest
Jedworth ton
Coldinghm
the Ermitage
Roxburgh

FITZROY MACLEAN

Kleine Geschichte Schottlands

Mit 233, davon 6 farbigen Abbildungen

»Here's tae us – Wha's like us?«
»Diesen auf uns – Wer ist wie wir?«

Schottischer Trinkspruch

BUSSE SEEWALD HERFORD

DANKSAGUNG

Für unschätzbare Hinweise und kritische Anmerkungen gilt mein Dank Lady Hesketh, Lady Antonia Fraser, Miss Janet Glover und Sir Iain Moncreiffe of that Ilk; ebenso Mr. John Colville, C.B., C.V.O., für den zusätzlichen Vers der Nationalhymne auf Seite 173; und schließlich Miss Priscilla Thorburn für ihre äußerst wertvolle Hilfe bei der Textbearbeitung.

Frontispiz: »Von der *Border* bis zum Tay.«
Ausschnitt aus einer Karte Schottlands um 1460

CIP-Kurztitelaufnahme der Deutschen Bibliothek

Maclean, Fitzroy:
Kleine Geschichte Schottlands / Fitzroy Maclean.
[Aus d. Engl. von Angela Uthe-Spencker]. –
Herford : Busse Seewald, 1986.
Einheitssacht.: A concise history of Scotland (dt.)
ISBN 3-512-00763-5

Englische Originalausgabe:
A Concise History of Scotland

Aus dem Englischen von Angela Uthe-Spencker
Lektorat: Dieter Erb

Satz und Druck: Busse Druck, Herford
Buchbinderei: Röck, Weinsberg
Printed in Germany

ISBN 3-512-00763-5

Inhaltsverzeichnis

Für Veronica

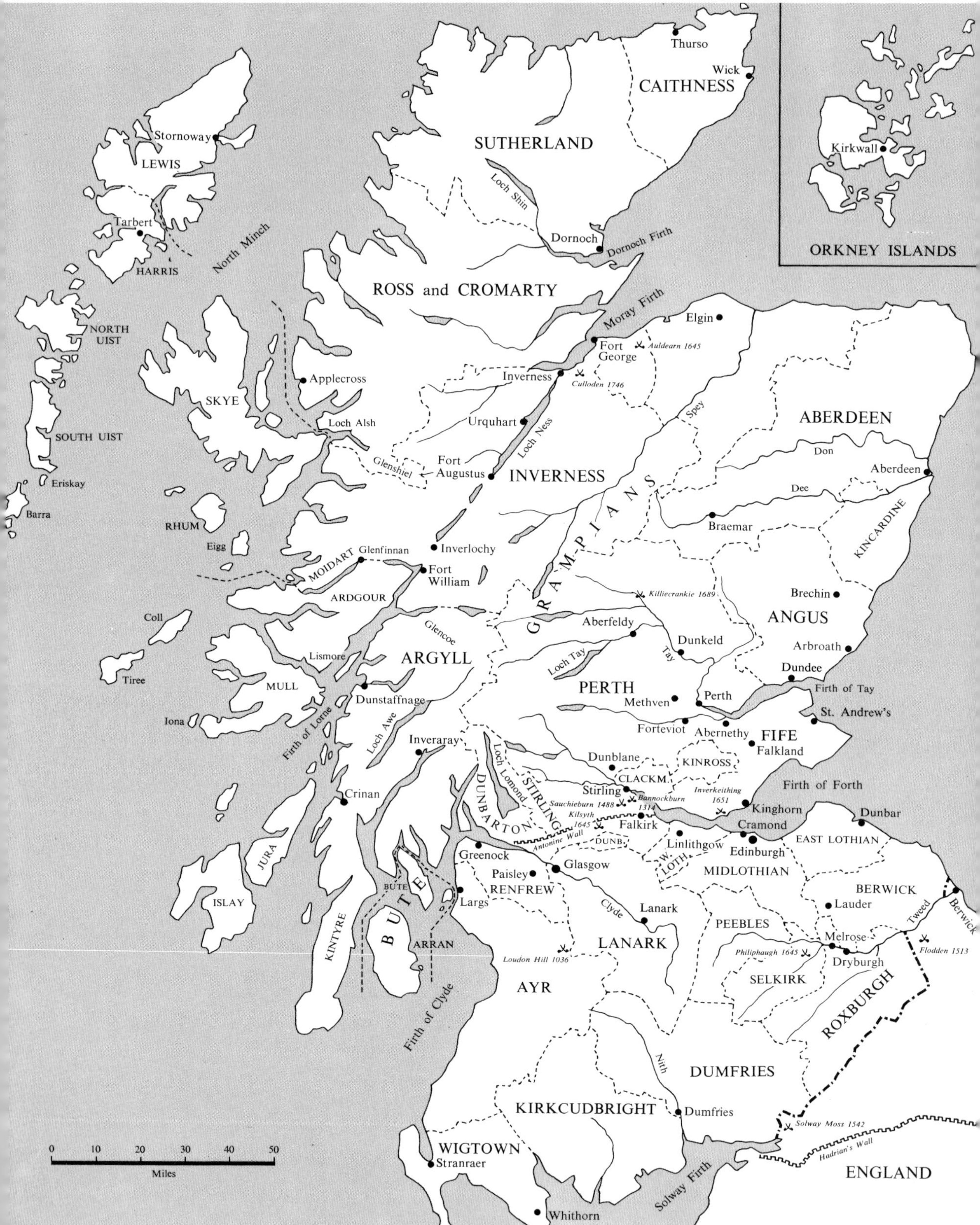

ORKNEY ISLANDS
Kirkwall
Thurso
Wick
CAITHNESS
SUTHERLAND
Loch Shin
Dornoch
Dornoch Firth
ROSS and CROMARTY
Moray Firth
Stornoway
LEWIS
Tarbert
HARRIS
North Minch
NORTH UIST
SOUTH UIST
Eriskay
Barra
SKYE
Applecross
Loch Alsh
Glenshiel
RHUM
Eigg
Fort George
Auldearn 1645
Elgin
Inverness
Culloden 1746
Urquhart
Loch Ness
Fort Augustus
INVERNESS
Spey
GRAMPIANS
ABERDEEN
Don
Aberdeen
Dee
Braemar
KINCARDINE
Inverlochy
MOIDART
Glenfinnan
Fort William
ARDGOUR
Killiecrankie 1689
Brechin
ANGUS
Coll
Tiree
Glencoe
Lismore
ARGYLL
Aberfeldy
Dunkeld
Tay
Loch Tay
Arbroath
Dundee
Firth of Tay
MULL
Iona
Dunstaffnage
Firth of Lorne
Loch Awe
PERTH
Methven
Perth
St. Andrew's
Forteviot
Abernethy
FIFE
Falkland
Inveraray
Loch Lomond
Dunblane
KINROSS
CLACKM.
Stirling
STIRLING
Sauchieburn 1488
Bannockburn 1314
Inverkeithing 1651
Firth of Forth
Kinghorn
Crinan
DUNBARTON
Kilsyth 1645
Falkirk
Antonine Wall
DUNB.
Linlithgow
Cramond
Dunbar
EAST LOTHIAN
Edinburgh
W. LOTH
MIDLOTHIAN
JURA
ISLAY
Greenock
Paisley
Glasgow
RENFREW
BUTE
Largs
Clyde
Lanark
PEEBLES
BERWICK
Lauder
Berwick
Tweed
Melrose
KINTYRE
ARRAN
LANARK
Loudon Hill 1036
Philiphaugh 1645
Dryburgh
Flodden 1513
SELKIRK
ROXBURGH
AYR
Firth of Clyde
Nith
DUMFRIES
KIRKCUDBRIGHT
Dumfries
Solway Moss 1542
Hadrian's Wall
WIGTOWN
Stranraer
ENGLAND
Solway Firth
Whithorn
0
10
20
30
40
50
Miles

I.

»Der Rost schottischer Barbarei wurde wegpoliert«

Die Frühgeschichte Schottlands ist wie die der meisten Länder weitgehend von den »Nebeln der Vorzeit« verhüllt, doch trifft diese Redewendung hier noch stärker als sonstwo zu. Fleißige Archäologen haben aus ihren Funden wie Muscheln und Werkzeugen aus Knochen und Stein, aus Monolithen, Megalithen und grasbewachsenen Grabhügeln, aus crannogs* und brochs** und kaum mehr erkennbaren Wällen ein paar Grundfakten über die Bewohner unseres Landes während der Steinzeit und Bronzezeit zusammengestellt; auch über die ersten Kelten, die viele Jahrhunderte später in aufeinanderfolgenden Wellen

* schottisch und irisch für Pfahlbauten
** prähistorischer runder Steinturm in Schottland

Prähistorische, aufrecht stehende Steine von Stennes, Orkney-Inseln.

Skara Brae, Orkney-Inseln: steinzeitliches Wohnhaus.

Erste schriftliche Zeugnisse

eindrangen, konnten wir auf diese Weise einige Erkenntnisse gewinnen. Mit Beginn unserer Zeitrechnung stoßen wir auf erste schriftliche Zeugnisse zur Geschichte Schottlands. Man findet sie in den Werken des römischen Historikers Tacitus, dessen Schwiegervater, Gnaeus Julius Agricola, zu der Zeit Statthalter der römischen Provinz Britannia, im Jahre 81 n. Chr. mit der Neunten Legion in das heutige Südschottland einfiel.

Tacitus berichtet, daß Agricola von einem Stützpunkt in Nordengland aus bis auf die Höhe der Flüsse Forth und Clyde vordrang und plante, diese Linie mit einer Kette aus Kastellen zu sichern. Sein Hauptlager errichtete er in Stirling. Auf seinem Vorstoß nach Norden, bei dem er in Verbindung mit seiner Flotte blieb, kam es zu einer Feindbegegnung mit den heimischen Kaledoniern unter deren Anführer Calgacus. In einer offenen Feldschlacht am Mons Graupius im Osten Schottlands – manche halten den Moncreiffe für diesen Berg – fügte er ihnen eine schwere Niederlage zu.

Goldmünze mit dem Kopf des römischen Kaisers Hadrian, 117–138, der 121 Britannien besuchte und den Befehl für die Errichtung eines Verteidigungswalles gegen die plündernden nordischen Stämme erteilte. Diese Mauer, die vom Solway-Sund bis zum Tyne reichte, ist noch fast auf der ganzen Länge erhalten.

Gegenüber: Blick auf den Hadrianswall von Cuddy's Crag aus.

Dies geschah im Spätsommer 83. Nachdem Agricola am Ufer des Tay überwintert hatte, wollte er weiter nach Norden vordringen. Doch im Frühjahr 84 erhielt er aus Rom plötzlich den Befehl zum Rückzug. *»Perdomita Britannia et statim omissa«*, schrieb Tacitus verdrießlich, »Britannia erobert und dann auf der Stelle weggeworfen«. Nach diesen Begebenheiten scheint Rom eine eher defensive Strategie Schottland gegenüber eingeschlagen zu haben. Im Jahre 121 besuchte Kaiser Hadrian selbst Britannien und baute vom Meeresarm Solway im Westen bis zur Mündung des Tyne im Osten den Hadrians-Wall. Und zwanzig Jahre danach baut Lollius Urbicus, nun Statthalter von Britannia, von der Mündung des Forth im Osten bis zur Mündung des Clyde im Westen seinerseits den Antoninus-Wall.

Später wiederum, im Jahre 208, versuchte der alte Kaiser Severus, zweifellos ermutigt durch die Reihe seiner grandiosen Siege von Illyrien bis zum Euphrat, erneut, das schottische Problem zu meistern. Er errichtete in Cramond einen Flottenstützpunkt und stieß dann nordwärts bis zum Moray Firth vor. Doch

Römischer Berittener, der vier nordische Stammesangehörige niederreitet. Gemeißelte Steinplatte vom Antoninuswall, 2. Jh. n. Chr.

seine kaledonischen Gegner waren weiser als ihre Vorväter und vermieden eine offene Feldschlacht. Nach drei Jahren, während derer er lediglich ergebnislose Scharmützel verzeichnen konnte, kehrte Severus nach Eboracum, dem heutigen York, zurück, wo er nach all diesen Anstrengungen starb.

Das wirre Bergmassiv der Grampians und die dichten Wälder, die zu jener Zeit fast ganz Innerschottland bedeckten, begünstigten Überfälle aus dem Hinterhalt, und die Kaledonier bedienten sich dieses Vorteils ausgiebig. Nicht lange nach dem Feldzug des Severus gaben die Römer den Antoninus-Wall auf und räumten ihre nördlichen Stützpunkte. Noch rund hundert Jahre blieb der Hadrians-Wall die römische Grenze, und das südlich davon liegende Britannia genoß eine Zeitspanne relativen Friedens. Doch in der zweiten Hälfte des vierten Jahrhunderts fingen die Volksstämme aus dem Norden an, mit einer Reihe immer kühnerer und erfolgreicherer Überfälle durchzubrechen. Gleichzeitig begannen angelsächsische Seeräuber über die Nordsee hinweg einzufallen. Wären Roms Legionen nicht näher der Heimat voll beschäftigt gewesen, hätten sie wohl, wie ursprünglich geplant, Schottland erobert. Doch so hatten

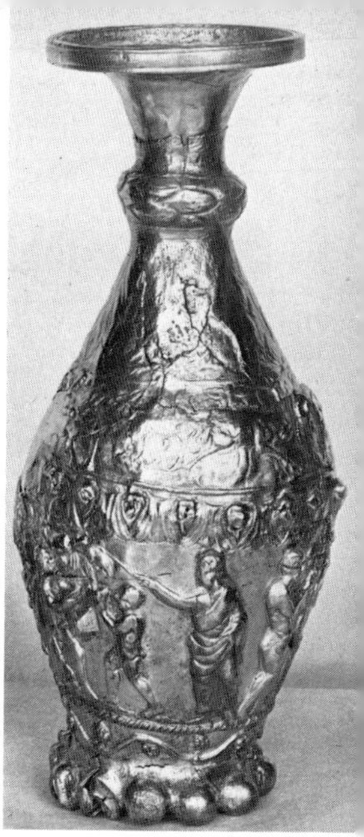

Teile eines Schatzes römischen Silbergeschirrs aus dem 4. Jh., aufgefunden bei Traprain Law in East Lothian.
a) Flasche, die mit biblischen Szenen geschmückt ist,
b) zwei Kelche,
c) Schale mit einem Fries aus Jagdmotiven – Hyänen fallen Schafe an.

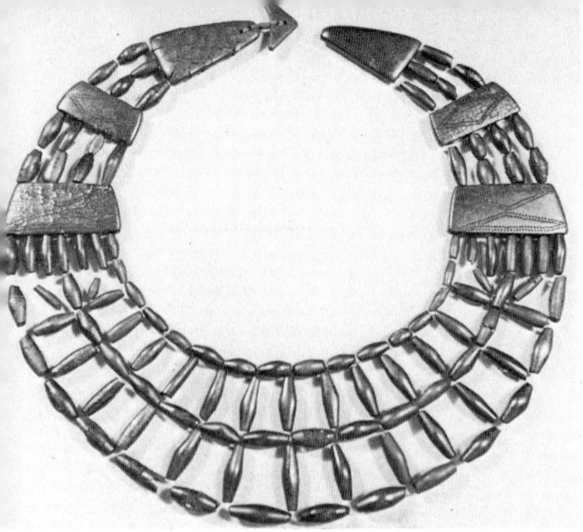

Die Pikten, die keltischen Ursprungs waren, haben Schottland wahrscheinlich vom europäischen Festland im ersten Jahrhundert vor Christi erreicht. Die kunstvolle Jetkette, die bei Poltalloch in Argyll gefunden wurde, stammt aus der frühesten Zeit dieser Einwanderung.

sie sich zum Ende des 4. Jahrhunderts zurückgezogen. Ihr kultureller Einfluß blieb gering. Etwa 430 hatten sie auch Britannien südlich des Hadrian-Walls aufgegeben. Bald hatten barbarische Teutonen, die Angeln und Sachsen, ihre Stelle eingenommen und die Britannier in Refugien vertrieben.

Damals waren die Pikten der mächtigste von vier Volksstämmen in Schottland, das sie von Caithness im Norden bis zum Forth im Süden beherrschten. Sie waren keltischer Abstammung und manche Forscher meinen, daß sie ursprünglich im Zuge der Keltenwanderungen vom europäischen Kontinent gekommen waren, die während des ersten Jahrtausends vor Christus zu verschiedenen Zeiten die Britischen Inseln erreichten. Andere sagen, sie wären skytischer Abstammung gewesen.

Die benachbarten Britannier in Strathclyde, auch ein keltischer Volksstamm mit einer verwandten Sprache, beherrschten das Gebiet zwischen dem Clyde und dem Solway bis hinein nach Cumbria. Im Osten war das Land südlich des Forth jetzt von Angelsachsen besetzt, die ein Gebiet unter ihrer Gewalt hatten, das sich südlich bis hinein nach Northumbria erstreckte. Wie ihre angelsächsischen Rassengenossen weiter südlich kamen sie aus Gegenden zwischen der Mündung des Rheins und dem Baltikum.

Im Westen schließlich gab es das Königreich Dalriada. Es umfaßte das heutige Argyll, Kintyre und die benachbarten Inseln. Hier hatten sich im dritten und vierten Jahrhundert unserer Zeitrechnung die Skoten, ein kriegerischer keltischer Volksstamm aus Nordirland, angesiedelt. Obwohl sie anfänglich von den

Ein Flachrelief auf einem Grabstein der Orkney-Inseln zeigt drei piktische Krieger; die Darstellung mutet fast assyrisch an.

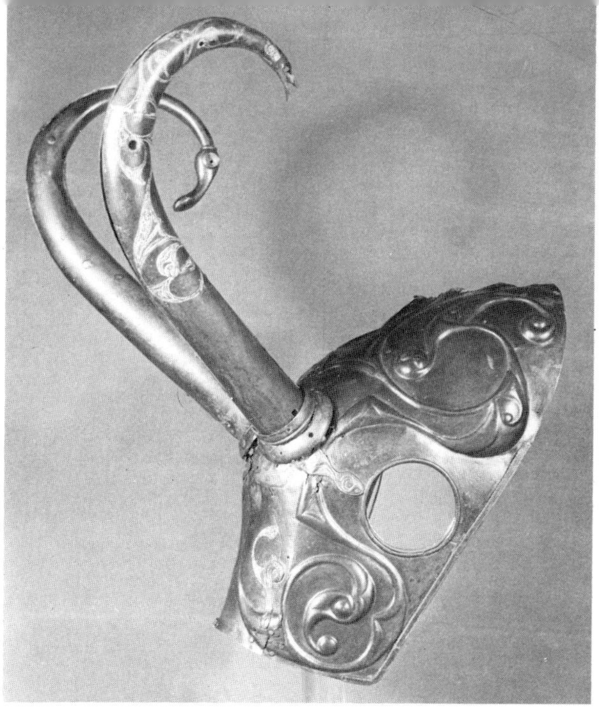

Die gemeißelte Sandsteinplatte aus Ross-shire zeigt eine Jagdszene mit einer Reiterin und zwei Trompetern. Die kunstvolle Verzierung läßt eine Entstehungszeit um 800 v. Chr. vermuten.
Stirnschild eines Streitrosses aus gravierter und gehämmerter Bronze, wahrscheinlich aus dem 2. Jh. v. Chr. Diese eigenartigen Stirnschilde schützten die Köpfe der Pferde, die die Kampfwagen der keltischen Häuptlinge zogen.

Pikten überschattet wurden, so sollten sie schließlich im ganzen Land, das zu der Zeit noch Alba oder Alban hieß, ihren Namen geben. Obwohl die Pikten und die Skoten sich zeitweise vereinten, um die Römer zu überfallen, so standen die Skoten, die eine andere keltische Sprache sprachen und deren oberste Loyalität den Skoten jenseits des Meeres im irischen Dalriada galt, von Anfang an in Konflikt mit ihren piktischen Nachbarn. Es war ein Konflikt, der viel Blutvergießen kostete und mehrere hundert Jahre bis zu seiner Beilegung andauerte.

Christliche Missionare

Im Laufe der drei Jahrhunderte nach dem Abzug der Römer wurden die Pikten, die Skoten, die Britannier und schließlich sogar die Angelsachsen, zumindest dem äußeren Anschein nach, zum Christentum bekehrt. Die ersten christlichen Missionare standen vor keiner leichten Aufgabe. Heidnische Vorurteile und Traditionen hatten tiefe Wurzeln; die Stämme, zu denen sie sich begaben, waren kriegerisch und untereinander verfehdet; das Land war bergig und nur schwer zugänglich. Doch das Zeitalter brachte eine ganze Folge bemerkenswerter Männer hervor, die Zähigkeit, Charakterstärke und Glaubenseifer besaßen.

Der Papil-Stein von Shetland (piktisch, frühes 9. Jh.); die Vogelmenschen sind typisch für die piktische Vorliebe für Mythen und Ungeheuer.

Einige Anzeichen weisen darauf hin, daß schon zur Zeit der Römer kleine christliche Gemeinschaften nördlich des Hadrians-Walls existierten. Zweifellos gab es unter den Legionären auch schon Christen, die den neuen Glauben mit ins Land brachten. »Das von den Römern unerreichte britannische Land hat Christus erobert«, schrieb Tertullian im Jahre 208, *»Britannorum inaccessa Romanis loca, Christo vero subdita«*. St. Ninian, der erste große christliche Missionar in Alba, war Sohn christlicher Eltern. Nach einem Besuch in Rom, wo er zum Bischof geweiht wurde, kehrte er 397 oder 398 in seine Heimat Strathclyde zurück und gründete dort bei Whithorn, nahe dem Solway Sund, ein Kloster, das Candida Casa. Es diente schon bald als Priesterseminar und als Ausgangspunkt christlicher Missionen, nicht nur zu den Britanniern, sondern auch zu den Pikten. Doch obwohl St. Ninians Missionare das Great Glen entlang nordwärts nach Caithness und Sutherland vorstießen und, wie vermutet wird, sogar die Orkney- und Shetlandinseln erreichten, scheinen sie, teils aus sprachlichen und teils aus geographischen Gründen, nur wenig Kontakt mit Dalriada gehabt zu haben.

Durch die Jahrhunderte hindurch hatten die schottischen Siedler in Dalriada ihre Stellung in den von ihnen eroberten Gebieten gefestigt, wobei sie in enger Berührung mit ihrem Stammkönigreich in Irland blieben. Ungefähr im Jahr 500 führten Fergus MacErc und seine beiden Brüder, Angus und Lorne, einen erneuten irischen Einfall nach Schottland durch und gründeten eine neue Dynastie mit ihrer Hochburg in Dunadd, nahe Crinan, das jetzt die Hauptstadt Schottisch-Dalriadas wurde. Doch Fergus und seine Nachfolger zahlten auch

Verschlungene Tierfiguren und Spiralen auf einer piktischen Kreuzsteinplatte aus dem 8. Jh.

St. Ninian, erster der großen christlichen Missionare in Schottland, ist hier in einem Stundenbuch aus dem 15. Jh. als Bischof dargestellt.

St. Columba, Missionar und Staatsmann, kam 563 aus Irland nach Iona. Federzeichnung aus dem *Leben St. Columbas* von Adamnan, 9. Jh.

weiterhin Tribut an Irland und akzeptierten die irische Oberhoheit. Von Irland aus trafen dann auch Mitte des sechsten Jahrhunderts die ersten christlichen Missionare in Dalriada ein. Der früheste war St. Oran, der christliche Kirchen auf Iona, Mull und Tiree errichtete, doch noch nicht auf dem Festland. Er starb 548 an der Pest. 563 traf St. Columba aus Irland ein. Er ließ sich auf Iona nieder und machte es zum Stützpunkt für seine Missionen zum Festland und zu den anderen Inseln.

Columba war in jeder Beziehung ein bemerkenswerter Mann. Er stammte aus königlichem Geschlecht und besaß einen machtvollen Geist und eine kräftige Konstitution. Irland schien er in Ungnade verlassen zu haben. In Schottisch-

Dort, wo sich einst das Kloster St. Columbas und eine später hinzugefügte mittelalterliche Abtei befand, steht die erst kürzlich wiedererbaute Kathedrale von Iona. Im Vordergrund das St.-Martins-Kreuz.

Dalriada war sein Einfluß nicht nur religiös, sondern auch im hohen Maße politisch. Er traf im Land ein, als die Skoten gerade eine vernichtende Niederlage durch die Pikten erlitten hatten, ihr König getötet worden war, ihr Kampfgeist ermattete und ihre Unabhängigkeit in Gefahr stand. Er predigte nicht nur das Evangelium, sondern ergriff wirksame Maßnahmen, um die Monarchie wiedereinzusetzen und zu festigen. Aidan the False, der Falsche, den er jetzt anstelle des rechtmäßigen Thronerben zum König machte, erwies sich als schlauer und findiger Monarch. Das gute Werk, das er begann, wurde von seinen Nachfolgern fortgesetzt, besonders von Eochaid the Venomous, der Boshafte, der erfolgreich das feindliche Lager infiltrierte, indem er eine piktische Prinzessin heiratete. Es dauerte nicht lange, da behaupteten die Skoten wieder ihre Stellung gegenüber den Pikten.

Von Dalriada aus drang Columba weit vor ins nördliche Piktenland, bezwang ein Monster, das ihn auf Loch Ness bedrohte und stellte die heidnischen Priester am Hof des dortigen Königs mühelos in den Schatten. Bei seinem Tod im Jahr 579 war Dunadd die unbestrittene Regierungshauptstadt, während Iona den Kern einer weit expandierenden Kirche bildete, die sich nach Gesetzen, die noch nicht auf einer bischöflichen Verfassung ruhten, ausrichtete.

Ebenso von Irland kam St. Moluag, der 562 ein Kloster auf der Insel Lismore gründete, und St. Maelrubba, der sich in Applecross ein Jahrhundert später niederließ. Von Westen her zogen sie durch Dalriada bis weit in piktisches Gebiet und gründeten unterwegs Missionen und Klöster. Bald nach dem Tod von St. Columba war St. Aidan von Iona aus aufgebrochen, um die Angeln in Northumbria zu bekehren. Er ließ sich auf dem Holy Island nahe Bamburgh nieder. St. Cuthbert, der Apostel der Angelsachsen in Lothian, kam mit seiner Inspiration auch von Iona.

Das St.-Martins-Kreuz von Iona.

Die Versuchung Christi: eine Illumination aus dem *Book of Kells.* Diese prächtige Handschrift aus dem 9. Jh., die sich jetzt in Dublin befindet, könnte im Kloster von Iona begonnen worden sein.

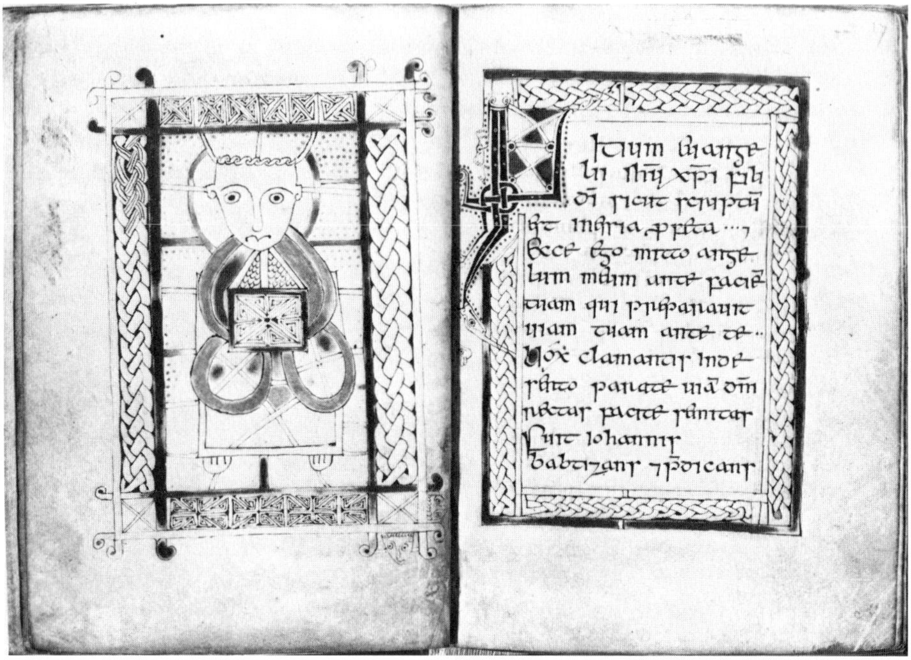

Anfang des Markus-Evangeliums in lateinischer Sprache, mit einer Darstellung des Evangelisten. *Book of Deer*, 9. Jh.

Obwohl mit dem Ende des siebten Jahrhunderts in allen vier Königreichen von Alba das Christentum vorherrschte, so waren sie noch weit von einer politischen Einigung entfernt. Auch standen sie theologisch nicht im Einklang mit dem Rest der Christenheit. Ohne Verbindung zu Rom hatte der keltische Klerus Ansichten über Themen wie den Schnitt der Tonsur oder das Osterdatum entwickelt, die vom Vatikan und ihren Mitchristen weiter südlich beklagt wurden. »Gottlos«, »sündhaft« und »gesetzlos« waren einige der Bezeichnungen, die in diesem Zusammenhang von keiner geringeren Autorität als dem Hochehrwürdigen Beda angewandt wurden. Am Ende mußten sich die Kelten vor überlegenem Reichtum und überlegener Organisation geschlagen geben. Doch sie hatten zum christlichen Erbe einen beachtlichen Beitrag geleistet. »Die keltische Kirche gab die Liebe, die Römische Kirche gab das Gesetz«, lautet das Sprichwort. Am Ende siegte das Gesetz.

Inzwischen drohten Schwierigkeiten aus einer anderen Richtung. Vom Ende des achten Jahrhunderts an begannen die Norweger ihre Angriffe auf Schottland und faßten allmählich Fuß, mit festen Stellungen auf den Inseln und in den Küstengebieten. Mit Ende des neunten Jahrhunderts hatten sie die Orkney-, Shetland- und Westlichen Inseln erobert, dann Caithness und Sutherland.

Die Zwiste und Uneinigkeiten zwischen den vier Königreichen schwächten ihren Widerstand gegen den gemeinsamen Feind. Zwischen den Pikten und Skoten hielten die Feindseligkeiten an, während die Britannier in Strathclyde

Detail aus dem *Ruthwell Cross*, Dumfriesshire, zeigt Maria Magdalena, wie sie die Füße Christi mit ihren Haaren trocknet.

keinen Umgang mit den Angeln in Lothian und Northumbria haben wollten. Eine Zeitlang hatte es den Anschein, als ob die Angeln die Vorherrschaft über ihre nördlichen Nachbarn erringen würden, doch die entscheidende Niederlage, die ihrem König Ecgfrith durch die Pikten 685 in der Schlacht von Nectansmere zugefügt wurde, schloß dies nachhaltig aus.

Erst im neunten Jahrhundert wurde schließlich eine gewisse Einigkeit erzielt. Kenneth MacAlpin, König der Skoten von Dalriada und gleichzeitig Anwärter auf den piktischen Thron, in der Überlieferung ein Mann von »außerordentlichem Scharfsinn«, fiel im Jahr 843 über die Pikten her, mit deren herrschender Dynastie er verwandt war. Die Pikten waren durch die Überfälle der Norweger geschwächt, und nachdem er alle rivalisierenden Thronanwärter aus dem Weg geräumt hatte, ernannte er sich über alles Gebiet nördlich des Forth zum König. Seine Hauptstadt verlegte er von Dunadd nach Forteviot im Herzen des piktischen Gebietes, und das religiöse Zentrum seines Königreiches wechselte über nach Dunkeld. Von Iona brachte er auch die sterblichen Überreste des St. Columba dorthin. »Er war also der erste Skote, der die Alleinherrschaft über ganz Alba besaß, das sich heute Schottland nennt«, heißt es in der Huntingdon Chronik.

Über dic Pikten, die mehr als tausend Jahre lang über fast ganz Schottland geherrscht hatten, erfuhr man fast überhaupt nichts mehr. Sie wurden, modern ausgedrückt, gleichgeschaltet und verschwanden in der Geschichte als eine schattenhafte, unzureichend bezeugte Volksrasse ungewisser Gebräuche und Sitten, möglicherweise tätowiert oder bemalt, denn das bedeutet schließlich ihr Name im Lateinischen.*

* Mit aller gehörigen Wertschätzung W. C. Mackenzie gegenüber, der dies abweist als »eine unhaltbare Interpretation«.

Dieser verzierte silberne Schwertgriff, der auf der Insel Eigg gefunden wurde, ist sowohl ein schönes Beispiel für das frühe skandinavische handwerkliche Können als auch ein Hinweis auf die Kampfeslust der Norweger, die die westliche Küste und die Inseln während des 9. Jh. bedrohten.

Das Monymusk-Reliquiar, in dem die Gebeine St. Columbas von König Kenneth MacAlpin von Iona nach Dunkeld gebracht wurde
Die Hunterston-Spange, aus vergoldetem Silber und mit Bernstein besetzt, ist ein typisches Beispiel für keltisches handwerkliches Könn
während des 8. J

Kenneth MacAlpin

Kenneth MacAlpin versuchte bis zu seinem Tod im Jahr 858 wiederholt die Angeln in Lothian zu unterwerfen. Doch das gelang ihm nicht. Seinen Nachfolgern, die in beständigen Kriegen mit den Norwegern verwickelt waren, erging es nicht besser. Erst eineinhalb Jahrhunderte später, 1018, siegte sein Nachfahre Malcolm II. bei Carham über die Angeln und brachte damit schließlich die Lothianer unter schottische Herrschaft. Im selben Jahr starb der König der Britannier von Strathclyde ohne Leibeserben und sein Nachfolger wurde Malcolms Enkel und Erbe Duncan, der einen Anspruch auf den Thron von Strathclyde durch die mütterliche Linie geltend machen konnte. Sechzehn Jahre später, 1034, ging nach dem Tod seines Großvaters auch die Königswürde Schottlands auf Duncan über. Auf diese Weise wurden die Grenzen des schottischen Königreiches noch weiter ausgedehnt und reichten weit in jetzt englische Gebiete.

Malcolm und Margaret

1040, nach einer kurzen, eher ungeschickten Herrschaft, wurde Duncan im Kampf von Maelbeatha oder Macbeth, dem Mormaer of Moray, getötet, der Anspruch auf den Thron für sowohl sich als auch seine Frau erhob und sich jetzt selbst zum König ernannte. Macbeth scheint, entgegen der allgemeinen Überlieferung, ein weiser Monarch gewesen zu sein, der Schottland während siebzehn blühender Jahre erfolgreich und gut regierte. 1050, so wird überliefert, pilgerte er nach Rom und »streute dort Geld wie Saat unter die Armen«. Doch sieben Jahre später wurde er von Duncans ältestem Sohn, Malcolm, geschlagen und getötet, der das Anrecht auf den Thron seines Vaters, den er jetzt für seine Familie zurückgewann, nie aufgegeben hatte.

Malcolm III., den seine Zeitgenossen Ceann Mor, d. h. Großkopf, nannten, war von seinem neunten Lebensjahr an in England aufgewachsen. 1069, zwölf Jahre nach seiner Rückkehr nach Schottland, heiratete er seine zweite Frau, die englische Prinzessin Margaret, die mit ihrem Bruder Edgar the Atheling, Fürst der Angelsachsen, nach der Eroberung Englands durch die Normannen im Jahr 1066 in Schottland Zuflucht gesucht hatte.

Die normannische Eroberung erwies sich für Schottland fast ebenso bedeutend wie für England. Von nun an spielten England und seine Herrscher in den Angelegenheiten Schottlands auf diese oder jene Weise eine immer größer werdende Rolle. Englische und normannische Einflüsse machten sich in zunehmendem Maße in den Lowlands spürbar. Unter Malcolm und seinen Nachfolgern wurden, auf jeden Fall in Südschottland, die Grundlagen des Lebenssystems geschaffen. Margaret, eine fromme und entschlossene junge Frau, machte es sich zur Aufgabe, englischen Lebensstil und englische Sitten am Hof ihres Mannes einzuführen. Sie kümmerte sich auch um den schottischen Klerus und versuchte ihm, zu seinem Entsetzen, die religiösen Bräuche, die in England vorherrschten, aufzudrängen: Zölibat, Armut usw. Bald erhielt unter ihrem Einfluß das Leben am Hof einen zivilisierten Anstrich, während in der

Die Figuren eines Schachspiels, geschnitzt aus Walroßelfenbein (skandinavisch, 12. Jh.), wurden 1831 auf der Insel Lewis gefunden. Der König, rechts, ist ungefähr 10 cm hoch.

St. Margaret, Königin an der Seite Malcolms III. Ceann Mor, aus einer Handschrift des 15. Jhs. Unter ihrem und Malcolms Einfluß wurde das Leben am Hofe kultivierter und englische Moden und Sitten eingeführt. Sie befahl die Wiedererbauung des Klosters von Iona, und wegen ihrer Verdienste um die Kirche wurde sie 1251 heiliggesprochen.

Kirche allmählich ein geregeltes Diözesensystem Form annahm. Malcolm, selber englisch erzogen, neigte zu den Ansichten seiner Frau, und während seiner Herrschaft verlagerte er das kulturelle Zentrum seines Königreiches nach Süden ins angelsächsische Lothian, womit er den keltischen Norden ernsthaft kränkte.

Doch Malcolms Interesse an seinen südlichen Nachbarn war nicht nur kultureller, sondern auch strategischer Art. Die nördlichen Grafschaften Englands reizten seinen Expansionswillen und in seinem Schwager Edgar the Atheling beherbergte er an seinem Hof einen rechtmäßigen Anwärter auf den englischen Thron. Deshalb wagte er eine Reihe von Überfällen über die Grenze nach Northumberland und Cumberland hinein. Dies provozierte Vergeltungsmaßnahmen seitens der Normannen, und 1071 drang William the Conquerer, Wilhelm der Eroberer, schließlich in Schottland ein und zwang Malcolm, ihm in Abernethy zu huldigen. In den Zeiten, wo keine Kämpfe stattfanden, wurden zwischen den beiden Ländern freundschaftliche Beziehungen aufrechterhalten, denn Malcolm war am englischen Hof eine populäre Gestalt geblieben. Jedoch 1093 wurde er im Verlauf eines Angriffs auf Alnwick in Northumberland (der, so hieß es, eine normannische Invasion vorbeugen sollte) aus dem Hinterhalt von einem seiner normannischen Freunde namens Morel getötet. Königin Margaret starb drei Tage später. Fromm hatte sie noch ein Gebet gestammelt und gedankt, daß ein solches Elend die letzten Augenblicke ihres Erdendaseins läuterten. Sie wurde nach angemessener Zeit heiliggesprochen.

Nach Malcolms Tod befand sich Schottland dreißig Jahre lang in Unruhe. Es wurde von einer Folge schwacher und unsicherer Könige beherrscht. Der erste war Malcolms sechzig Jahre alter Bruder Donald Ban, der nach dem Tode seines Vaters, während Malcolm sich in England befand, auf die Hebriden geschickt worden war. So war er eher unter norwegischen und keltischen als englischen oder normannischen Einfluß geraten. Nach seiner Thronbesteigung übernahm er nicht Malcolms anglonormannische Verhaltensweise und politische Linie.

Damit gewann der neue König keineswegs die Zuneigung von William Rufus, dem Roten, der nach dem Tod seines Vaters, William the Conquerer, den englischen Thron bestiegen hatte. 1094 sandte er Duncan, Malcolms Sohn aus erster Ehe, den er in England als Geisel behalten hatte, um seinen Onkel mit Gewalt vom Thron zu verjagen. Das gelang ihm auch. Er wurde jedoch fast sogleich ermordet und der alte Donald Ban wieder auf den Thron gesetzt. Doch nicht für lange. 1097 verjagte ihn eine anglonormannische Streitmacht und machte Duncans Halbbruder Edgar zum König. Edgar handelte nach dem Grundsatz, wer mir hilft, dem helfe ich, und während seiner Herrschaft wurden mehr Normannen als je zuvor in Südschottland angesiedelt. Er einigte sich auch mit Magnus Barfuß, dem König von Norwegen, dem er formell die Hebriden und Kintyre abtrat, was die Norweger eigentlich schon lange in Besitz genommen hatten. So wurde St. Columbas heilige Stätte, Iona, die so lange Begräbnisplatz der schottischen Könige gewesen war, norwegisches Gebiet,

In Abernethy in Perthshire steht einer der drei übriggebliebenen alten Rundtürme von Schottland. Sie waren von keltischen Mönchen als Zuflucht vor plündernden Wikingern erbaut worden. In Abernethy hatte man 1071 Malcolm gezwungen, Wilhelm I. zu huldigen.

und der alte Donald Ban war der letzte seiner Dynastie, der dort beigesetzt wurde.

Nach Edgars Tod im Jahr 1107 wurde Alexander, ein weiterer Bruder und wie er Sohn von Malcolm und Margaret, sein Nachfolger. Alexander herrschte jedoch nur über das Land zwischen dem Forth und dem Spey und überließ Argyll, Ross und sogar Moray sich selbst, während mit der Verantwortung für den Teil Schottlands südlich des Forth sein jüngerer Bruder David betraut wurde. Alexanders Schwester Maud war die Frau König Heinrichs I. von England geworden, während er selbst Heinrichs schöne, luxusliebende Tochter Sibylla geheiratet hatte. Er war also zu gleicher Zeit Schwager und Schwiegersohn, und unter seiner Herrschaft wurde die Verbindung zu England noch enger und englisch-normannischer Einfluß noch größer als zuvor.

1124 starb Alexander und ihm folgte sein Bruder David auf den Thron, der neunte Sohn Malcolms III. und schon Herrscher über den größten Teil Südschottlands. David, bei weitem das bemerkenswerteste von Malcolm und Margarets Kindern, sollte Schottland fast dreißig Jahre lang regieren. Für Schottland waren dies ereignisreiche Jahre. David war wie seine Brüder in England aufgezogen worden. Er hatte dort eine normannische Erziehung genossen und viele normannische Freunde gewonnen. Von seinen Manieren »wurde der Rost schottischer Barbarei wegpoliert«, erfahren wir von dem gönnerhaften William of Malmesbury. Er war nicht nur König von Schottland, sondern durch Erbrecht Prince of Cumbria und durch Heirat mit einer reichen normannischen Erbin Earl of Northampton und Huntingdon. Auf diese Weise war er nicht nur einer der mächtigsten Barone in England, sondern auch ein Schwager des englischen Königs.

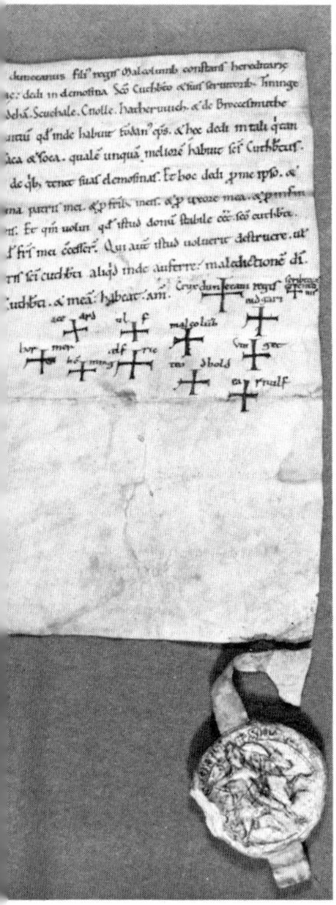

Die frühest vorhandene schottische Urkunde bezeugt eine Landvergabe Duncans II. an die Abtei St. Cuthbert, Durham.

Grabstätte der Könige auf Iona; der Überlieferung nach der Begräbnisplatz der drei Gründer Dalriadas. Hier wurden alle schottischen Könige zur letzten Ruhe gebracht, bis Iona König Magnus Barfuß von Norwegen 1098 überlassen wurde. Die abgebildeten Grabplatten stammen von Häuptlingen und Bischöfen, die hier später, über die Könige , begraben wurden.

Auf einem Sarkophag in St. Andrews, wahrscheinlich dem Schrein des St. Regulus, dem Begründer der Kirche, ist König David I. symbolisch dargestellt als Hirte, Jäger und Löwentöter.

David I.

Zurück in Schottland begann er seinen anglonormannischen Freunden und Verbündeten große Besitzungen zuzuteilen, etwa de Brus, Walter fitzAlan, dem Bretonen, der sein Haushofmeister wurde, de Bailleul, de Comines und vielen anderen, die auf diese Weise Landbesitzer zu beiden Seiten der *Border* wurden. Auch die Kirche unterstellte er normannischen Äbten. Gleichzeitig führte David in den *Lowlands* von Schottland eine sich einem Feudalsystem nähernde Besitzherrschaft ein, die auf einer neuen, französisch sprechenden, anglonormannischen Aristokratie fußte. Obwohl sich diese Aristokratie mit der alten keltischen Aristokratie verheiratete und gelegentlich auch in ihr aufging, so blieb sie doch eine Zeitlang abgesondert von der einheimischen Bevölkerung, die meist noch Gälisch sprach. Nur im Süden und Osten gab es eine primitive Form des Englischen. In den *Highlands* indessen behauptete sich ein verschiedenes, eher patriarchalisches System, und des Königs Verfügungen hatten nur sehr wenig Geltung, während die Inseln und Teile des angrenzenden Festlands Norwegen lockere Untertanentreue erwiesen.

Im Verlauf seiner Herrschaft trachtete David soweit möglich, ein nationales System des Rechts- und Verwaltungswesens unter seiner eigenen Gesamtkontrolle zu errichten. Alexander hatte schon eine Reihe von Hofbeamten ernannt, etwa den Chamberlain (Kämmerer), den Constable (Konnetabel), den Chancellor (Kanzler), den Steward (Haushofmeister) und den Marshal (Hofmarschall). Aus ihnen und aus den Bischöfen wählte David einen zentralen Vorstand, der ihn beraten, seine Befehle ausführen und wichtige verwalterische und rechtliche Probleme abwickeln sollte. Weiterhin ernannte er Gerichtsbeamte und Sheriffs

Dryburgh Abbey, Berwickshire: Türbogen vom Kreuzgang ins Kirchenschiff. Die Abtei wurde, gemäß einer Urkunde Davids I., 1150 gegründet.

David war der erste schottische König, der sich eigenes, autonomes Münzgeld prägen ließ. Sterlingmünze, in Berwick geprägt.

zur Rechtsprechung. Auf dem wirtschaftlichen Gebiet förderte er den Handel mit fremden Ländern und errichtete zwei königliche Münzstätten und ein einheitliches Maß- und Gewichtssystem. Auch verlieh er einer Reihe von Orten das Stadtrecht, befreite sie von Tributpflichten, gab ihnen das Marktrecht und die Erlaubnis, für gewisse Produkte Monopole zu errichten. Um mit seinen Untertanen in Kontakt zu bleiben und auch aus hygienischen Gründen, bewegten sich er und seine Ratgeber ständig durch sein Land, indem sie von einer königlichen Burg zur anderen reisten.

Da er ein gottesfürchtiger Mann war, wandte er seine Aufmerksamkeit auch den kirchlichen Dingen zu, gründete Bistümer (unter anglonormannischen Bischöfen) in Glasgow, Brechin, Dunblane, Caithness, Ross und Aberdeen, errichtete Diözesen, baute Kirchen und stiftete Klöster, darunter Kelso, Dryburgh und Melrose. Doch während David die üblichen Forderungen Roms akzeptierte, wünschte er, daß die schottische Kirche eine gewisse Autonomie behielt. Obwohl Papst Innozenz III. unter Androhung der Exkommunikation den schottischen Bischöfen befahl, das Supremat des Erzbischofs von York anzuerkennen, wiesen sie diesen Vorschlag von der Hand und begannen damit einen Streit, der sich durch den Rest des Jahrhunderts hinzog.

Während der langen Regierungszeit Davids herrschte fast durchweg Frieden. Erst 1135 entschloß er sich, in die dynastischen Streitigkeiten, die in England nach dem Tod Heinrichs I. zwischen dessen Tochter Maud und ihrem Vetter Stephen entstanden, einzugreifen. Dies bog er zu seinem eigenen Vorteil, indem er erfolgreich eine Seite gegen die andere ausspielte, und obwohl er 1138 in der *Battle of the Standard* in der Nähe von Northallerton eine Niederlage erlitt, kam er, dank geschickter Verhandlung, genau mit dem davon, was er haben wollte, nämlich mit dem größten Teil Northumbrias.

Als David 1124 den Thron bestiegen hatte, war Schottland, selbst nach damaligen Maßstäben, ein primitives Land, mit so gut wie keinen Städten und fast ohne Industrie und Handel. Die Menschen lebten in Holzhäusern, und der herrschende Handel geschah durch Tausch. Die verschiedenen Gegenden des Landes waren durch unfruchtbare und unbewohnte Gebiete aus Mooren und Bergen getrennt. Man könnte nicht einmal sagen, daß eine gemeinsame Sprache

David I. und sein Enkel, Malcolm the Maiden, der ihm mit 11 Jahren als Malcolm IV. auf den Thron folgte. Miniatur auf der Gründungsurkunde der Kelso Abbey, 1159.

herrschte. Latein, Französisch, Englisch und eine Reihe gälischer Dialekte wurden in verschiedenen Teilen des Landes von verschiedenen Schichten gesprochen. Das Fehlen jeglichen festbegründeten Feudalsystems gab den einzelnen Stammeshäuptlingen die Freiheit, die Autorität des Königs und der Zentralregierung zu ignorieren. Die Kirche, mit nur drei Bistümern und ohne ein gut ausgebautes Diözesensystem, hatte in jedem Fall wenig Einfluß. Als David 1153 starb, hatte sich viel verändert. In den *Lowlands* waren in jedem Fall die Reste der alten keltischen Lebensweise weggefegt worden und eine neue, relativ leistungsfähige, anglonormannische Ordnung war an ihre Stelle getreten.

Nach Davids Tod ging die Krone an seinen ältesten Enkel, Malcolm IV., der erst elf Jahre alt war und in die Geschichte als »the Maiden«, die Jungfrau, einging. Sofort plünderte der König von Norwegen Aberdeen; in Moray herrschten Unruhen, während Somerled, Lord of Argyll, den Clyde hinaufsegelte und Glasgow verheerte. König Henry II. Plantagenet, der schließlich 1154 den englischen Thron erhielt, ergriff die Gelegenheit und zwang den jungen Malcolm, Northumbria wieder an England abzutreten.

The Auld Alliance

Malcolm lebte nicht lange. Auf seinen Tod, 1165, folgte sein wagemutigerer Bruder William the Lion. Er war aufgebracht über den Verlust Northumbrias, und nachdem er 1165 ein formelles Bündnis mit Frankreich geschlossen hatte, das von den folgenden Generationen *The Auld Alliance* genannt wurde, begann er, 1174, zu einem Zeitpunkt in England einzufallen, als er Grund zu der Hoffnung hatte, daß die Aufmerksamkeit Heinrich II. anderswo in Anspruch genommen wurde. Doch das Unternehmen mißglückte. Eigene Unbesonnenheit und ein Nebel über der Ostküste, den beide Seiten göttlicher Einmischung zuschrieben, führte für die Schotten bei Alnwick zu einer schweren Niederlage; William selbst geriet in Gefangenschaft und wurde von den Engländern in die

Münze mit Wilhelm I., »the Lion«, der das Bündnis mit Frankreich schloß, das später die »Auld Alliance« – das »Alte Bündnis« – genannt wurde.

Normandie gebracht. Dort zwang man ihn, den Vertrag von Falaise zu unterschreiben, ein demütigendes Dokument, durch das Schottland unter englische Lehensherrschaft, die schottische Kirche unter die Zuständigkeit des englischen Primas geriet, Northumbria als englisches Gebiet bestätigt und die wichtigsten Burgen Südschottlands mit englischen Truppen belegt wurden.

Es sollten fünfzehn Jahre verstreichen, ehe William das Gleichgewicht wiederherstellen konnte. Im Jahre 1189 war Richard Coeur de Lion (Löwenherz) von England, da er Geld für einen Kreuzzug brauchte, damit einverstanden, für eine Zahlung von 10,000 *marks** die im Jahre 1174 besetzten Burgen wieder abzutreten und auf die Lehensherrschaft über Schottland zu verzichten. Drei Jahre später befreite Papst Cölestin III. die Schottische Kirche vom englischen Supremat und erließ ein Dekret, das sie der unmittelbaren Zuständigkeit Roms unterstellte. Dies war der Beginn von mehr als hundert Jahren Frieden zwischen Schottland und England.

Der König und die Häuptlinge

Doch die schottischen Könige hatten nicht nur gegen ihre englischen Nachbarn zu kämpfen. Die keltischen Häuptlinge des Westens, die noch ein hohes Maß an Unabhängigkeit genossen, befanden sich mehr oder weniger in permanenter Aufruhr gegen die Zentralmonarchie. Fergus, Prince of Galloway, hatte nicht weniger als dreimal gegen Malcolm the Maiden rebelliert, bevor er sich in ein Kloster zurückzog. Und seine Söhne erhoben sich unter der Herrschaft von William the Lion und richteten grausame Metzeleien unter den anglonormannischen Besatzungstruppen an, die durch den Vertrag von Falaise in Südschottland stationiert worden waren. Es sollte noch lange dauern, bevor diese letzte keltische Hochburg des Südwestens befriedet war.

* ehemalige schottische Silbermünze im Werte von 13s. 4d.

Weiter im Norden, im heutigen Argyll, lagen die Herrschaftsgebiete der Lords of Lorne und der Lords of the Isles. Diese betrachteten sich mit gutem Grund als unabhängige Regenten, ohne besondere Loyalität oder Verpflichtung gegenüber dem Königshaus Schottlands. Ihre Untertanentreue galt eher den Königen von Norwegen. Schon unter der Herrschaft Malcolms the Maiden hatte der halb norwegische Somerled, King of Morvern, Lochaber, Argyll und der südlichen Hebriden und durch Heirat Onkel des norwegischen King of the Isles seine Geringschätzung für die schottischen Könige gezeigt, indem er den Clyde aufwärts gesegelt war, um Glasgow zu plündern. Ein verhängnisvoller Speerstoß hatte ihn gefällt, und seine Gefolgsleute waren von Malcolms High Steward, Walter fitzAlan, Lord of Renfrew, zurückgeschlagen worden. Doch Somerleds Nachfahren, die Macdougall Lords of Lorne und die Macdonald Lords of the Isles, setzten ihrerseits die Tradition der Unabhängigkeit fort.

Als William the Lion 1214 starb, folgte ihm sein Sohn Alexander II., ein fähiger Regent, der den von David I. geschaffenen Verwaltungsapparat vorzüglich nutzte. Alexander scheint auch Northumbria für sich verlangt zu haben, doch schließlich verzichtete er auf seine Ansprüche und nahm zur Beilegung dieses Disputs eine Reihe von Besitzungen in Nordengland an. Somit konnte er sich ganz den Problemen im eigenen Land widmen. Unter seiner Herrschaft, wie auch unter der Herrschaft seiner Vorgänger, gab es Aufruhr in Galloway, Argyll, Moray und Caithness und bevor er,1249, starb, plante er, die Eroberung der Westlichen Inseln zu versuchen, deren Lords noch immer vorzogen, ihren Untertanengehorsam den Königen von Norwegen zu erweisen.

Dieses Vorhaben wurde nach seinem Tod von seinem Sohn Alexander III. ausgeführt, der, den Knabenjahren noch nicht entwachsen, mit ersten Überfällen auf die Hebriden begann. Verärgert über diese Übergriffe auf sein Herrschaftsgebiet, entschloß sich der alte König Hakon von Norwegen, Vergeltung zu üben, und im Sommer 1263 zog er eine große Flotte zusammen, mit der er nach Schottland segelte. Alexander eröffnete mit den Norwegern Verhandlungen und schaffte es dadurch, die Schlacht bis zum Oktober zu verzögern. Es war die Zeit der Herbststürme, und sie verwüsteten, wie er gehofft hatte, Hakons Flotte, die im Firth of Clyde lag. Die Norweger kämpften sich schließlich bei Largs in Ayrshire an Land, wo sie im Verlauf eines ziemlich verworrenen Gefechts sowohl zu Land als auch zu Wasser geschlagen wurden und sich in Unordnung zurückzogen. Der alte Hakon starb auf seinem Heimzug nach Norwegen in Kirkwall auf den Orkneys. Sein Nachfolger, Magnus, unterzeichnete einen Friedensvertrag, durch den die Hebriden jetzt ein Teil Schottlands wurden, obwohl sie praktisch ein unabhängiges Königreich unter den Lords of the Isles blieben, die ihren schottischen Oberherrn ebensowenig Beachtung schenkten wie ihren norwegischen. Die Orkney- und Shetlandinseln blieben einstweilen noch in norwegischen Händen.

Sterlingmünze mit dem Kopf Alexander II., in Berwick geprägt.

Die übrige Zeit von Alexanders Regentschaft war friedlich und blühend. Seine Hochzeit mit Margaret, der Tochter des englischen Königs Heinrich III., sicherte den Frieden mit England, während die Vermählung ihrer Tochter

Margaret 1283 mit König Erik von Norwegen einen Siegel auf den zwanzig Jahre alten Friedensvertrag zwischen Schottland und Norwegen setzte und nach vier Jahrhunderten des Streits freundliche Beziehungen zwischen den beiden Ländern schuf, die bis heute nicht abgerissen sind. Im Land selber machte inzwischen der Handel Fortschritte, die Staatseinnahmen wuchsen, Gesetz und Ordnung wurden aufrechterhalten, das Bildungswesen entwickelte sich in Grenzen, es entstanden verstärkt sowohl weltliche als auch kirchliche Bauwerke, und für die meisten Menschen wurde das Leben weniger unerfreulich.

Hätte Alexander III. länger gelebt, dann wäre Schottland vielleicht viel Unglück erspart geblieben. Doch 1286, auf einem Ritt von Edinburgh nach Kinghorn, stürzte in der Dunkelheit sein Pferd, und er kam dabei ums Leben. Seine erste Frau, Margaret, seine beiden Söhne und seine Tochter, die Königin von Norwegen, waren vor ihm gestorben. Seine zweite Frau, Yolette de Dreux, die er ein Jahr vor seinem Tod geheiratet hatte und zu der er unterwegs gewesen war, als er verunglückte, hatte ihm noch keine Kinder geboren. Der Erbe des Throns von Schottland war seine Enkelin Margaret, die minderjährige Tochter des Königs von Norwegen.

Alexander war noch nicht lange tot und die kleine Königin befand sich noch in Norwegen, als Edward I. Plantagenet von England, ein beachtlicher, doch skrupelloser Mann, der seit 1272 König war, den Vorschlag machte, daß Margaret seinen Sohn heiraten sollte. 1290 wurde in Birgham ein Heiratsvertrag unterzeichnet und ein Schiff – beladen mit Zuckerwerk und Rosinen, als Geschenk des englischen Königs – ausgesandt, um die kleine Margaret zu holen.

Eine wikingische Silbermünze, auf die ein Langboot geprägt ist, ca. 880.

Darstellung eines Wikingerbootes auf einem schwedischen Runenstein, ca. 800.

Eine Parlamentssitzung Edwards I. im Jahr 1274; zur Rechten des Königs sitzt Alexander II. von Schottland, zu seiner Linken Llewellyn, Prinz von Wales und vor ihm die weltlichen und geistlichen Lords.

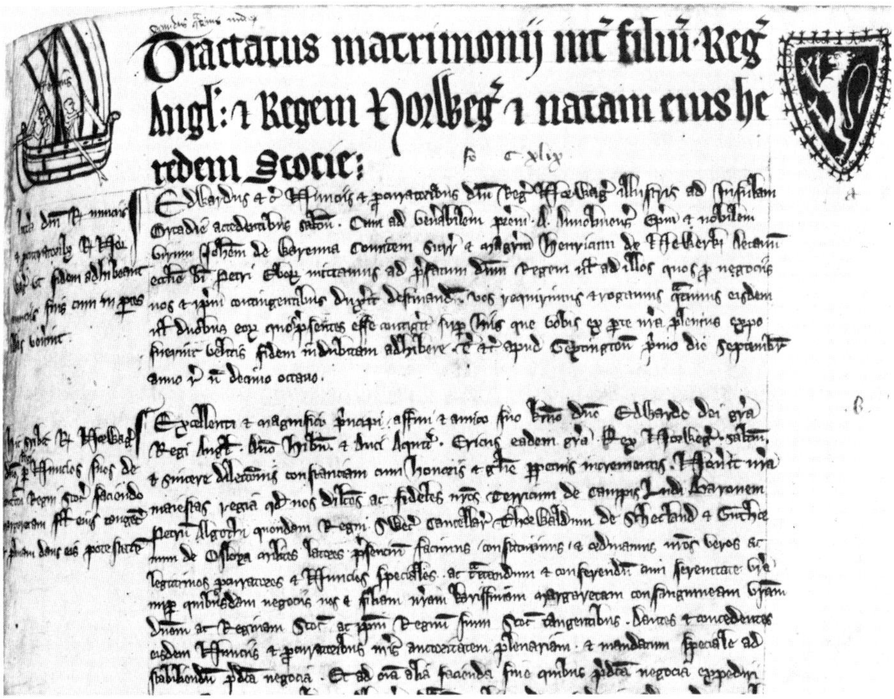

Tractatus matrimonij int' filiu Reg Angl: 7 Regem Norweg' 7 natam eius heredem Scocie:

Beabsichtigter Heiratsvertrag von 1290 zwischen Edward, dem Sohn und Erben Edward I. von England, und Margaret von Norwegen, die unmündige Enkelin Alexanders III., die nach dessen Tod den schottischen Thron erbte.

Der Vertrag von Birgham sah vor, daß Schottland ein eigenes, unabhängiges Königreich bleiben sollte, und als Edward vorschlug, daß englische Truppen eine Reihe von Burgen in Südschottland besetzen sollten, wiesen die Schotten dieses Angebot empört zurück. Es war nur zu deutlich, was er plante.

Die Pläne aller Betroffenen wurden jedoch durch die Nachricht zunichte gemacht, daß die kleine Königin auf dem Weg herüber von Norwegen auf den Orkney-Inseln gestorben war. Mehr als ein Dutzend Anwärter erhoben jetzt Anspruch auf die Thronfolge. Unter ihnen waren Robert de Brus oder Bruce und John de Bailleul oder Balliol die entschlossensten. Beide waren Edelleute anglonormannischen Ursprungs, mit Besitzungen sowohl in England als auch in Schottland. Beide stammten von den weiblichen Nachkommen des jüngsten Sohnes David I. ab. Und beide waren König Edward I. persönlich wohlbekannt, in dessen Armee sie gekämpft hatten. Mit so vielen und solch bemerkenswerten Kandidaten im Feld, waren Unannehmlichkeiten kaum zu umgehen.

Schon im Oktober, als die ersten Gerüchte vom Tod der kleinen Königin eingetroffen waren, hatte William Fraser, der von Normannen abstammende Bischof von St. Andrews, der Schwierigkeiten voraussah, privat an Edward geschrieben und ihm den Vorschlag gemacht, nach Schottland zu kommen, um den Frieden zu bewahren und zu entscheiden, wer den höchsten Anspruch auf den Thron habe. Bei dieser Gelegenheit deutete er auch an, daß John Balliol sich voraussichtlich als ein fügsamer und zugänglicher Nachbar erweisen würde. Edward kam und verkündete im November 1291 im großen Saal der Burg von Berwick, nach auffällig langer Beratung mit achtzig schottischen und vierundzwanzig englischen Zuhörern, daß die Krone Balliol zuerkannt worden sei.

Die Gründe für diese Wahl lagen auf der Hand. Balliol hatte nicht nur einen großen Anspruch auf den Thron, sondern gab Edward auch Anlaß genug zu glauben, daß er so handeln würde, wie man es ihn hieß. So verlor der englische König nun auch keine Zeit, seine Forderungen zu stellen: Edward selbst sollte die Lehenshoheit über Schottland besitzen und Balliol ihm huldigen; Balliol sollte, wenn verlangt, nach London kommen, um sich gegenüber Anschuldigungen, die von seinen eigenen Untertanen gegen ihn erhoben würden, zu verantworten; und schließlich sollte Balliol zu den englischen Verteidigungskosten beisteuern und sich dem bevorstehenden Einfall in Frankreich anschließen.

Balliol, der keine sehr starke Persönlichkeit war, sollte in die Geschichte als ein unbedeutender Mensch eingehen – als *Toom Tabard*, der Leere Rock. Doch Edwards Bedingungen gingen selbst ihm zu weit. Die Untertanenpflicht Edward gegenüber wies er von sich, schloß ein Bündnis mit Frankreich und zu Beginn des Jahres 1296 traf er Vorbereitungen, in Nordengland einzufallen.

Darauf hatte Edward gewartet. Seine Pläne standen schon fest. Zwei Tage nachdem Balliol englischen Boden betreten hatte, überquerte Edward die Grenze nach Schottland. Er wurde von einer großen Anzahl schottischer Edelleute empfangen, unter denen viele Ländereien in England besaßen und deshalb seine Vasallen waren. Sie hatten sich eingefunden, um ihm zu huldigen. Unter ihnen befand sich auch Balliols Rivale Robert Bruce und dessen alter Vater. Als Balliol dies erfuhr, bemächtigte er sich allen Landes von Bruce in Schottland und gab sie seinem eigenen Schwager, Red John de Comines oder Comyn. Die Schotten waren, wie so häufig, untereinander tief gespalten.

Sterlingmünze mit dem Kopf John Balliols, genannt »Toom Tabard«.

Edward marschierte als erstes nach Berwick, die zu jener Zeit blühendste Stadt Schottlands. Er plünderte sie und metzelte einen großen Teil der Bevölkerung nieder. Dann zog er weiter nach Dunbar, wo er auf Balliol traf und ihn, unterstützt von Robert Bruce und anderen schottischen Edelleuten, vernichtend schlug und ein schreckliches Blutbad unter den schottischen Truppen anrichtete. Balliol entsagte jetzt der Krone, und nachdem er drei Jahre im Tower von London verbracht hatte, zog er sich auf seine Besitzungen in Frankreich zurück, wo er 1313 starb.

Edward hatte sein schonungsloses Vordringen durch Schottland fortgesetzt und auf seinem Weg Edinburgh, Stirling, Perth, Elgin und zahlreiche Burgen in Besitz genommen. Im August 1296 kehrte er nach Berwick zurück. Dort wurden an die zweitausend schottische Edelleute und Grundbesitzer gezwungen, ihm zu huldigen und ihren Namen unter die *Ragman's Roll** zu setzen, ein Dokument, das ihn als König anerkannte. Dann zog er zurück nach London und führte den alten Krönungsstein der schottischen Könige, den *Stone of Scone,* mit sich, den Fergus of Dalriada aus Irland sieben Jahrhunderte früher gebracht hatte. Zur Verwaltung des Landes setzte er einen englischen Vizekönig und englische Beamte ein, und englische Truppen besetzten die wichtigsten Stützpunkte. *»Bon bosoigne fait qy de merde se deliver«,*** lautete sein rüder, soldatischer Kommentar. Schottland war erobert. Jedenfalls schien es so.

* Lumpensammlers Schriftstück.
** »Wer Dreck wegschafft, tut ein gutes Werk.«

The Ragman's Roll. Auf dieser Abschrift unterzeichnete am 28. August 1296 ein Richard of Horseley den Treueid für »nostre Seigneur le Roi d'Engleterre« in normannischem Französisch. In den letzten wenigen Zeilen fügte Andrew, Sohn des verstorbenen William of Tang, in Juristenlatein seine notarielle Beglaubigung hinzu.

II.

»Nicht um Ruhm, noch um Reichtümer, noch um Ehre, sondern einzig um jene Freiheit«

Einige Monate lang herrschte Ruhe. Im Frühjahr 1297 jedoch wurde ein junger schottischer Ritter aus dem Südwesten, namens William Wallace, in eine Zänkerei mit einigen englischen Soldaten auf dem Marktplatz von Lanark verwickelt. Durch die Hilfe eines Mädchens konnte er entkommen. Doch das Mädchen – manche meinen, es sei seine Frau gewesen – wurde geschnappt und von dem Sheriff von Lanark hingerichtet. Wallace übte Rache. In der darauffolgenden Nacht tötete er den Sheriff und wurde dadurch ein Vogelfreier. Nach wenigen Wochen war er der Anführer einer rasch sich ausbreitenden Bewegung nationalen Widerstandes. Solche Bewegungen entstehen oft aus kleinen Anlässen.

Das Ausmaß dieser Bewegung wurde den Engländern im September 1297 mit aller Gewalt klargemacht, als bei Stirling Bridge eine große, reichlich ausgerüstete und zu selbstsichere englische Armee unter Edwards Vizekönig Surrey von einer schlagkräftigen schottischen Truppe, die Wallace anführte und Krieger aus

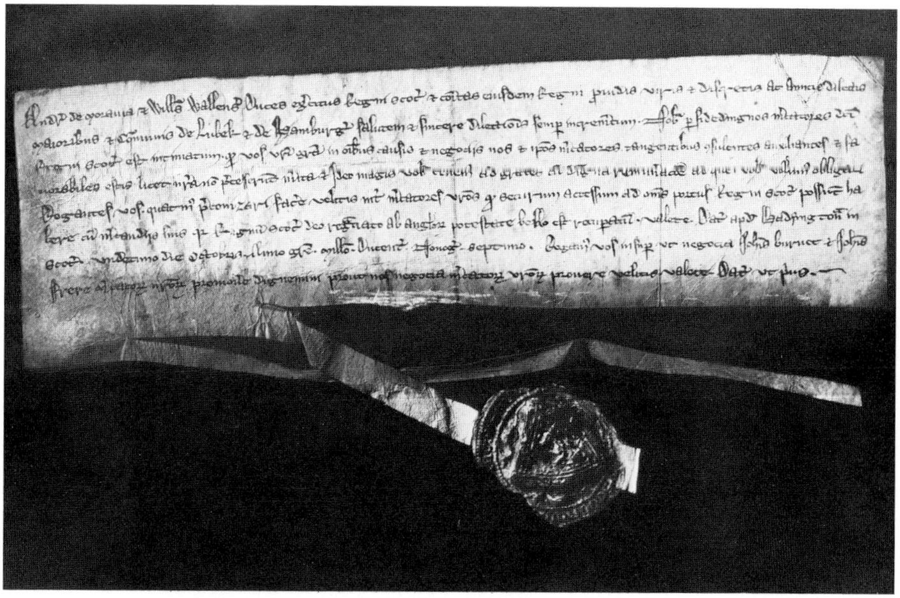

Ein Brief von Sir William Wallace und seines Leutnants Sir Andrew de Moray, *Commanders of the Army of the Kingdom of Scotland*, an die Bürgermeister und Gemeinden von Lübeck und Hamburg. Er rührt aus dem Jahr 1297, in dem Moray in der Schlacht von Stirling Bridge getötet wurde.

ganz Schottland aufwies, völlig aufgerieben wurde. Wallace war jetzt Herr über Südschottland. Doch sein Triumph war kurzlebig. Bei Stirling Bridge hatte er seinen fähigsten Stellvertreter, Sir Andrew de Moray, verloren, und jetzt beging er den Fehler, verheerend für einen Guerillakämpfer, sich in eine offene Feldschlacht gegen eine überlegene Streitmacht einzulassen. Im Juli 1298 wurde er bei Falkirk von Edward selber vernichtend geschlagen und führte danach nie wieder eine Armee ins Feld. Sieben Jahre lang konnte er der Gefangennahme entgehen, doch 1305 wurde er schließlich von den Engländern geschnappt, nach London gebracht, in Westminster Hall einem Gerichtsverfahren unterworfen und grausam hingerichtet. Sieben Jahre lang schon hatten Edwards Armeen Schottland verwüstet und mit ihrer überlegenen Stärke jeden noch vorhandenen Widerstand gebrochen. Mit Wallace' Tod hatte es den Anschein, als ob die Auflehnung in Schottland schließlich ein Ende gefunden haben mußte.

Robert Bruce

Doch wiederum trog der Schein. Unter den normannischstämmigen Edelleuten, die Edward neun Jahre zuvor gehuldigt und ihm zu verschiedenen Zeiten in der einen oder anderen Stellung mehr oder weniger loyal gedient hatten, befand sich *Robert Bruce,* der achte seines Namens seit der normannischen Eroberung und der Sohn von John Balliols größtem Rivalen um den Thron von Schottland 1291 in Berwick. Trotz seiner langen Vergangenheit im Dienste Edwards begann Bruce aus verschiedenen persönlichen Gründen widerspenstig zu werden. Auch Red John Comyn, der Neffe John Balliols, jetziger Anführer der rivalisierenden Balliol-Partei und, wie Bruce, Anwärter auf den Thron, begann Widerstand zu zeigen. Ebenso ein weiterer normannischer Edelmann, Sir Simon Fraser of Tweeddale, der schon mit Wallace gegen Edward gezogen war.

Widerstand gegen einen fremden Besetzer ist von Natur aus ein komplizierter und fast nicht zu klärender Vorgang. Die persönlichen Motive unterscheiden sich und spielen mit hinein. Die Demarkationslinie zwischen Kollaboration und Widerstand, zwischen Verrat und Heldentum, ist nicht immer deutlich gezogen. Kurz gesagt, die Dinge sind selten das, was sie scheinen.

Ein Treffen, wahrscheinlich um Pläne für erneuten Widerstand gegen die Engländer zu besprechen, wurde zwischen Bruce und Comyn zu Beginn des

Großes Siegel von Robert Bruce, auf dem er als *Rex Scottorum* betitelt ist. Er wurde 1306, am Palmsonntag, gekrönt.

Reiterstatue von Robert Bruce, in Bannockburn 1964, am 650. Jahrestag seines größten Sieges, errichtet.

Jahres 1306 in der Greyfriars Kirk in Dumfries abgehalten. Nur, was bei dem Treffen vor sich ging, ist nicht bekannt. Wahrscheinlich hat man sich gegenseitig des Verrats beschuldigt. Landbesitz dürfte auch strittig gewesen sein. Einzig steht fest, daß zwischen den beiden mächtigen Widerstandsführern ein Streit aufkam und Bruce in dessen Verlauf Comyn erstach und ihn tot in der Kirche zurückließ.

Nach den Maßstäben der damaligen Zeit war es nicht sehr ungewöhnlich oder besonders aufsehenerregend, wenn ein berühmter Edelmann einen anderen ermordete. Diesem Vorfall jedoch wurde besondere Aufmerksamkeit verliehen, da er sich in einer Kirche abgespielt hatte und deshalb auf ein Sakrileg hinauslief. Bruce hatte sich mit einem Streich nicht nur auf eine Blutfehde mit den Comyns und ihren zahlreichen mächtigen Anhängern eingelassen, sondern sich auch den sofortigen Ausschluß aus der Kirche zugezogen, die ein wichtiger Verbündeter bei Unternehmen war, wie er eines im Auge hatte. Seine Lage war äußerst bedenklich.

Ein geringerer Mann hätte möglicherweise beschlossen, sich unauffällig zu halten und die Dinge in Vergessenheit geraten zu lassen. Bruce jedoch begab sich nach Scone und am 27. März 1306, am Palmsonntag, erhob er das königliche Banner und ließ sich zum König der Schotten krönen. Zwei Tage später wurde ihm die Krone nochmals zeremoniell von Isobel of Fife, Countess of Buchan, aufs Haupt gesetzt. Es war das Recht ihres Bruders, den König zu krönen, doch ihm fehlte dazu der Mut; seine Schwester hatte ihn.

Münze mit dem Kopf Robert Bruce's. Münzen aus der frühen Zeit seiner Herrschaft sind selten; erst nach Bannockburn hatte er sich genügend durchgesetzt, um sich auch um Finanzen und Handel kümmern zu können.

In Reaktion auf diese Vorgänge schickte Edward eine starke, englische Armee unter Aymer de Valence nach Schottland. Am 26. Juni wurde Bruce bei Methven vernichtend geschlagen. Seine Truppen fielen auseinander, und er selber war über Nacht ein gejagter Vogelfreier. Die mutige Countess of Buchan, die ihn gekrönt hatte, wurde von den Engländern gefangengenommen und in einem Käfig gehalten. Von seinen anderen Verbündeten wurden der Earl of Atholl und Simon Fraser gehenkt, geschleift und gevierteilt und Frasers Kopf wurde neben Wallace's Schädel auf der London Bridge zur Schau gestellt.

Unter diesen widrigen Umständen zeigte der große normannische Edelmann erstaunliche Spannkraft. In den darauffolgenden Monaten hielt er sich auf Arran, Rathlin und den Hebriden, in Kintail und Kintyre, auf den Orkney-Inseln und wahrscheinlich auch in Norwegen versteckt. Im Frühjahr 1307 kehrte er zurück und was er vorfand, war Verwüstung und Zuchtlosigkeit. Zwei seiner Brüder, die in Galloway landeten, wurden gefangengenommen und getötet. Doch Bruce und seine Anhänger hielten durch, und am Palmsonntag 1307 folgte einem Jahr vollständiger Niederlagen ein erster Sieg. Sein wichtigster Leutnant, Sir James Douglas, berühmt als *Black Douglas* und von nun an der Schrecken der Engländer, eroberte seine eigene Burg Douglas vom Feind zurück und zerstörte sie vollständig. Allmählich sammelte Bruce um sich mehr und mehr wertvolle Verbündete: vom Osten die keltischen Earls of Lennox und Atholl; vom Westen Angus Og, den Stammvater des Clans Donald, und die Ahnherren der Campbells und Macleans. Bald folgten weitere schottische Siege: eine erfolgreiche Guerillaaktion bei Glentrool und ein Gefecht am Loudon Hill, in dem Bruce überzeugend zeigte, daß sich seine Lanzenträger gegen die schwere englische Kavallerie durchsetzen konnten. Die Engländer verdoppelten ihre Anstrengungen, und im Juni begab sich Edward I., der jetzt ein kranker Mann war, selber am Kopf einer großen Armee nach Schottland, um seinen ehemaligen Verbündeten und Vasallen zu bezwingen. Am 7. Juli 1307 starb er in Burgh-on-Sands. Mit letzter Stimme befahl er, daß seine Knochen am Kopf seiner Armee in einem Lederbeutel getragen werden sollten, bis Schottland vernichtet wäre. Doch sein Sohn Edward II. war dazu nicht der Mann.

Für Bruce und für Schottland erwies sich der Tod Edwards I. als ein Wendepunkt. Edward II., der schwach war und durch Probleme im eigenen Land ständig in Anspruch genommen wurde, gab das Vorhaben seines Vaters, einen größeren Feldzug durchzuführen, bald auf, zog sich zurück und überließ die englischen Garnisonen in Schottland sich selbst. Bruce stieß jetzt vor nach Norden. Zu Beginn des Jahres 1309, nach einem Winterfeldzug gegen die Comyns im Nordosten und einem Sommerfeldzug gegen ihre Verbündeten, die Macdougall Lords of Lorne, während dessen er die Festung der Macdougalls, Dunstaffnage, eroberte, beherrschte er den größten Teil Schottlands nördlich des Forth und des Clyde. Später, im selben Jahr, nachdem er triumphierend in Fife ein Parlament abgehalten hatte, wurde er heimlich vom König von Frankreich als König anerkannt. 1310 stellte sich die Kirche von Schottland, trotz seiner erneuten Exkommunikation durch den Papst, auf seine Seite. 1311 war er in der Lage, in Nordengland einzufallen, es zu verwüsten, wobei er Durham und Hartlepool plünderte. Während der nächsten drei Jahre trieb er die Engländer aus Perth, Dundee, Dumfries, Roxburgh und Edinburgh und ließ einzig Stirling in fremder Hand.

Jetzt erst setzte sich Edward II. wirklich in Bewegung. Mit einer großen und gründlich ausgerüsteten Armee marschierte er nordwärts, Stirling zu Hilfe. Und dort fand er Bruce schon auf sich warten.

Die beiden Armeen trafen an einem Hochsommertag, dem 24. Juni 1314, beim *Bannock Burn** unterhalb Stirlings aufeinander. Bruce war eins zu drei an Zahl unterlegen, doch er hatte seinen Standort sorgfältig gewählt. Seine Armee, die nur eine Handvoll leichter Kavallerie zur Verfügung hatte und ohne Bogenschützen auskommen mußte, die denen der Engländer gleichkämen, war auf einem höheren Gelände als das der Gegner aufgestellt. Die schwer bewaffneten englischen Ritter wurden auf diese Weise gezwungen, ihren Vorstoß durch die durchweichten Wiesen, die an den Bannock Burn grenzten – ›das schlimme, *Bannockburn*

* schottisch: Bach

Caerlaverock Castle, Dumfriesshire, von Edward I., als er Robert Bruce verfolgte, belagert und eingenommen. Später eroberte Bruce die Festung zurück und ließ sie schleifen. 1583 wurde sie wiedererbaut.

nachgebende, feuchte Sumpfland‹, wie ein Autor es genannt hat – zu machen, während die englischen Bogenschützen ihrerseits Platz hatten, um in Gefechtsstellung zu gehen. Die Schlacht begann bei Sonnenaufgang. Lange vor Mittag befanden sich die Engländer in voller Flucht, und ihr König eilte nach Dunbar und der Grenze entgegen, so schnell sein Pferd ihn tragen konnte.

Von nun an unternahmen die Engländer kaum mehr einen Versuch, Schottland unter ihrer Gewalt zu halten. 1318 war Berwick, ihr letzter Stützpunkt gefallen. Die Schotten hatten sich von ihnen freigemacht. Obwohl sich der Krieg noch weitere vierzehn Jahre hinziehen sollte, wurden seine Schlachten außerhalb von Schottland geschlagen. Bruce drehte jetzt den Spieß um und überfiel und zerstörte das Land der Engländer, so wie sie das seine zerstört hatten. Auch trug er den Krieg hinüber nach Irland, dessen Volk, ermutigt durch das, was in Schottland vorgegangen war, die Krone Irlands 1316 seinem Bruder Edward gegeben hatte. Und als 1322 Edward II. in Erbitterung nochmals in Schottland einzufallen versuchte, wurde er bis nach Yorkshire hinein zurückgejagt und verlor dabei sogar sein persönliches Gepäck.

Nicht einmal die Kirche gewährte Edward Unterstützung gegen die Schotten. Papst Klemens V., der Bruce 1310 exkommuniziert hatte, war tot und Edward forderte seinen Nachfolger, Papst Johannes XXII., auf, die Exkommunikation zu bestätigen. Sein Tun rief eine heftige Reaktion bei den Adligen, der Geistlichkeit und dem Volk Schottlands hervor. Man traf sich im April 1320 in Arbroath und richtete an den Papst eine denkwürdige Deklaration, in der Schottland seine Treue Bruce und der Freiheit gegenüber kundtat. »Wir kämpfen«, schrieben sie, »nicht um Ruhm, noch um Reichtümer, noch um Ehre, sondern einzig um jene Freiheit, die kein wahrer Mann aufgibt, und ginge es um sein Leben.« Und über Bruce: »Durch die Fügung Gottes, durch das

Darstellung der Schlacht von Bannockburn in einer Handschrift des 15. Jhs. Wahrscheinlich ist der Mann, der auf dem Boden liegt, der Engländer de Bohun, der im Einzelkampf von Bruce getötet wurde.

The Arbroath Declaration, das die Siegel aller Barone trägt, die dieses herausfordernde Manifest unterschrieben haben. Dieses Dokument wurde in zwei Exemplaren angefertigt. Eines wurde Papst Johannes XXII. in Avignon überbracht und das andere in Schottland zurückbehalten.

Recht der Erbfolge, durch jene Gesetze und Sitten, die wir entschlossen sind, selbst mit unserem Leben zu verteidigen und durch unsere eigene rechtmäßige Zustimmung ist er unser König.« »Sogar Robert selbst«, fuhren sie fort, »sollte er sich von der Aufgabe, die er übernommen hat, abwenden und unser Schottland an den englischen König oder dessen Volk abtreten, würden wir als unser aller Feind ausstoßen, und zur Verteidigung unserer Freiheit einen anderen König wählen; denn so lange noch hundert von uns am Leben sind, sind wir gesonnen, uns niemals auch nur ein Jota tief unter das Joch englischer Herrschaft zu beugen.«

Der Papst schien, nachdem er diese äußerst unmißverständliche Botschaft erhalten hatte, Schottland gegenüber eine etwas entgegenkommendere Haltung angenommen zu haben. Er war schließlich, obwohl er zögerte, Bruce als König anzuerkennen, damit einverstanden, daß seine Exkommunikation annulliert wurde. Wieder hatte Edward II. einen Fehlschlag erlitten. 1327 wurde er schließlich von seiner Frau Isabella und ihrem Liebhaber Mortimer entthront und seine Stelle als König von seinem jungen Sohn Edward III. eingenommen.

Weitere englische Invasionsversuche blieben erfolglos und provozierten nur die heftigsten Gegenangriffe. Die Engländer wurden jetzt allmählich des Krieges müde. Eine Reihe früherer Vermittlungsversuche waren fehlgeschlagen, doch wurde erneut ein englischer Gesandter jetzt nach Norham geschickt, der um den Frieden bat. Im Mai 1328 wurde zwischen den beiden Ländern in Northampton ein Friedensvertrag unterzeichnet, der Schottland als ein unabhängiges Königreich und Robert Bruce als seinen König anerkannte. Gleichzeitig wurde Bruce's Sohn David, noch ein Baby, mit Edwards III. kleiner Schwester Joan verheiratet.

Etwas mehr als ein Jahr danach, im Juni 1329, starb Bruce im Alter von dreiundfünfzig Jahren in Cardross, es heißt an Lepra. Die Erfahrungen eines Menschen formen sein Wesen. Die Wirkung der Ereignisse auf den einzelnen

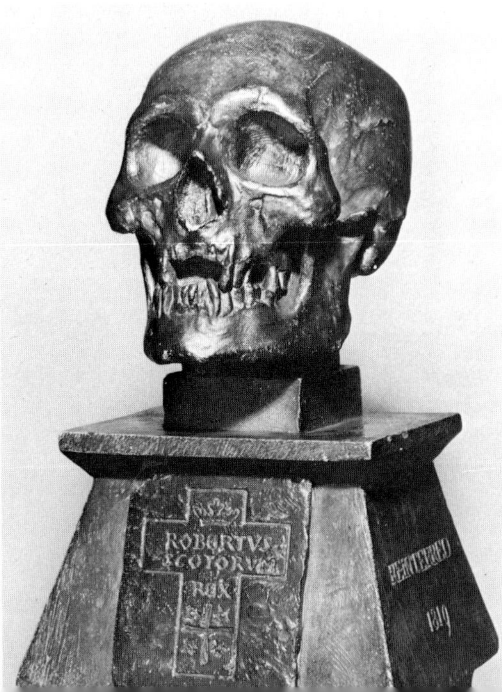

Abguß des Schädels von Robert Bruce. Man kennt aus dieser Zeit und um diese Zeit kein weiteres Beispiel dieser Art.

Menschen dürfen nicht außer acht gelassen werden. Bruce war durch die Gefahren und Härten, durch die Rückschläge und Triumphe der letzten zwanzig Jahre, die er mit dem einfachen Volk Schottlands gemeinsam verbracht hatte, verwandelt worden. Aus einem anglonormannischen Edelmann, einem offensichtlich loyalen Untertanen des englischen Königs, war in rund zwanzig Jahren ein schottischer Nationalheld geworden, ein Anführer, der durch seinen Mut und seinen Siegeswillen das Volk Schottlands wie nie zuvor geeint und ihm ein neues Nationalgefühl gegeben hatte.

Jetzt war er tot und hinterließ nur einen einzigen Sohn, den fünf Jahre alten David. Seine Tochter Margery hatte Walter fitzAlan, einen Adligen bretonischer Herkunft, geheiratet. Er war Hereditary High Steward (erblicher Hofmeister) von Schottland, auch bekannt als Walter the Steward oder Walter Stewart oder in der späteren Form des Namens Stuart. In einem Parlament, das 1326 in Cambuskenneth abgehalten worden war und von dem zum erstenmal belegt ist, daß alle drei Stände, die Barone, der Klerus und Vertreter der Städte, beiwohnten, hatte man verfügt, daß die Nachfolge erst an David gehen sollte und dann, im Falle seines Todes ohne hinterlassene Erben, an Margerys Sohn, Robert Stewart. Doch die Zukunft war keineswegs gesichert.

Die meisten Männer, die an Robert Bruce's Triumphen und Leistungen teilgehabt hatten, waren inzwischen entweder gestorben oder überlebten ihn nicht lang. Sein Bruder Edward Bruce und Walter the Steward waren beide tot. James Douglas wurde 1330 in Spanien im Kampf getötet, während er in Erfüllung eines Schwurs das Herz seines Herrn in einem Kreuzzug ins Heilige Land tragen wollte. 1331 wurde der kleine David als David II. zum König gekrönt und Bruce's Neffe, Thomas Randolph, Graf von Moray, ein Mann von starkem Charakter und starken Führungsqualitäten, wurde Regent.

Dieses Schwert übergab Bruce als Zeichen seines letzten Gebots Sir James Douglas. Er sollte einen Kreuzzug ins Heilige Land unternehmen, *and thair bury my hart,* »und dort mein Herz begraben«. Douglas starb unterwegs.

Doch schon waren Unannehmlichkeiten im Anzug. Gedrängt von Edward III. von England landeten im August 1332 eine Reihe schottischer Adliger, die man ihrer Ländereien beraubt hatte, weil sie auf der Seite Englands gegen Bruce gestanden hatten, in Fife. Es war ihre Absicht, den Sohn Toom Tabards, Edward Balliol, auf den Thron zu setzen. Moray zog ihnen entgegen, doch starb

Die Belagerung von Perth durch den Earl of Mar, eines Neffen von Robert Bruce, der kurzzeitig Regent für den unmündigen König David II. war. Holzschnitt aus Holinsheds Chronicles, 1577.

er, bevor die Schlacht begann. Ihm nach als Regent folgte der Earl of Mar, ein weiterer Neffe von Bruce. Doch Mar wurde gleich darauf in einem nächtlichen Überfall auf dem Dupplin Moor besiegt und getötet. Die Eindringlinge zogen darauf nach Scone, wo sie Balliol zum Krönig krönten.

Es war eine Situation, die englische Intervention herausforderte. Balliol, eifrig auf Beschwichtigung bedacht, bot Edward III. sofort die Grafschaft Berwick als freie Gabe an. Doch bevor er noch irgend etwas anderes tun konnte, hatten ihn einige seiner verärgerten Untertanen unter James Douglas' Bruder Archibald und Andrew Moray of Bothwell, nur mit einem Hemd und einem Stiefel bekleidet, über die Grenze gejagt. Im Sommer 1333 jedoch zog Edward III. in voller Stärke nach Berwick, zerschlug eine zur Hilfe geeilte französische Flotte, fügte den Schotten am Halidon Hill eine schwere Niederlage zu und nahm Berwick. Als klar war, wie die Dinge liefen, wechselte eine große Anzahl schottischer Adliger und Geistlicher zum Feind über, mit dem Ergebnis, daß die *Lowlands* Schottlands von den Engländern leicht überrannt und eingenommen und mit deren eigenen Händlern, Siedlern und Geistlichen besetzt wurden.

In dieser verwirrten und gefährlichen Situation brachte man den jetzt zehnjährigen David II. und seine kleine Frau, Joan, zur Sicherheit nach Frankreich und die Regentschaft wurde Robert Stewart, dem siebzehnjährigen

David II., kein würdiger Sohn von Bruce, sieht man auf dieser Miniaturmalerei die Hand seines Besiegers, Edward III., nach der Schlacht von Neville's Cross, 1346, halten. Während der darauffolgenden zwölf Jahre genoß er ein leichtes Leben am englischen Hof.

Enkel von Bruce, anvertraut. Es gebührt ihm sehr zur Ehre, daß er, so gut es nur ging, Widerstand leistete und die englische Besatzung aus Bute verjagte. 1339 eroberte er Perth mit Hilfe einer französischen Expeditionsstreitmacht. 1340 hatte er Schottland nördlich des Forth befreit. Um 1341 konnte er seinen jungen Onkel David aus Frankreich zurückholen und die Regierung des Landes in seine Hände legen.

Die Engländer waren jetzt in Frankreich mit dem Hundertjährigen Krieg voll in Anspruch genommen. Dies gewährte den Schotten eine dringend notwendige Ruhepause. Zusätzlich zu Perth wurden Stirling und Edinburgh zurückerobert, und Randolphs Tochter Black Agnes errang durch die beherzte Verteidigung ihrer Burg nachhaltigen Ruhm. Doch 1346 wurden die Franzosen bei Crécy geschlagen und der König von Frankreich bat seinen Verbündeten dringend um einen Ablenkungsangriff. Daraufhin begab sich im Oktober David II., der weit davon entfernt war, ein würdiger Sohn seines Vaters zu sein, mit einer Armee nach England. Dort erfuhr er bei Neville's Cross eine gründliche Niederlage und wurde selber von den Engländern gefangengenommen. David verbrachte die folgenden zwölf Jahre in England am Hof Edwards III. Nie war er glücklicher gewesen, denn das leichte Leben am englischen Hofe sagte ihm mehr zu, als die Sorgen und Bürden des Königsamtes von Schottland.

Während Davids Abwesenheit war Robert Stewart wieder Regent. 1355 baten die Franzosen, die wieder hart bedrängt wurden, die Schotten abermals um ein Ablenkungsmanöver. Es verlief dieses Mal erfolgreicher. Berwick wurde zurückerobert und die Engländer durch William Douglas bei Nesbit Muir

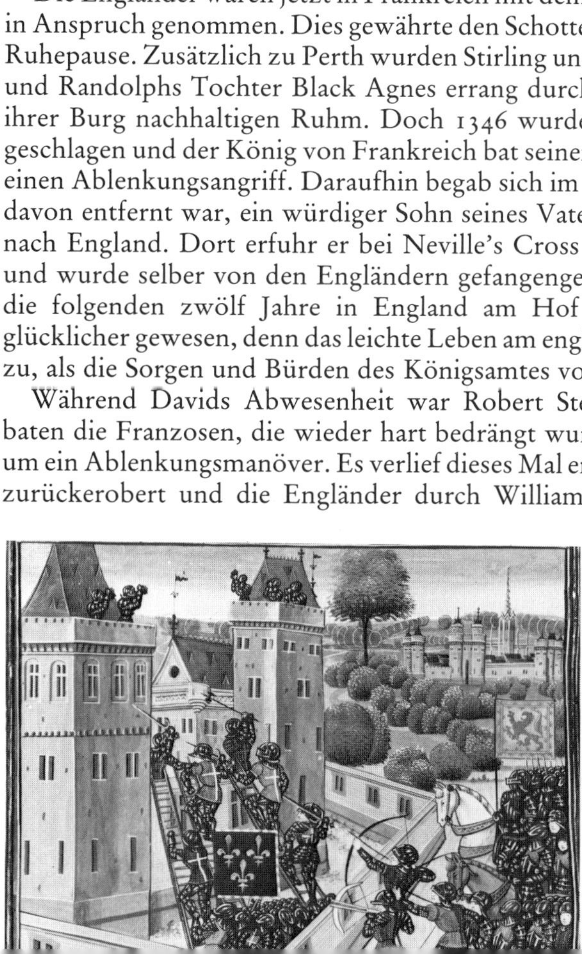

Die Schotten und ihre französischen Verbündeten greifen Wark Castle in Northumberland an. Buchmalerei aus Froissarts *Chroniques*, 15. Jh.

schwer geschlagen. Aus Frankreich zurückgekehrt, übte Edward III. Vergeltung, indem er in Lothian einfiel, doch wenn er auch in den *Lowlands* einige Verwüstung anrichtete, so wurde er am Ende doch gezwungen, sich aus Schottland mit hungrigen und entkräfteten Truppen zurückzuziehen.

Jetzt versuchte Edward einen anderen Weg. Anstatt nochmals das Wagnis einzugehen, in Schottland einzufallen, schloß er einen zehnjährigen Waffenstillstand und gegen ein lähmendes Lösegeld von 100 000 *marks* übergab er König David wieder seinen Untertanen. Schottland war übel dran. David war ein unbrauchbarer König. Die Zahlung für seine Auslösung schwächte den Geldverkehr und unterdrückte den Handel. Die daraus folgende wirtschaftliche Krise traf zusammen mit einer Pestwelle und Überflutungen. Jenseits des Kanals verlief der Krieg für Frankreich nachteilig. Entmutigung griff um sich. Bald schon wurden Stimmen laut, die zur Kapitulation England gegenüber rieten. König David, dem Schottland nichts galt, machte sich zu deren Vertreter, kehrte nach England, wo er viele Freunde hatte, zurück und traf eine eigene Abmachung mit Edward, durch die dessen Sohn sein Erbe werden sollte.

Doch diese Übereinkunft wurde vom schottischen Parlament voll Ärger zurückgewiesen, und als Davids klägliche Herrschaft mit seinem Tod 1371 endete, kam die Königswürde nicht an den englischen Prinzen, sondern an Robert Stewart, des Königs Neffe und ehemaliger Regent, der den Thron als Robert II., der erste Stuartkönig, bestieg.

Robert II.

Robert hatte sich als ein angemessener Regent erwiesen, doch als König war er schwach. Er stammte zwar aus einer adligen Familie, doch diese war nicht adliger als ein halbes Dutzend anderer. Er war normannischer Herkunft und besaß nicht die Autorität und das Ansehen, das aus einem acht Jahrhunderte währenden Königtum fließt. Von nun an bedrohte Schottland eine neue Gefahr: die des Streits zwischen dem Adel und dem König. Es wurde zum Verderben unseres Landes während der kommenden Jahrhunderte.

Silbergrot mit dem Kopf Roberts II., erster der Stewart-Könige.

Robert trachtete danach, Schottland Friede und Wohlstand zu geben. Zu seinem Glück hatten die Engländer in Frankreich alle Hände voll zu tun. Doch

Dieser zwölf Fuß lange Wimpel aus salbeigrüner Seide, mit dem Andreaskreuz und einem ausschreitenden Löwen, ist die Standarte der Douglases; sie wurde der Überlieferung nach in der Schlacht von Otterburn, 1388, mitgeführt. Das Motto *Jamais areyre* (Jamais arrière) spielt auf das Vorrecht der Douglases an, die Vorhut der schottischen Armee in die Schlacht zu führen.

die nationale Wirtschaft wurde immer noch eingeschnürt durch die Abzahlung des Lösegeldes für den nun toten König, und der Friede wurde beständig durch das Gezänk der mächtigen Adligen untereinander gestört. »In jenen Tagen«, schrieb ein Zeitgenosse, »gab es in Schottland kein Gesetz; der reiche Mann unterdrückte den armen Mann und das ganze Land war eine Mördergrube. Gemetzel, Räuberei, Brandstiftung und andere Verbrechen blieben unbestraft, und die Gerechtigkeit war in die Verbannung, jenseits der Grenzen des Königreichs, geschickt worden.« Dazu gesellten sich als ein weiteres Charakteristikum dieser Regierungszeit die unaufhörlichen Grenzüberfälle, die das ganze *Border*-Gebiet verwüsteten. Sie fanden ihren Höhepunkt 1388 in der größeren Schlacht von Otterburn – später wurde sie *Chevy Chase** genannt – zwischen den Douglases und den Percys of Northumberland.

1390 starb Robert II. Sein Sohn, Robert III., der ihm auf den Thron folgte, war fünf Jahre zuvor von einem Pferd getreten worden und erlangte nie wieder volle Gesundheit. Er war ein wohlmeinender Krüppel und stützte sich, wie es auch sein Vater am Ende getan hatte, voll auf seinen jüngeren und entschlosseneren Bruder, den Duke of Albany. Auch weiterhin wurde der Friede durch den Zank der mächtigen Edelleute untereinander gestört.

1399 entsagte Robert III. faktisch dem Thron, mit der Begründung, daß »seine Krankheit« ihn unfähig mache, »Rechtsverletzern und Rebellen Einhalt zu gebieten«, und die darauffolgenden fünfundzwanzig Jahre wurde Schottland von Regenten gelenkt. Der erste war Roberts älterer Sohn, David Duke of Rothesay. Doch im Frühjahr 1402 wurde er nach Falkland entführt und verschwand. Einige meinten, er sei an der Ruhr gestorben, andere, sein Onkel Albany habe sein Verschwinden ins Werk gesetzt. Auf jeden Fall tauchte er nicht wieder auf, und Albany übernahm erneut die Herrschaft, dieses Mal als Regent. Sein Sohn Murdoch stand ihm zur Seite.

* Hetzjagd

Der Thronerbe war jetzt James, der jüngere Sohn Roberts III. Als Gerüchte umgingen, daß der Regent heimlich plane, ihn den Engländern auszuliefern, beschloß Robert 1406, James zu seiner Sicherheit nach Frankreich zu schicken. Doch unglücklicherweise wurde das Schiff, mit dem er reiste, von englischen Piraten aus Norfolk gekapert. Diese brachten ihn nach London und lieferten ihm dem König, Heinrich IV., aus, der ihn als Geisel behielt. Der Schock war zu viel für den armen, verkrüppelten Robert. Er starb drei Monate danach. Der kleine James wurde nun ordnungsgemäß zum König James I. (Jakob I.) ernannt, doch sollte er die ersten achtzehn Jahre seiner Herrschaft in den Händen der Engländer verbringen. Inzwischen regierte an seiner Statt sein Onkel Albany, der, was James als erster spürte, nur sehr geringe Anstrengungen machte, seine Freigabe zu erwirken. Die mächtigen Adligen nutzten diese günstige Gelegenheit, die durch dieses anhaltende Interregnum geboten wurde, indem sie ihre Besitzungen erweiterten und festigten, private Armeen aufstellten und das aufbauten, was eigenen, unabhängigen Fürstentümern gleichkam.

Die Douglases

Unter den großen Familien der *Lowlands* übertraf keine die Douglases, deren Macht bald mit der der Krone rivalisierte. James, der Begründer des Familienvermögens, hatte großen Ruhm als einer von Bruce's Hauptleuten errungen. Sein Nachfolger war von David II. zum Warden of the Marches (Gouverneur des Grenzgebietes zwischen England und Schottland) und Lord of Galloway ernannt worden. 1358 wurde dem damaligen Douglas die Grafenwürde verliehen, und danach hatten die Douglases durch kluge Heiraten das Ausmaß

Hermitage Castle, Roxburgshire, die beachtlichste der Festungen entlang der Border, gehörte von 1341 bis ins späte 14. Jh. den mächtigen Douglases.

sowohl ihrer Verbindungen, als auch ihres Besitzes noch weiter ausgedehnt. Gegen Ende des vierzehnten Jahrhunderts besaß der vierte Earl, der auch Schwiegersohn Roberts III. war, Ländereien, die sich über Galloway, Douglasdale, Annandale, Clydesdale, Lothian, Stirling und Morayshire ausdehnten. Die Tausende an Kämpfern, die er zusammenrufen konnte und die durch beständige Grenzkämpfe gegen die Percys abgehärtet waren, stellten einen Machtfaktor dar, den niemanden, am wenigsten die Krone, gefahrlos ignorieren konnte.

Im Nordwesten genossen die Lords des Clan Macdonald oder, wie sie sich selber betitelten, *The Kings of the Isles,* die Könige der Inseln, weiterhin den Status autonomer Herrscher und schenkten der zentralen Regierung von Schottland wenig oder keine Beachtung. Gemeinsam mit ihren Nachbarn und Blutsverwandten, den Macleans, jenen »Spartanern des Norden«, wie Andrew Lang sie genannt hat, und den Lords of Lorne und Argyll, hatten die Macdonalds mit Bruce gegen die Engländer bei Bannockburn gekämpft. Doch dies hatten sie eher als Verbündete, denn als Untertanen getan, und der Lord of the Isles war jetzt formell mit dem König von England durch eine Reihe von Verträgen verbündet, die in den Jahren 1392, 1394 und 1398 geschlossen und wie zwischen zwei souveränen Staaten unterzeichnet worden waren. 1408 wurde dieses Bündnis wieder neu belebt, als Heinrich IV. von England zu diesem Zweck eigens eine diplomatische Mission an den in Oxford erzogenen Donald of the Isles entsandte.

Zusätzlich zu den Inseln beherrschten die Macdonalds, deren Macht noch durch die Niederlage, die Bruce hundert Jahre zuvor den Macdougalls zugefügt hatte, außerordentlich gestärkt worden war, schon einen großen Teil der westlichen Meeresküste. Und jetzt bot sich Donald abermals eine Möglichkeit,

Grabplatte von Ranald, Sohn des Lord of the Isles, der 1386 starb und auf Iona beigesetzt wurde.

Tartschen der Macdonalds – geprägte Lederschilde auf hölzernem Rahmen, mit Knäufen und Nägeln aus Messing verziert. Die linke stammt aus dem Ende des 17. Jhs.; die andere (frühes 18. Jh.) trägt die heraldischen Zeichen der Ruhmestaten des Macdonald of Keppoch, der in der Schlacht von Culloden fiel.

Duart Castle, Mull, eine typische Festung der Clanhäuptlinge – in diesem Fall der Macleans.

sein Herrschaftsgebiet noch weiter auszudehnen. 1411 trat die Nichte seiner Frau, die junge Countess of Ross, in ein Kloster ein und verzichtete auf ihre Grafenwürde und ihre Besitzungen. Wenn er diese Gebiete an sich bringen könnte, würde Donald Herr über den größten Teil Nordschottlands werden. Ein Gegenanspruch wurde jedoch seitens Buchans, Sohn des Regenten Albany, geltend gemacht, der durch Heirat auch ein Onkel der Countess war. Dadurch aufgebracht und ermutigt durch Hilfsversprechungen seines Verbündeten, Heinrich IV. von England, marschierte Donald, dem die Macleans unter ihrem Häuptling, Red Hector of the Battles, beistanden, unter großer Truppenstärke quer durch Schottland, mit dem Ziel, Aberdeen zu erobern und zu plündern. Nach einem vorausgegangenen Scharmützel mit den Mackays und den Frasers (die jetzt nicht mehr in den *Borders,* sondern im nordöstlichen Schottland angesiedelt waren), trat ihnen bei Harlaw eine gemischte und vom Regenten ausgeschickte Streitmacht, angeführt von Alexander Stewart, Earl of Mar, Sir James Scrymgeour, Königlicher Standartenträger und Konnetabel von Dundee, Sir Alexander Ogilvy, Sheriff von Angus und Sir Robert Davidson, Propst von Aberdeen, unterstützt von den bewaffneten Bürgern der Stadt, entgegen. Die darauf folgende Schlacht – die *Red Harlaw,* wie sie dann genannt wurde – verlief äußerst grimmig, und obwohl sie militärisch unentschieden endete, erfolgte dennoch der Rückzug Donalds und seiner Verbündeten nach Westen. Red Hector blieb tot auf dem Schlachtfeld zurück.

Gemeißelte Steinplatte von Iona, die Maclean of Coll zeigt, mit einem Zweihänder, dem Schwert der Hochlandschotten.

Wären die Dinge anders verlaufen und hätten die Inselleute ihr Ziel erreicht, wäre der weitere Verlauf der schottischen Geschichte völlig anders erfolgt. Donald verhielt sich friedlich bis zu seinem Tod im Jahr 1423, während die Engländer, die nichts unternommen hatten, um ihren Verbündeten zu helfen, jetzt mit Albany einen Waffenstillstand schlossen.

Das Jahr 1411 war unterdessen durch ein anderes, doch wichtiges Ereignis geprägt worden: der Gründung der ersten Universität Schottlands in St. Andrews, der zu gehöriger Zeit Glasgow und Aberdeen folgten. Seite an Seite mit dem Ruhm Schottlands als einer Nation der Kämpfer begann auch eine

Ansicht von St. Andrews, Sitz von Schottlands erster Universität, gegründet 1411.
Unten: Amtsstab der Fakultät der Freien Künste der Universität St. Andrews. Er wurde 1418 fertiggestellt und trägt unter anderem das Wappenschild Schottlands und das des Bischofs Wardlaw, des Begründers der Universität.

schottische Tradition der Gelehrsamkeit und der Bildenden Künste zu erstehen, eine Tradition, die, in erster Linie von der Kirche gefördert, in ihrem Gefolge anwachsend fruchtbare Verbindungen mit Europa und mit Stätten der Gelehrsamkeit in Europa mit sich brachte.

Zwei Jahre später, 1413, starb Heinrich IV. von England, und ihm folgte sein Sohn Heinrich V. auf den Thron. Dieser nutzte sofort die günstige Gelegenheit des Bürgerkriegs, der zu der Zeit in Frankreich tobte, und des Wahnsinns des Königs von Frankreich und fiel mit überraschendem Erfolg in dem Nachbarland ein. 1420 erhielt er durch den Vertrag von Troyes mehr als die Hälfte Frankreichs, mit der Anwartschaft auf den Rest beim Tode des Königs.

Doch Karl, der französische Dauphin, hatte nicht aufgegeben. Er wandte sich jetzt an Schottland um Hilfe, und zu Beginn des Jahres 1421 trafen in Frankreich eine zwölftausend Mann zählende schottische Armee ein, angeführt von Buchan, Albanys Sohn. Ende März hatten sie das Blatt gewendet. Bei Beaugé wurde Clarence, der Bruder Heinrichs, besiegt und getötet. 1422 starb auch Heinrich. »Das ist eine verfluchte Nation«, sagte er im Sterben über die Schotten. »Wo ich auch hingehe, ich finde sie in meinem Bart.« Buchan wurde jetzt Konnetabel von Frankreich und Oberbefehlshaber der französischen Armeen und Douglas mit dem Herzogtum Touraine belohnt. *Sacs à vin* und *mangeurs de mouton* nannten die französischen Bauern die schottischen Soldaten, von ihrer Leistungsfähigkeit im Essen und Trinken nicht weniger beeindruckt, als von ihren kämpferischen Fähigkeiten.

James I. (Jakob I.) mit seinem Parlament, bald nach seiner Rückkehr nach Schottland im Jahre 1424. Holzschnitt aus Holinsheds *Chronicles* (1577).

1420 starb schließlich der Duke of Albany, und sein Platz als Regent wurde von seinem Sohn, Duke Murdoch, eingenommen, einem schwächlichen Mann im Vergleich zu seinem Vater und seinem Bruder Buchan. James I. (Jakob I.), jetzt neunundzwanzig, befand sich in England, wo er seine ganze Kindheit und Jugend verbracht hatte. Doch nun lag der Weg für seine Rückkehr nach Schottland frei. Der alte Albany war tot. Heinrich V. war tot. James stand auf gutem Fuß mit den Regenten, die England im Namen des kleinen Heinrich VI. regierten. Er machte auch Henrys Kusine, Lady Joan Beaufort, Tochter des Earl of Somerset, den Hof. Die Engländer waren, nach ihren Erfahrungen in Frankreich, äußerst bemüht, mit Schottland Frieden zu schließen. Sie hofften, daß James ihnen in diesem Bestreben behilflich sein würde. Ein Abkommen wurde ausgehandelt, und 1424 kehrte James, nachdem er Joan Beaufort geheiratet hatte, mit seiner jungen Frau in sein Königreich zurück.

James I. (Jakob I.) und seine Reformen

Nachdem James endlich sein Erbe angetreten hatte, verlor er keine Zeit, sich zu behaupten. Er besaß große Fähigkeiten und hatte in England eine gute Erziehung genossen. Seine Besuche bei der englischen Armee in Frankreich hatten ihm zu einem soliden militärischen Wissen verholfen und durch seine Beobachtung der Methoden jener schlauen und wagemutigen Monarchen Heinrich IV. und Heinrich V., hatte er sich Staatskunst angeeignet. Außerdem war er nicht frei von Rachsucht. Als er nach Schottland zurückgekehrt war, mußte er erkennen, daß die Autorität der Krone geschwächt, die Macht der großen Barone gefährlich angeschwollen, die Staatsverwaltung in chaotischem Zustand und Armut, Gesetzlosigkeit und Pest reichlich verbreitet waren. Er handelte unverzüglich und drastisch. Als ersten Schritt ließ er 1425 den Regenten Murdoch, dessen Schwiegervater und beide Söhne gefangennehmen und hinrichten und ihren ganzen beachtlichen Besitz der Krone zuführen.

Die *Highlands* waren wie gewöhnlich ein Unruheherd. 1427 ließ James die Häuptlinge zu einem Parlament zusammenrufen und nahm vierzig von ihnen in Haft. Wenn auch die meisten später wieder freigelassen wurden, so fanden doch einige dabei den Tod. Die Hochländer waren von dieser Täuschung des Königs mit Abscheu erfüllt. Im seinen Unwillen zu zeigen, marschierte Alexander of the Isles mit 10 000 Mann nach Inverness und brannte es bis auf den Erdboden nieder. James konnte ihn in einer Schlacht besiegen. Doch 1431 traten die westlichen Clans unter Alexanders Vetter Donald Balloch of Islay wieder an und konnten den Earls of Caithness und Mar bei Inverlochy eine gründliche Niederlage zufügen, in der Caithness getötet wurde. Jetzt übernahm James wiederum selber das Kommando, und dank seiner Überlegenheit an Truppen und ihrer Bewaffnung bekam er die Situation vorläufig in den Griff und befriedete die *Highlands.*

Auch in den *Lowlands* gab es Aufstand. Und auch hier unternahm James energische Schritte, um ihn niederzuwerfen, indem er Douglas einkerkerte und den rebellischen Earl of March ins Exil schickte. In einem Dutzend Jahren fielen durch Enteignung und Anwartschaft die Grafschaften March, Fife, Mar, Buchan, Ross und Lennox der Krone zu. Strathearn und Atholl hatte der Onkel des Königs in Besitz. Douglas und Angus waren seine Nachbarn, Moray und Crawford seine Blutsverwandten. Die Balance zwischen der Krone und dem Adel schien halbwegs wiederhergestellt.

Als ob er diese neue Position der Krone hervorheben wollte, kleidete sich der König in aller Pracht, ging verschwenderisch mit Geld um und verwandelte den Palast von Linlithgow in eine glänzende königliche Residenz. 1428, nach einem erfolglosen Versuch, sich mit England zu einigen, erneuerte er formell die *Auld Alliance* mit Frankreich und sandte ein frisches Truppenkontingent, um für Karl VII. und Jeanne d'Arc gegen die Engländer zu kämpfen. Dies war ein beliebter Schachzug. »Nichts macht den Schotten mehr Freude, als den Engländer Schaden zuzufügen«, schrieb Äneas Silvius, der spätere Papst Pius II., der Schottland zu der Zeit aufsuchte. Äneas selber gefielen die

Äneas Silvius besuchte den eleganten und luxuriösen Hof James' I. um 1428 anläßlich einer diplomatischen Mission. Ein Fresko von Pinturicchio zeigt ihn in Unterhaltung mit dem König.

schottischen Frauen: »Sie sind von zarter Haut, anmutig und gefällig, zeichnen sich jedoch nicht durch ihre Keuschheit aus.«

Inzwischen hatte James mit einem weitreichenden Programm sozialer und gesetzgebender Reformen begonnen. »If Good give me but the life of a dog«, hatte er gleich nach seiner Ankunft in Schottland gesagt, »I will make the key keep the castle and the bracken-bush the cow.«* Schon eine Woche nach seiner Krönung arbeitete das Parlament an einer Vielzahl neuer Statute, und die Anwesenheit der mächtigen und auch der weniger mächtigen Barone wurde nachdrücklich gefordert. *Rex Legifer,* nannten sie ihn, den Gesetzesgeber. Er zog sogar die Idee einer zweiten Kammer nach englischem Vorbild in Erwägung. Er sorgte nicht nur für die Aufrechterhaltung von Recht und Ordnung, sondern regelte auch die Finanzen des Landes, erhob neue Steuern und führte eine ganze Reihe zweifellos dringend notwendiger, doch nicht unbedingt populärer Reformen ein. Das Wildern wurde unterbunden, das Lachsfischen außerhalb der Saison verboten. Krähen und Wölfe sollten dezimiert und das Fußballspiel geahndet werden.** Es wurde angeordnet, Erbsen und Bohnen anzupflanzen, in den Städten Wirtshäuser zu bauen, das Bogenschießen zu fördern und zu verbessern. James mischte sich auch energisch in kirchliche Angelegenheit ein, wobei er in Konflikt mit dem Heiligen Stuhl geriet, doch schließlich erreichte, was er wollte.

Es war nur natürlich, daß sich ein solch aktiver König Feinde schuf. James besaß derer drei, die gefährlich waren: seinen Onkel Atholl, seinen Kämmerer und Vetter Robert Stewart, und Robert Graham, den Tutor von Strathearn, der dem König wegen der Behandlung seines Neffen grollte. Diese drei verschworen sich, ihn zu töten, und am 20. Februar 1437 verübten sie ihren Anschlag in Perth, wo sie ihn in Gegenwart der Königin erdolchten. Joan Beaufort nahm an den Mördern ihres Mannes entsetzliche Rache, doch die ausnehmend grausamen und erfinderischen Torturen, die sie über sie verhängte, beispiellos selbst für Schottland, konnten den toten König nicht wieder zum Leben erwecken.

James (Jakob) II.

James' Sohn, der jetzt als James II. auf den Thron kam, war erst sechs Jahre alt. Wieder gab es eine Regentschaft. Und wieder übernahmen die mächtigen Adligen die Aufsicht. Ohne einen starken König war das Parlament machtlos, seine Arbeitsweise, alle Aufgaben an kleine Ausschüsse zu delegieren – ganz besonders dem *Committee of Articles* – machte es wenigen entschlossenen Männern leicht, die Kontrolle in die Hand zu bekommen. Der Regent und zudem nächster Thronanwärter, war der ungeheuer mächtige Earl of Douglas. Doch Douglas starb 1439 und hinterließ zwei junge Söhne. Also ging die Regentschaft an Sir William Crichton, der Haushofmeister James' I. und Aufseher von Edinburgh Castle gewesen war.

* »Wenn Gott mir nur das Leben eines Hundes gibt, so werde ich es doch schaffen, daß der Schlüssel die Burg und das Farnkraut die Kuh bewacht.«

** Erlaß von 1424: »Item it is statut and the King forbiddis that na man play at the fut ball under the payne of iiij d.«

Crichton fürchtete die ungeheure Macht der Douglases, und im November 1440 sah er eine Möglichkeit, sie zu brechen. Er forderte den jungen Earl, William Douglas, einen halsstarrigen Knaben von vierzehn Jahren, und dessen jüngeren Bruder auf, mit dem kleinen König im Großen Saal von Edinburgh Castle zu speisen. Er ließ den symbolischen *Black Bull's Head*, den Kopf des schwarzen Stiers, der den Tod ankündigt, vor sie aufstellen. Dann ermordete er sie beide. »*Edinburgh Castle, towne and toure*«, sang der Dichter:

God grant thae sink for sinne!
And that even for the black dinoir
Earl Douglas got therein.

Die ausgedehnten Douglas-Besitzungen wurden jetzt aufgeteilt und eine Zeitlang war die Macht der Douglases gebrochen.

1449 übernahm James II., jetzt neunzehn Jahre, die Regierungsgeschäfte. Er sollte über Schottland nur elf Jahre herrschen. Während dieser Zeit erwies sich James, der treu von Crichton und von seinem Vetter, Bischof Kennedy of St. Andrews, einem Mann von außergewöhnlicher Integrität und Charakterstärke, unterstützt wurde, in vieler Hinsicht als der Sohn seines Vaters. Doch er mußte sich neben seinen Regierungsreformen um noch andere Dinge kümmern. Ein

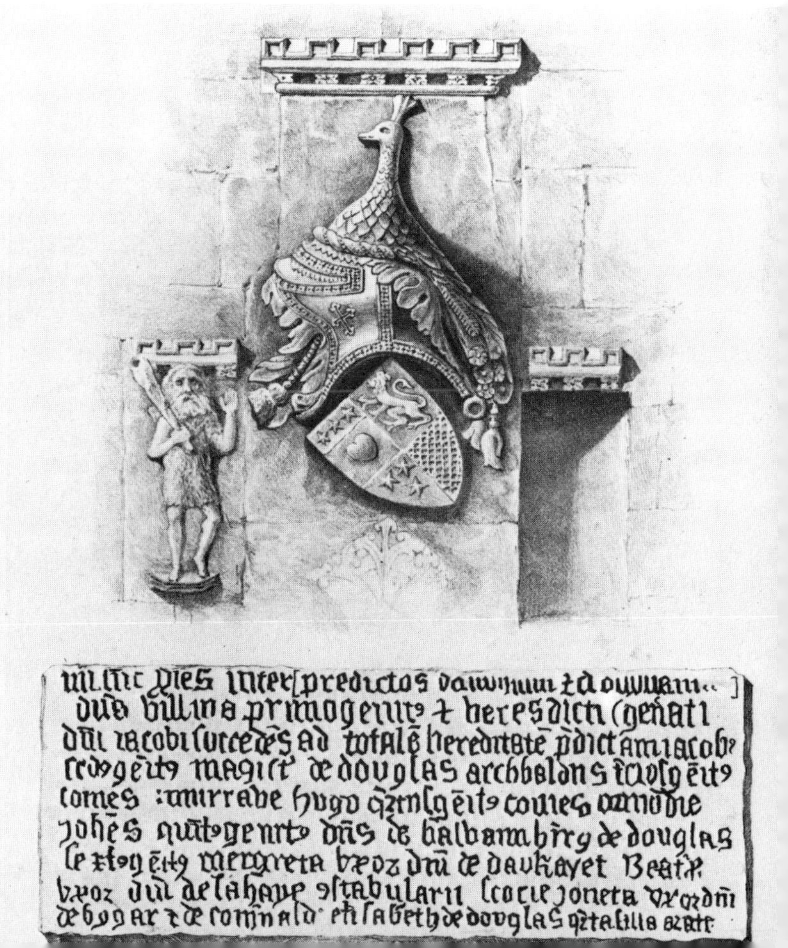

Wappenschild und Inschrift am Grabmal von »James the Gross«, siebter Earl of Douglas. Er war Großonkel und Erbe des jungen sechsten Earl, dessen Ermordung durch Sir William Crichton, 1440, die Macht der Douglases vorübergehend brach.

James II. als junger Mann. Buchmalerei des Jörg von Ehingen.

für die Krone höchst gefährliches Bündnis war gebildet worden zwischen dem jungen Earl of Douglas*, der auch mit den Engländern verhandelte, dem Earl of Crawford, bekannt als *Earl Beardie* oder *Tiger Earl* – er war zu jener Zeit mächtigster Mann im Osten – und schließlich mit keinem geringeren als John of the Isles, den immer noch die Schmach quälte, die seinem Vater Alexander von seiten der Schottischen Krone unter James I. angetan worden war.

James unternahm einige Versuche, Douglas auszusöhnen. Doch Douglas wehrte seine Annäherungen ab. Er ging ihm sogar aus dem Weg, um ihn zu provozieren, während seine Verbündeten, die *Islesmen,* wieder Inverness eroberten. 1452 schließlich lud der König, der sich vielleicht an eine ähnliche Szene aus seiner Kindheit erinnerte, Douglas ein, mit ihm in Stirling Castle zu speisen. Douglas kam unter Zusicherung freien Geleits. Doch während der Mahlzeit erdolchte ihn der König mit eigener Hand. »Der Earl«, so lautete das

* Nachfolger des 1440 ermordeten vierzehnjährigen William, sechster Earl, war sein Großonkel James the Gross, der siebte Earl, von dem einige behaupteten, er hätte die Ermordung seines Großneffen stillschweigend geduldet und dem 1443 wiederum sein Sohn William als achter Earl folgte.

Kirchliches Siegel des Bischofs Kennedy von St. Andrews, dem Vetter und Ratgeber James' II. Es zeigt oben die Jungfrau mit dem Kind, in der Mitte St. Andrew und unten den Bischof mit dem Kennedy-Wappen. Dieses Siegel, das an der Gründungsurkunde des St. Salvator Colleges befestigt war, datiert um 1450.

taktvolle Urteil des Parlaments, »trug selber Schuld an seinem Tod, weil er sich der sanften Gewalt des Königs widersetzt hatte.«

Die Macht der Douglases gebrochen

Eine Zeitlang schien es, als ob sich die vier Brüder des Toten mit englischer Hilfe dem König erfolgreich widersetzen könnten. Doch James hatte durch seine Regierungsführung das Vertrauen seiner Untertanen gewonnen, und als er 1455 eine Entscheidung erzwang und mit einem großen Truppenaufgebot zum Kampf gegen die Rebellen auszog, wurde er durch das Ergebnis reichlich gerechtfertigt. James Douglas, der Erbe des Ermordeten, floh zuerst auf die

Ansicht der Stadt Inverness aus Slezers *Theatrum Scotiae* (1693).

Inseln und von dort nach England, und in der Schlacht von Arkinholm wurden seine drei Brüder geschlagen und getötet. Die Macht der Black Douglases war auf diese Weise gebrochen und das Parlament verordnete die Enteignung ihrer ausgedehnten Besitzungen. Crawford, der *Tiger Earl,* und John of the Isles waren mit der Krone zu einem Einvernehmen gekommen. Im Königreich herrschte vorläufig Friede. Die Engländer, die in Frankreich vernichtend geschlagen worden waren, lagen in den Geburtswehen des Haders im eigenen Land und ihre Untertanentreue teilte sich zwischen den rivalisierenden Häusern York und Lancaster. James, der einen vorübergehenden Waffenstillstand mit Henry VI. geschlossen hatte, wählte diesen Augenblick, um auf dessen Seite gegen den Usurpator York einzugreifen. Die Festung von Roxburgh, die seit 1346 in englischer Hand gewesen war, wurde von einem Parteigänger des Hauses York gehalten. Im Sommer 1460 belagerte James sie und während er zusah, wie seine Kanonen sie bombardierten, barst eine von ihnen und tötete ihn. Wenige Tage später wurde Roxburgh von den Schotten eingenommen und diese historische Festung vollkommen zerstört.

James III.

Schottland wurde wiederum von Regenten beherrscht. Für kurze Zeit übernahm die Königinmutter für ihren neunjährigen Sohn, James III., die Regentschaft, doch 1462 wurde ihr Platz von Bischof Kennedy eingenommen, der im folgenden Jahr wieder einen Waffenstillstand mit den Engländern aushandelte, die immer noch mit den Rosenkriegen in Anspruch genommen

James III.: Ausschnitt aus einem Triptychon von Hugo van der Goes im Holyroodhouse. Er war ein kultivierter Mann mit einer Vorliebe für Archäologie, okkulte Wissenschaft und gleichgesinnte Günstlinge, doch als König war er unfähig und argwöhnisch. 1469 heiratete er Margaret, Tochter König Christians I. von Dänemark und Norwegen, die als Mitgift die Orkney- und Shetlandinseln brachte, die somit an die schottische Krone fielen.

waren. Kennedy jedoch starb 1465 und ihm folgte als Regent Lord Boyd, ein ehrgeiziger Mann von niedrigem Adel. 1469 sorgte Boyd für die Verheiratung des jungen Königs mit der Tochter des Königs von Norwegen, die als Mitgift die Orkney- und Shetlandinseln brachte, die auf diese Weise ein Teil Schottlands wurden. Nach seiner Hochzeit nahm sich James, jetzt achtzehn Jahre alt, selber der Regierungsgeschäfte an. Als erstes machte er sich von Boyd frei, dessen wachsender Einfluß ihn störte.

James II. rechtfertigte jedoch nicht diesen frühen Eindruck eines Mannes der Tat. Obwohl in vielerlei Hinsicht begabt, war er ungesellig und mürrisch, ein jämmerlicher Reiter, interessierter an Architektur, Astrologie und Schwarzer Kunst, als an Staatsgeschäften. Er bevorzugte die Gesellschaft einer Gruppe intelligenter und talentierter Günstlinge dem Umgang mit den Adligen, womit er diese natürlich nicht für sich gewann. So zeichnete sich seine Herrschaft durch die üblichen Verschwörungen und Gegenverschwörungen aus, während die Engländer, trotz eines 1474 unterzeichneten Friedensvertrags, wie gewöhnlich versuchten, im trüben zu fischen. Bei all diesen Vorgängen spielten anfänglich die gewinnenderen Brüder des Königs, Albany und Mar, eine aktive Rolle und später Archibald Douglas, Earl of Angus, Anführer der *Red Douglases,* »die auf den Ruinen der Schwarzen emporwuchsen« und inzwischen schon die Rolle der Schwarzen Douglases als die Hauptbedrohung für die Krone eingenommen hatten.

1479 warf James, der um seine Krone fürchtete, seine beiden Brüder in den Kerker. Mar starb auf geheimnisvolle Weise in seinem Gefängnis während eines Bades. Doch Albany konnte seine Wächter töten, und es gelang ihm, indem er sich an einem Strick hinabließ, eine aufregende Flucht aus Edinburgh Castle. Er gelangte bis nach London und legte sich dort den Titel *King of Scots* zu. Drei Jahre später schloß er sich einer englischen Armee an, die sich rüstete, um in Schottland einzufallen. James brach in die Grenzgebiete auf, um den Angreifern entgegenzutreten, doch wurde er bei Lauder von einer Gruppe seiner eigenen Edelleute überfallen. Sie wurden von Archibald Douglas angeführt, der sich, während die anderen zögerten, durch sein offenes Entgegentreten dem Monarchen gegenüber den Beinamen *Bell-the-Cat* erwarb, das heißt, der es schaffte, der Katze die Glocke umzuhängen. Nachdem Douglas einige der Günstlinge des Königs an der Brücke von Lauder aufgeknüpft hatte, kehrten er und seine Freunde mit dem König in ihrer Begleitung nach Edinburgh zurück. Dort

Margarete von Dänemark: Ausschnitt aus dem Triptychon von Hugo van der Goes.

Zwei Grots aus der Zeit James' III. Die eine ist ungewöhnlich, weil sie den König im Halbprofil zeigt – ein Kunstgriff der Renaissance. Die Lilie auf dem Revers der anderen symbolisiert das seit langer Zeit bestehende Bündnis mit Frankreich.

Die Schlacht von Sauchieburn, 1488. Dieser Stich aus der Mitte des 19. Jhs. zeigt Stirling Castle im Hintergrund.

gesellte sich Albany wieder zu ihnen, der, ausgesöhnt mit seinem Bruder, kurzerhand die Regentschaft übernahm. Die Engländer ihrerseits gaben sich mit der Eroberung Berwicks zufrieden und zogen wieder ab, weil sie es zweifellos für klüger hielten, die Schotten für sich allein zu lassen. Schließlich floh Albany aus dem Land und wurde bei einem Turnier in Frankreich getötet. Doch die Autorität des Königs hatte schweren Schaden erlitten.

1488 gelang es einer erneuten Gruppe von Verschwörern, die wiederum von Archibald Douglas und Lord Home angeführt, und dieses Mal von Colin Campbell, erstem Earl of Argyll und Häuptling des Clan Campbell unterstützt wurden, James' jungen Sohn in ihre Hände zu bekommen, den sie an Stelle seines unpopulären Vaters zum König ernannten. James zögerte, versuchte, sich mit den Rebellen zu einigen, forderte sie auf, ihre Truppen zu entlassen und floh am Ende nach Stirling, wo ihm die Stadttore vor der Nase geschlossen wurden. Jetzt blieb ihm nichts anderes übrig, als sich dem Kampf zu stellen. Am 11. Juni 1488 trafen die gegnerischen Armeen bei Sauchieburn, südlich von Stirling, aufeinander. Im Verlauf dieses eher halbherzig geführten Kampfes scheute James' Pferd und warf ihn ab. Schwer verletzt durch seinen Sturz, bat er um einen Priester, und ein Vorbeigehender, der behauptete, einer zu sein, erdolchte den hilflos in der Küche einer Mühle liegenden König.*

* Es gibt eine alte mündliche Überlieferung, die von Sir Iain Moncreiffe of that Ilk als authentisch angesehen wird und die behauptet, daß dieser schnelldenkende Königsmörder niemand anderer als William Striveling oder Stirling of Keir war – eine lokale Notabilität. Später wurde er durch den Sohn seines Opfers zum Ritter geschlagen.

III.

»Sie verbringen all ihre Zeit mit Krieg, und wenn es keinen Krieg gibt, bekämpfen sie sich gegenseitig«

James' Erbe, der ihm jetzt als James IV. auf den Thron folgte, war fünfzehn Jahre alt. Eine Zeitlang übte Archibald Douglas eine Art Regentschaft aus, und an die Höfe Europas wurde ein Rundbrief gesandt, der zurückhaltend über die Schlacht von Sauchieburn Bericht gab, »where at the father of our Sovereign Lord happinit to be slane«.* Douglas und seine Mitverschwörer indessen ernteten gründlich den Lohn ihres Sieges. Aus dieser Zeit datiert der rasche Aufstieg der Campbells of Argyll zur Macht, während Hepburn of Hailes, ein unbedeutender Grundherr, für seine Dienste mit den Titeln Earl of Bothwell und Lord High Admiral belohnt wurde.

Der junge König hingegen dürfte eine böse Ahnung, sogar Gewissensbisse, über die Art und Weise, wie er auf den Thron gelangt war, gehabt haben, denn für den Rest seines Lebens trug er zur Buße eine eiserne Kette um seinen Körper geschmiedet. Auch war er keiner, der sich von seinen Edelleuten beherrschen ließ. Als im darauffolgenden Jahr wieder der Bürgerkrieg ausbrach, zog James an der Spitze seiner eigenen Truppen ins Feld, besiegte die Rebellen gründlich und stellte unverzüglich die Ordnung wieder her.

James IV.

James IV. sollte sich als der fähigste und populärste aller Stewart-Könige erweisen, ein Herrscher von Energie, Intelligenz und Charme und zudem ein geborener Menschenführer, dessen Liebe für die guten Dinge des Lebens ebenso intensiv war, wie sein religiöser Eifer und der Nachdruck, mit dem er seine königlichen Pflichten verfolgte. »Er hatte«, schrieb der große Gelehrte Erasmus, der Erzieher eines seiner vielen unehelichen Kinder war, »eine wunderbare Geisteskraft, ein unglaubliches Wissen über alle Dinge.« Und Pedro de Ayala, der Gesandte Ferdinands und Isabellas von Spanien und ein ständiger Gefährte des Königs am Kartentisch, war beeindruckt von seinem Selbstvertrauen, seinem körperlichen Mut, seiner religiösen Inbrunst und seinem Talent für Sprachen, einschließlich des Gälischen. »Der König spricht sogar«, schrieb er, »die Sprache der wilden Stämme, die in einigen Teilen Schottlands und auf den Inseln leben.« Das schottische Volk seinerseits liebte

* »in der der Vater unseres obersten Landesherrn zufällig getötet wurde«

ACOBVS · 4 · D · GRATIA
REX · SCOTORVM

James' Gepränge, seine Freigebigkeit, seine Freundlichkeit, seine vielen Geliebten und seine große Horde illegitimer Kinder – denn dieses war noch vor den Tagen des calvinistischen Bewußtseins.

Zu Recht hat man gesagt, daß James zwischen zwei Zeitaltern stand. Während seiner Regierungszeit erreichte Schottland die Renaissance, und diese Jahre waren von einem Erblühen der Gelehrsamkeit und der schönen Künste geprägt. Es war auch eine Zeit des Friedens, des Wohlstands, des Fortschritts und der Entwicklung auf einer ganzen Reihe verschiedenster Gebiete. In der Literatur war dies die Zeit von Robert Henryson und seinem *Testament of Cresseid;* von William Dunbars *The Thistle and the Rose;* von Gavin Douglas' Übersetzung der *Äneis* und von Blind Harrys populärem Epos *Sir William Wallace.* Auch gewann Musik an Bedeutung. James selber spielte die Laute und reiste niemals ohne seine Hofmusikanten und einer großen Auswahl an Instrumenten. Wunderbare Kirchen wurden gebaut. In den Städten wurde mit der Errichtung der Handelshäuser begonnen, anstelle von Holz trat Stein als Baumaterial, und auf dem Land hörten die großen Burgen auf, reine Festungen zu sein und begannen von der Pracht her Palästen zu ähneln, unter ihnen Falkland, Linlithgow und Craigmillar. Ayala konnte seinem König und seiner Königin von den schönen Möbeln, den bezaubernden Gärten und der Eleganz der schottischen Edeldamen berichten, deren Kopfputz, wie er sagte, der hübscheste auf der Welt sei. Erziehung, zwar noch das Privileg weniger, gewann an Bedeutung. Mehr Bücher wurden importiert, und 1507 tauchte in Edinburgh die erste Druckerpresse auf. King's College in Aberdeen kam zu

Queen Mary's Harp, ein kunstvoll verziertes keltisches Instrument, um 1500.

Linlithgow, eines der prächtigeren schottischen Königschlösser.

Links: James IV., Porträt eines anonymen Künstlers der Flämischen Schule.

Druckerzeichen Andrew Myllars, der in Partnerschaft mit Walter Chepman 1507 das königliche Patent erhielt, Schottlands erste Druckerpresse aufzustellen. In das Druckerzeichen, einer Anspielung auf Myllars Name, sind auch seine Initialen in ein griechisches Alpha und Omega eingebaut.

St. Andrews hinzu und dann Glasgow als Schottlands dritte Universität. Ein blühender Handel, dessen wichtigste Basis Middelburg war, entwickelte sich mit den Niederlanden. Schottisches Rohmaterial, Felle, Wolle und eingesalzener Fisch wurden gegen importierte Fertigwaren und Luxusartikeln übers Meer gebracht.

Das Clan-System

Im Nordwesten, jenseits der *Highland*-Linie, verlief das Leben indes weiterhin so, wie seit fünfhundert Jahren oder länger. Hier hatte das, was sich in Edinburgh oder in den anglisierten *Lowlands* tat, sehr wenig Relevanz. In den *Highlands* war der Einfluß sowohl der Kirche als auch des Staates äußerst dürftig. Hier herrschten ein anderes System, andere Untertanentreue und andere Maßstäbe. Auf gälisch bedeutet *clann* Kinder. Der Häuptling war der Vater seines Volkes. Er war mit ihm, jedenfalls theoretisch, von gleichem Blut. Er besaß Macht über Leben und Tod (wovon er reichlich Gebrauch machte). Und er gebot, durch dieses oder jenes Mittel, über die absolute Treue seiner Untertanen. Sein Land war gewissermaßen ihr Land; ihr Vieh war sein Vieh. Seine Händel (und sie waren blutig und zahlreich) waren ihre Händel. Dem Wesen nach war das Clan-System eher patriarchalisch als feudal, ein altes keltisches Konzept, das nur wenig Verwandtschaft mit der jüngeren Zentralmonarchie besaß, sondern seinen Ursprung eher in den frühen norwegischen und irischen Königreichen des Westens hatte, von deren Königen und Großkönigen die Häuptlinge der meisten großen Clans ihre Abkunft herleiteten.

Für den Hochländer war das Land von Bedeutung, das wilde, unfruchtbare Land der *Highlands*, und das Vieh, die kümmerlichen kleinen schwarzen Tiere, die sich irgendwie davon ernährten, und die wiederum ihn ernährten, und Männer, bewaffnete Männer, um Land und Vieh zu beschützen. Das Land des Clans gehörte durch angestammtes Recht dem Häuptling und wurde von ihm unter den Mitgliedern seiner Familie und den Männern seines Clans aufgeteilt. Das Vieh war der hochgeschätzteste Besitz des Häuptlings als auch der Stammesmitglieder, sowohl Grundlage ihres Lebensunterhalts und ihres sozialen Ansehens als auch die Quelle nicht enden wollenden Zankes. In Kriegszeiten führten der Häuptling und die Männer seines Blutes den Clan in die Schlacht, und wenn er das brennende Kreuz aussandte, war es die Pflicht der Männer des Stammes, ihm, wohin er sie auch führte, zu folgen. Im Krieg, wie auch im Frieden, besaß er völlige Macht über sie, da er durch einen alten Brauch und nicht durch ein Feudalprivileg oder ein gesetzmäßiges Recht ihr Gesetzgeber, als auch ihr Richter war. Der Clan hatte seine Grundlage in dem tief verwurzelten, keltischen Leitgedanken des blutsverwandtschaftlichen Wohlwollens*, entstanden in langer Tradition durch Blutsbande und viel zwingender als jedes geschriebene Gesetz. Der Häuptling stand als Vater seines Volkes auf halbem Weg zwischen ihm und Gott. Er schlichtete den Streit seiner Untertanen, half ihnen, wenn sie in Not waren, beschützte sie und ihr Vieh gegen ihre Feinde. *Buachaille nan Eileanan*, der Hirte der Inseln, lautete der keltische Titel der Häuptlinge der Macdonalds.

Mit seinem Häuptling teilte das niedrigste Stammesmitglied einen Sippenstolz, der für einen Fremden kaum zu begreifen ist. Alle, die den Namen ihres Häuptlings trugen, waren glücklich in dem Glauben – der oft berechtigt war –, daß sie, wie er, von dem Namensvater des Clans abstammten, von Somerled,

* Eine Mischung aus *kinship* und *kindness*.

Im entlegenen Nordwesten dauerte es lange Zeit, bis neue Moden und neue Kunstrichtungen Einfluß gewannen. Der Sarkophag von Alasdair Crotach, siebter Häuptling des Clans Macleod, wurde 1528 geschaffen, dennoch könnte das liegende Abbild fast das eines mittelalterlichen Ritters sein.

von Gillean of the Battleaxe, von Calum Mor, von Olaf the Black oder von Gregor of the Golden Bridles und durch sie von zahllosen Generationen norwegischer oder irischer Könige. »Though poor, I am noble«, lautete eine alte und ständig angewandte Redensart der Macleans, »thank God I am a Maclean«.* Und Cameron of Lochiel konnte mit Überzeugung prahlen, daß die Mitglieder seines Clans »all gentlemen«, alles Herren von Stand seien. Der englische Lieutenant Edward Burt schrieb einige Jahrhunderte später erstaunt: »Fast jeder ist ein Ahnenforscher.«

Kein Wunder also, daß die mächtigen Häuptlinge und Stammesfürsten des Nordens und Nordwestens, von ihren Festungen in den Bergen und auf den Inseln aus, umgeben von ihren treuen Clansmitgliedern, durch die Jahrhunderte hindurch den Proklamationen von Königen, Parlamenten oder Staatsbeamten südlich der *Highlands,* die sie nur als potentielle Verbündete oder Feinde in ihren eigenen persönlichen Kämpfen um Macht ansahen, nur wenig Beachtung schenkten. Wenn man die wechselvolle Geschichte der *Highlands* verfolgt, ist es wichtig, nicht in Begriffen wie Loyalität und Disloyalität eines Clans gegenüber einem Monarchen, einer Dynastie oder einer Regierung zu denken, sondern eher in der Vorstellung eines Systems ewig sich verändernder Bündnisse und Interessenkonflikte zwischen einer Anzahl unabhängiger oder halb unabhängiger kleinerer Königreiche oder Fürstentümer. Denn das waren die Clans.

James machte, wie seine Vorgänger, einen Versuch, das wiederkehrende Problem der *Highlands* und *Islands* anzugehen. 1462 hatte John, Lord of the Isles, unter der vorhergehenden Herrschaft ein Bündnis mit Edward IV. von England im *Treaty of Westminster-Ardtornish* geschlossen. Die drei gesetzgebenden Stände wollten ihm daraufhin seine Rechte aberkennen, doch James III. hatte ihn formell wieder in den Rang eines Lords eingesetzt und ihn hoffnungsvoll zu einem Lord of Parliament gemacht. John, der friedlich gesinnt war, hätte wahrscheinlich keine weiteren Schwierigkeiten bereitet. Doch sein Bastard, Angus Og, der Argylls Tochter geheiratet hatte, nahm einen anderen Standpunkt ein und erklärte dem König wie auch seinem Vater den Krieg, womit er die westlichen *Highlands* in zwei Teile spaltete und als Folge davon eine anhaltende Fehde zwischen den Macdonalds einerseits und den Macleods und Mackenzies andererseits in Gang setzte. In der Schlacht *Bloody Bay off Mull*** fügte 1480 Angus Og seinem Vater und dessen beiden wichtigsten Leutnants, Maclean of Duart und Maclean of Ardgour, eine entscheidende Niederlage bei und nahm alle drei gefangen. Angus Og war, selbst für dieses Zeitalter, ein ungewöhnlich ungezügelter und blutrünstiger Mann und wurde nur durch das

* »Wenn ich auch arm bin, so bin ich doch von Adel. Gott sei gedankt, ich bin ein Maclean.«

** »Blutige Bucht vor Mull«

Die Highland-Clans im 16. Jh.: halb unabhängige kleine Königreiche.

KEITH
OLIPHANT
SINCLAIR
KEITH
MACKAY
GUNN
OLIPHANT
MACLEOD
OLIPHANT
Macaulay
MACLEOD
SUTHERLAND
MUNRO
ROSS
Murray
MACDONELL
McCULLOCH
MUNRO
MacCodrum
MACDONALD
Gayre
MACLEOD
BAIN
URQUHART
DUNBAR
INNES
HAY
LESLIE
MacCrimmon
MACKENZIE
Loban
ROSE
Calder
BRODIE
STUART
CUMMIN
MACLEOD
MACDONALD
CHISHOLM
MacBain
MACDONELL
Shaw
FRASER
MACINTOSH
CAMPBELL
GRANT
GORDON
Leith
Matheson
CHISHOLM
MacAskill
MACKINNON
MacLennan
GRANT
FRASER
MacGillivray
MacQueen
MacRae
MACDONALD
MACLEOD
FORBES
ERSKINE
FARQHARSON
MACDONELL
Davidson
CLAN RANALD
CLAN RANALD
MacMartin
MACPHERSON
GORDON
MACTHOMAS
LINDSAY
STEWART
MACDONELL
SPALDING
CAMERON
MENZIES
MURRAY
ROBERTSON
OGILVY
MACIAIN
Stormonth
LYON
RATTRAY
BUTTER
MACDONALD
MONCREIFFE
MacInnes
STEWART
MacIntyre
MacDiarmid
Ramsay
MERCER
MACKINNON
CAMPBELL
MACLEAN
MACQUARIE
MAC-GREGOR
MACNAB
RUTHVEN
MAC-DOUGALL
Dewar
MacNeish
HAY
MacArthur
MACLAREN
MURRAY
MONCREIFFE
Mc-CORQUODALE
MACNAGHTEN
OLLIPHANT
STEWART
DRUMMOND
LIVINGSTON
MacIver
SCRYMGEOUR
MAC-FARLANE
BUCHANAN
GRAHAM
Chisholm
STIRLING
MURRAY
ROLLO
Malcolm
MACLACHLAN
MacPhun
COLQUHOUN
STUART
HALDANE
MACFIE
MacTavish
MacEwen
MacFergus
MACAULAY
CUNNINGHAM
Menteith
MACLEAN
LAMONT
STEWART
GALBRAITH
Noble
MacLay
MacMillan
Maclaverty
McDONNELL
CAMPBELL
MacBeth
STUART
McNEILL
MACALISTER
HAMILTON
HUNTER
MACDONELL
MacEachern

rechtzeitige Eingreifen des Macdonald of Moidart, dem es widerstrebte, einen gleichgestellten Nachbarn vernichtet zu sehen, daran gehindert, seinen Vetter Ardgour auf der Stelle zu töten. »Wenn Maclean fehlt«, sagte Moidart, »mit wem sollte ich mich dann zanken?« Und Angus Og ließ sich dieses Mal erweichen. Danach hielt Angus Og die westlichen *Highlands* in beständiger Unruhe, bis ihm schließlich 1490 von seinem eigenen Harfner die Kehle durchgeschnitten wurde.

Im folgenden Jahr begann die Fehde zwischen den Inseln und der schottischen Krone wieder aufzuflackern. Der Neffe des alten John, Alexander of Lochalsh, machte sich von Lochaber auf, eroberte die königliche Burg von Inverness und plünderte das Land der Mackenzies. Diese jedoch schlugen ihn entscheidend in einer großen Schlacht bei Park, und 1493 enteigneten die gesetzgebenden Stände, nachdem sie entdeckt hatten, daß er wieder mit den Engländern intrigierte, John of the Isles, und verleibten seine Herrschaftsgebiete der Krone ein. 1494 gab der alte John auf und zog sich in ein Kloster bei Paisley zurück. Vier Jahre später starb er in einem gewöhnlichen Gasthaus in Dundee – ein gebrochener Mann.

James IV. tat jetzt etwas, das keiner seiner Vorgänger getan hatte. Er unternahm eine Reihe von Besuchen auf die Inseln und in das westliche Hochland, zwar bewaffnet und eskortiert, doch eher als Freund, denn als Eindringling. Er machte sich mit den Häuptlingen bekannt, deren Sprache er, wie wir schon erfuhren, tatsächlich erlernt hatte, und er beging mit ihnen Feste und Jagdpartien. In der Hoffnung, sie beschäftigt zu halten, und ihre wirtschaftliche Position zu verbessern, versuchte er den Fischfang und den Schiffsbau zu beleben. Doch nichts schien sich aus den etwas übertriebenen optimistischen Projekten ergeben zu haben. »Die Schotten«, berichtete jener gescheite Beobachter Ayala, »sind nicht emsig und das Volk ist arm. Sie verbringen all ihre Zeit mit Krieg, und wenn es keinen Krieg gibt, bekämpfen sie sich gegenseitig.«

Am Ende kehrte James, als er die Reaktion auf seine Vorschläge enttäuschend fand, seine Politik um und änderte sein patriarchalisches Vorgehen in ein feudalistischeres. Privilegien wurden wieder aufgehoben und Huntly und Argyll zu Gouverneuren der Inseln ernannt und mit der Macht ausgestattet, Land neuen Pächtern als Lehen zu vergeben.

Dieser Versuch, feudale Oberherren einzusetzen, war ein Fehler. Die Bevormundung durch die Gouverneure des Königs wurde zurückgewiesen. 1501 gab es einen weiteren Aufstand unter dem jungen Enkel Johns of the Isles, Donald Dubh, Schwarzer Donald, der Sohn des Angus Og.

Er kulminierte 1503, als die siegreichen Macdonalds unter Mithilfe der Macleans wieder Inverness eroberten und niederbrannten. Erst 1506 wurde der junge Donald schließlich niedergehetzt und gefangengenommen. In der Hoffnung, damit Ordnung zu halten, errichtete der König jetzt eine Reihe strategisch gelegener Stützpunkte über die ganzen *Highlands* – bei Tarbert und Urquhart, bei Inverlochy und am Loch Kilkerran. Gleichzeitig verstärkte er

Drei Kaufleute, unbewaffnet und schlicht gekleidet, widerspiegeln den vorherrschenden Frieden und die Ordnung unter James IV.; Steinmetzarbeit aus dem 16. Jh.

seine Flotte außerordentlich und vermehrte die Zahl seiner Sheriffs und Sheriffgerichtshöfe um ein Stattliches.

In Südschottland, das verhältnismäßig vereinigt war, herrschte unterdessen Frieden. Die Städte blühten mehr denn je zuvor. Gelehrsamkeit, Kultiviertheit und die schönen Künste breiteten sich aus. Der Ausblick für die Zukunft schien hoffnungsvoll. Doch der Schein trog.

Nachdem der König ein gewisses Ausmaß an Frieden im eigenen Lande zustande gebracht hatte, wandte er seine Aufmerksamkeit aufs Ausland. In dem sich verlagernden Bild europäischer Bündnisse hielt Schottland, dessen Ansehen höher als je zuvor lag, im gewissen Sinne jetzt das Gleichgewicht der Kräfte. Es war James' Bestreben, dieses Gleichgewicht zu bewahren und eine Wiederkehr der unseligen Kriege, die Europa während des vergangenen Jahrhunderts verheert hatten, zu verhindern. Unter anderen Ideen hegte er den romantischen Plan, die Christenheit in einem jüngsten Kreuzzug gegen die Türken zu vereinen, die, nachdem sie Konstantinopel erobert hatten, jetzt in einem Vormarsch durch den Balkan fegten, dem erst vor den Mauern Wiens Einhalt

Die *Great Michael:* ein Modell des Kriegsschiffs von James IV., 1511 in Newhaven, Midlothian, gebaut.

geboten werden konnte. Mit diesem Ziel vor Augen und um seine Außenpolitik zu fördern, baute er eine große Flotte, für die ungeheure Mengen an Holz in Fife und bei Luss an Loch Lomond gefällt wurden. Die *Great Michael* hielt James für das mächtigste Kriegsschiff Europas, und Sir Michael Wood und Sir Andrew Barton und seine Brüder gehörten zu den berühmtesten Seekapitänen ihrer Tage.

Grundsätzlich hing alles wie gewöhnlich von Schottlands Beziehung zu seinem südlichen Nachbarn ab. Die Geschichte hatte gezeigt, daß ein feindliches Schottland England lähmen konnte. Eine Zeitlang war James' Verhältnis zu England durch seine Unterstützung des Prätendenten aus dem Hause York, Perkin Warbeck, gespannt. Doch 1501, im Alter von achtundzwanzig Jahren, hatte er schließlich eingewilligt, Margaret Tudor, die zwölfjährige Tochter Heinrichs VII., einem Waliser Emporkömmling, der sich 1484 des englischen Throns bemächtigt hatte, zu heiraten. Im Februar des folgenden Jahres unterzeichnete er mit England einen immerwährenden Friedensvertrag, für einen »guten, echten, aufrechten, wahrhaften, völligen und andauernden Friedens-Bund, – Liga und Konföderation zu Land und zu Wasser –, für alle Zeiten.« Er wurde sogar vom Papst verbürgt, der es auf sich nahm, denjenigen Souverän, der seinen Eid als erster brach, zu exkommunizieren. Im August 1503 heiratete James die kleine Margaret in Holyrood mit unvergleichlicher Prachtentfaltung, die die neidisch bewundernden Besucher aus dem Süden, wie beabsichtigt, blendete.

Doch Schottlands neues Bündnis mit England bedeutete nicht das Ende seiner *Auld Alliance* mit Frankreich. Ganz im Gegenteil trachtete James in den folgenden Jahren beständig danach, diese beiden Verbindungen zu benutzen, um seine beiden Verbündeten daran zu hindern, sich gegenseitig anzugreifen. Dies verlieh ihm den Beinamen *Rex Pacificator,* der Friedensbringer. Doch 1511 kam zwischen dem Papst, dem König von Spanien und dem Dogen von Venedig die Heilige Liga gegen Frankreich zustande. Ihr erklärtes Ziel war die Aufteilung dieses Landes. Ihnen schloß sich als erster der Kaiser an und dann James'

Margaret Tudor, Schwester Heinrichs VIII. von England und Frau James' IV. Sie besaß die Fehler der Tudors ohne deren Verstand, und als schottische und englische Interessen in Konflikt gerieten, wie nach Flodden, war ihre Loyalität Schottland gegenüber zweifelhaft.

hochintelligenter, doch kriegerischer junger Schwager, der erst kürzlich als Heinrich VIII. auf den englischen Thron gefolgt war.

Frankreich stand jetzt, abgesehen von Schottland, ohne Verbündete da. Im Juli 1512 erneuerte James, der das Überleben Frankreichs für die Stabilität Europas als wesentlich erachtete, formell die *Auld Alliance.* Bis zum äußersten versuchte er zwischen den feindlichen Mächten zu vermitteln. Doch es war zu spät. Im April 1513 bahnte sich ein europäischer Krieg an und wenige Monate später befand sich Frankreich, von beiden Seiten angegriffen, in tödlicher Gefahr. Auf Frankreichs dringende Bitte um Hilfe sandte James ein Ultimatum an Heinrich VIII. Doch der antwortete überheblich und machte geltend, daß er »the verie owner of Scotland« sei, das James »held of him by homage.«* Das

* Er sei der eigentliche Besitzer Schottlands, das James von ihm als Lehen habe.

Überleben Schottlands stand eindeutig auch auf dem Spiel. James stellte die glanzvollste Armee auf, die ein schottischer König je befehligt hat, und überquerte am 22. August an der Spitze seiner Truppen den Tweed.

Flodden Wenige Wochen lang war der Feldzug erfolgreich. Vier englische Burgen wurden von den Schotten genommen. Dann, an einem stürmischen Nachmittag Anfang September trafen sich die beiden Armeen nahe Flodden Edge unterhalb von Branxton Hill. Eine Zeitlang schien es, als ob die Schotten siegreich sein würden, und zu Beginn trieben die Grenzer Lord Homes die englischen Abteilungen, die ihnen gegenüberstanden, zurück. Doch die englischen Fußsoldaten waren besser bewaffnet, ihre Hellebarden übertrafen die schottischen Speere. Die Schotten konnten lediglich ihre Stellung halten und wurden dort, wo sie standen, getötet. Am Ende entwickelte sich die Schlacht zu einem Gemetzel. Der König wurde getötet und mit ihm die Blüte des schottischen Rittertums. Neun Earls und vierzehn Lords, die Häuptlinge vieler der großen *Highland*-Clans, James' natürlicher Sohn Alexander, Archbishop of St. Andrews, der Bishop of Caithness, der Bishop of the Isles, der Dean of Glasgow und der Provost of Edinburgh und Tausende von Schottlands besten jungen Männern gingen an jenem Tag mit ihrem Gefolge zugrunde. An ihr vorzeitiges Ende erinnert das ergreifendste aller Klagelieder: *The Flowers of the Forest are a' wede away.**

Dieses Klagelied, auch das »Sterbelied Schottlands« genannt, wurde von Theodor Fontane ins Deutsche übertragen.

* Die Blumen des Waldes sind abgemäht.

Unterschrift von James IV. auf einem Brief an seinen *dearest brother,* Heinrich VIII. von England.

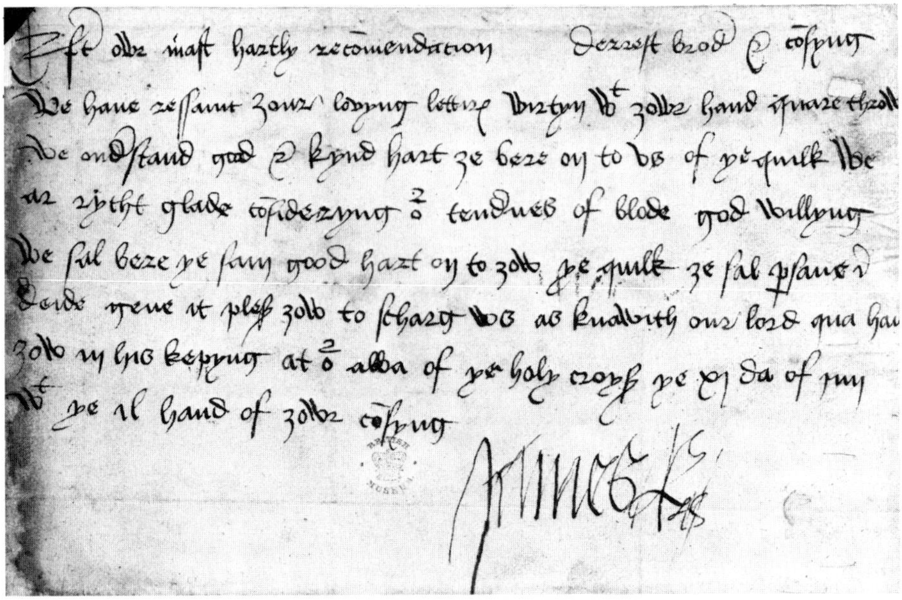
Eft our mast hartly recommendation Derrest brother & cosyng
We have ressavit zour luffing letter writyn wt zour hand quhairthrow
we understand gud & kynd hart ze bere on to ws of ye quhilk we
ar richt glade considerand ye tendrnes of blude gud willing
we sal bere ye samyn good hart on to zow ye quhilk ze sal persave
be dede quhene it pless zow to scharge ws as knawith our lord quha hav
zow in his keping at our abba of ye holy croce ye xi da of may
wt ye al hand of zour cosyng
James R

Diese Standarte des Earl Marischal of Scotland, auf die sein Motto gestickt ist, wurde in der Schlacht von Flodden Field mitgeführt. Sie zeigt immer noch, nach 450 Jahren, Blutspuren des Mannes, der sie trug.

Ich hörte sie singen, wenn morgens sie gingen
Die Heerde zu melken, die draußen steht;
Nun hör' ich ihr Wehe, wo immer ich gehe –
Die Blumen des Waldes sind abgemäht.

Vorüber das Necken an Wegen und Hecken,
Still eine neben der anderen geht,
Sie können nicht scherzen mit Trauer im Herzen,
Und was sie sprechen ist leises Gebet.

Kein Erntereigen; es schweigen die Geigen,
Kein Tänzer, der fröhlich im Tanze sich dreht.
Auf Märkten und Messen die Lust ist vergessen –
Die Blumen des Waldes sind abgemäht.

Kommt Dämmerstunde, nicht mehr in die Runde
Das Haschen und Pfänderspielen geht,
In stiller Kammer verbirgt sich ihr Jammer –
Die Blumen des Waldes sind abgemäht.

Dahin unsere Kränze! wir zogen zur Grenze,
Wo Englands Banner im Winde geweht,
Uns're Blumen vom Walde, sie ruhn auf der Halde,
Die Blüthe des Landes ist abgemäht.

Ich hörte sie singen, wenn Morgens sie gingen,
Die Heerde zu melken, die draußen steht;
Nun klingt ihre Klage von Tage zu Tage:
Die Blumen des Waldes sind abgemäht.

Nach der Schlacht wurde James' Leichnam zu seinem Schwager gebracht, doch Heinrich weigerte sich, ihn zu bestatten und niemand weiß, was schließlich mit ihm geschah. In seinem eigenen Land hielt sich bei manchen der Glaube, daß der König noch lebte und eines Tages zu ihnen zurückkehren würde.

Die Situation, in der sich Schottland jetzt befand, war höchst gefährlich. Sein König war tot und mit ihm die besten seiner Anführer. Die Armee war vernichtet. Sein einziger Verbündeter, Frankreich, war in tödlicher Gefahr. Jenseits der Grenze verhielt sich sein alter Feind England triumphierend und aggressiver als je zuvor. Sein neuer König, James V., war ein Kleinkind, das noch kaum laufen konnte. Königin Margaret, die jetzt die Regentschaft übernahm, besaß die Fehler der Tudors ohne deren Verstand und war auf jeden Fall von zweifelhafter Loyalität. Die Adligen, die Flodden überlebt hatten, intrigierten auf ihr Betreiben hin untereinander. Kein Wunder, daß damals ein englischer Besucher Schottlands frohlockte über *myschefe, robbery, spoiling, and vengeance,* welche er überall antraf, und Gott anflehte, daß es *continewe* möge.*

Doch nach ein bis zwei Jahren hatten die Dinge, wenn auch noch in Unordnung, eine Wende zum Besseren genommen. 1514 war Margaret durch ihre Heirat mit dem Earl of Angus, dem Haupt der mächtigen Red Douglases, der Regentschaft verlustig gegangen. Ihr folgte in dieses Amt der französisch erzogene und französisch sprechende Duke of Albany, der Sohn von James III.

* »Übelstand, Räuberei, Verschwendung und Rache möge anhalten.«

Margaret Tudor, die Mutter von James V. und der französischsprachige Duke of Albany, der ihr Nachfolger als Regent war. Sie waren zwei Schlüsselfiguren während der intrigenreichen Jahre von James' Minderjährigkeit.

Stirling Castle, wohin James V. sechzehnjährig aus der Obhut der Douglases floh.

ehrgeizigem und verwegenem Bruder. Er traf 1515 aus Frankreich ein und war entschlossen, die traditionelle Bündnispolitik mit Frankreich fortzusetzen. Frankreich war indessen durch die Uneinigkeit seiner Feinde vor der Zerstörung bewahrt geblieben. Das Gleichgewicht war damit teilweise wiederhergestellt.

Während der nun folgenden Jahre stand Albany, unterstützt von den Ständen und abgepolstert durch das französische Bündnis, das 1517 formell erneuert wurde, an der Spitze der *National* oder *French Party*. Gegen ihn, an der Spitze der *English Party*, standen Angus und Margaret, die sich jetzt mit Heinrich VIII. verschworen, um den kleinen König zu entführen und nach England zu bringen. Als ihre Pläne schließlich fehlschlugen, flohen sie über die *Border*. Allerdings kehrte Margaret, nachdem sie mit ihrem Gemahl in Streit geraten war, 1521 zurück und schloß sich Albany an. Ihr Bruder, Heinrich VIII., fuhr gleichviel fort, sich bei jeder sich bietenden Gelegenheit in die Angelegenheiten Schottlands einzumischen und gegen Albany zu intrigieren, der 1524 schließlich die Regentschaft aufgab und nach Frankreich zurückkehrte.

Albanys ehemalige Gegner begannen nun untereinander zu streiten. Angus kehrte aus England zurück und der junge König wurde, wie die Redewendung eines Zeitgenossen sagt, *coupit from hand to hand*, von Hand zu Hand gereicht. 1526, in seinem vierzehnten Lebensjahr, hatte man ihn für regierungsfähig erklärt. Doch in Wirklichkeit war er in jeder Hinsicht ein Gefangener der

Douglases. Diese hatten unter Angus' Führung erst kürzlich ihre Rivalen, die Hamiltons, die unter Arrans Befehl standen, in einer offenen Schlacht in den Straßen von Edinburgh niedergemetzelt und vernichtet. Dieser Vorfall blieb noch lange im Mund der Bewohner als *cleanse the Causeway*, reinigt den Gehsteig. Die Douglases waren danach Herren der Lage.

Doch zwei Jahre später, früh an einem Sommermorgen des Jahres 1528, entkam James, als Reitbursche verkleidet, seiner Gefangenschaft und konnte Stirling erreichen, wo ihn einige verhältnismäßig treue Anhänger erwarteten. »Ich schwöre«, sagte James nach seiner Flucht aus den Händen der Douglases, »daß Schottland uns nicht beide dulden wird«. Und er hielt Wort. Nach einem kurzen feindlichen Zusammentreffen jagte er Angus über die *Border* nach England, wo er, selbstredend, von Heinrich VIII. willkommengeheißen wurde, der unzufriedene Schotten immer gerne aufnahm. James hatte indessen ein Bündnis mit den Engländern geschlossen und machte sich daran, Gesetz und Ordnung in den *Borders* und im übrigen Land wiederherzustellen. Wie gewöhnlich gab es Anzeichen für Unruhen im Norden und Nordwesten. Auch hier hatte der junge König mit vermittelnder Politik Erfolg.

Europa befand sich währenddem in Aufruhr. 1517, vier Jahre nach Flodden, hatte Martin Luther seine Thesen an die Tür der Schloßkirche zu Wittenberg genagelt. Bald war der Kontinent in zwei bewaffnete Lager gespalten. *Cujus regio, ejus religio* lautete die Weisung des Tages. Jeder Herrscher trachtete

Der Falkland-Palast, in den sich James V. erschöpft und krank nach der Schlacht von Solway Moss zurückzog. Hier erfuhr er von der Geburt seiner Tochter und hier, ohne Hoffnung für die Dynastie, starb er.

James V. und seine französische Frau, Marie de Guise-Lorraine. Er war achtundzwanzig, sie vierundzwanzig.

danach, seine eigene Religion seinem Herrschaftsgebiet zu oktroyieren und sehr häufig auch ebenso auf die seines Nachbarn. Schottland, wieder einmal der Schlüssel zum Gleichgewicht der Kräfte, wurde eifrig umworben. Heinrich VIII. bot James seine Tochter zur Frau an. Kaiser Karl V. bestand auf dem Anrecht seiner Schwester. Selbst der Papst schlug seine später so berüchtigte Nichte, Katharina von Medici, vor. Schließlich heiratete James 1537 Madeleine, die Tochter Franz I. von Frankreich. Doch kaum sechs Monate später starb sie.

Im nächsten Jahr heiratete James wieder eine Französin, Marie de Guise-Lorraine. Doch die beiden Söhne, die sie ihm gebar, starben 1541. Die Engländer wurden unterdessen in zunehmendem Maße aggressiv. Nachdem Heinrich VIII. 1534 selber mit Rom gebrochen hatte, zielte er darauf ab, Schottland protestantisch zu machen, um es so in eine Gegnerschaft zu Frankreich zu bringen. Doch James widersetzte sich dem. Da boten 1542 einige irische Häuptlinge James die Krone Irlands an. Dies gab Heinrich den Vorwand, den er suchte. Er sandte seine Truppen über die *Border* und ließ diesem Schlag sofort einen anderen folgen, indem er sich formell zum obersten Lehnsherrn Schottlands ausrufen ließ. James, der schon krank war und im Streit mit seinem Adel lag, drang daraufhin nach England ein. Doch seine Adligen weigerten sich zu marschieren. 1542 wurde James' kleine Armee, die meuterte und schwach von seinem Favoriten Oliver Sinclair angeführt wurde, auf dem

Marie de Guise.

Solway Moss geschlagen. Mit krankem Herzen ritt der König nach Falkland und erhielt dort zwei Wochen später die Nachricht, daß seine Frau ihm eine Tochter geboren hatte. Dies gab dem sterbenden Mann den letzten Stoß. Er erinnerte sich, daß die Krone durch Margery Bruce an seine Familie gekommen war und sagte: »It came with a lass, and it will gang with a lass.«* Danach »he gave one little laughtir«** und fiel tot in die Kissen. Das kleine Mädchen, das man Mary getauft hatte, wurde sofort zur Königin ernannt.

Mary Queen of Scots (Maria Stuart)

Mary Queen of Scots (Maria Stuart) war keine Woche alt, als sie 1542 auf den Thron folgte. Die Zukunft schien wenig hoffnungsreich. Auf die eine oder die andere Weise war ihr Großonkel, Heinrich VIII. von England, der jetzt der wichtigste Protagonist für den Protestantismus in Europa und der geschworene Feind sowohl Frankreichs als des Papstes war, entschlossen, sich zum Herrn von Schottland zu machen. Zehn Jahre früher hatte er gewollt, daß James V. seine Tochter heiratet. Jetzt trachtete er danach, die kleine Königin als Braut für seinen kränklichen Sohn Edward zu gewinnen.

Ein Heiratsvertrag wurde demnach mit Arran, dem Regenten und nächsten Thronerben, ausgehandelt, der eher einer englischen als einer französischen Verbindung den Vorzug gab. Doch Marie de Guise, die kluge und entschlossene Königinmutter, und ihr gewissenloser, doch äußerst fähiger Ratgeber, Kardinal David Beaton, hatten andere Pläne. Die kleine Mary wurde von dem Kardinal fortgebracht und in Scone zur Königin gekrönt, während die Stände, die Heinrich mit Recht mißtrauten, den Heiratsvertrag nicht anerkannten.

Heinrich VIII. reagierte mit einem Einfall in Schottland. Im Sommer des Jahres 1544 wurden Edinburgh und die *Borders* verwüstet und durch Brände verheert. Seine Soldaten verübten entsetzliche Greueltaten. »Put all to fyre and swoorde«, lautete die Anweisung seines Kronrats, »burne Edinborough towne, so rased and defaced when you have sacked and gotten what ye can of ist, as there may remayne forever a perpetuel memory of the vengaunce of God«***. Dieses *Rough Wooing*****, wie es später genannt wurde, hinterließ in Südschottland einen Erbhaß gegen die Engländer, der Jahrhunderte andauern sollte. Selbst die Douglases fühlten den Engländern gegenüber weniger Zuneigung, als sie ihre Ländereien verwüstet und die Grabstätten ihrer Ahnen zerstört sahen.

Unterdessen hatte Heinrich im Nordwesten in Angus Ogs Sohn, Donald Dubh, dem Black Donald of the Isles, einen Verbündeten gefunden. Dieser war 1545, nach rund vierzigjähriger Gefangenschaft, entkommen und hatte mit Hilfe der Macleans eine Streitmacht von 8000 Mann und 180 Langbooten gegen

* »Sie kam mit einem Mädchen, mit einem Mädchen wird sie gehen.«

** »gab er ein kleines Lachen von sich«

*** »Gebt alles dem Feuer und Schwert anheim, brennt Edinburgh nieder, so daß es, ausgelöscht und vernichtet, nachdem ihr geplündert und euch genommen habt, was zu nehmen ist, für alle Zeiten eine ständige Erinnerung an die Rache Gottes behält.«

**** Gewalttätiges Anwerben (von Soldaten)

Der Watson-Pokal, silbervergoldet, ist ein schönes Beispiel für schottische Handwerkskunst Mitte des 16. Jhs. Die Inschrift rundum auf dem Fuß lautet übertragen: »Geld verloren, wenig verloren; Ehre verloren, viel verloren; Herz verloren, alles verloren.«

die Regierung Schottlands zusammengebracht, um für alle sichtbar zu zeigen, wie wenig die Enteignung von vor fünfzig Jahren die Macht der Inseln berührt hatte. »Auld enemys to the realme of Scotland«* nannten sich die Inselleute selber stolz.

Doch die Macht der Inseln war zum letzten Mal aufgeflackert. Donald Dubh starb im selben Jahr in Irland und hinterließ keinen Nachfolger. Die Inselleute stritten über die Art, in der Maclean of Duart, als Schatzmeister der Inseln, die Geldmittel, die für die Ausrüstung der Streitmacht aufgebracht worden waren, verteilt hatte, und die Macdonalds entzweiten sich untereinander. Von nun an unterlagen die westlichen Clans neuen Prinzipien der Spaltung, und die Macdonalds begannen jetzt auf Dauer größeren Willen zu zeigen, mit dem Haus Stewart einig zu werden. Im Januar 1547 starb Heinrich VIII. von England. Doch der Duke of Somerset, der die Regentschaft für den jungen Edward VI. führte, setzte Heinrichs Politik fort und sandte eine neue Armee nach Schottland, die noch im selben Jahr den Schotten unter Arran bei Pinkie Cleugh eine vernichtende Niederlage zufügte.

Schottland hatte sich mittlerweile an Frankreich um Hilfe gewandt. Für Schottland lag die Wahl deutlicher als je zuvor zwischen einer Verbindung mit dem katholischen Frankreich oder einer mit dem protestantischen England. Es war eine Wahl, die voller religiöser, sozialer und wirtschaftlicher wie auch nationaler und politischer Verwicklungen steckte. In Schottland traf jede Sache auf Anhänger. Die jüngsten Ereignisse hatten das Land vorläufig in die Arme

* »Alte Feinde des Königreichs Schottland.«

Frankreichs getrieben. Doch aus vielen Gründen wurde das Bündnis brüchig.

Es war jetzt dreißig Jahre her, seit Martin Luther seine Thesen zum ersten Mal an die Öffentlichkeit gebracht hatte. Inzwischen hatte Zwingli seine Reformierte Kirche gegründet und Calvin seinen »Christianae religionis Institutio«, den »Unterricht in der Christlichen Religion« herausgegeben, während Heinrich VIII. von England 1534 aus nicht gänzlich theologischen Gründen selbst zum Protestantismus übergetreten war.

Korruption in der Kirche

In Schottland sollte sich die Reformation erst später vollziehen. Nirgendwo sonst in dieser Zeit war die Kirche korrupter oder mehr in Verruf gebracht. »Jeder eher ein Pilatus, als ein Prälat«, hatte Papst Eugen IV. die schottischen Bischöfe bezeichnet. Und Archibald Hay, ein Verwandter von Kardinal Beaton, hatte es für notwendig erachtet, diesen warnend darauf hinzuweisen, daß Mönche zum Priester geweiht würden, »die kaum das Alphabet aufsagen könnten«, und daß andere »zum Tisch des Herrn kommen, die die Ausschweifungen der vorhergehenden Nacht noch nicht ausgeschlafen haben«. Der Dichter William Dunbar, ein Franziskanermönch, hatte auch etwas über das Privatleben seiner kirchlichen Vorgesetzten zu sagen:

»Sic pryde with Prelatis, so few till preiche and pray,
Sic hant of harlottis with thame, baith nicht and day.«
(»Solch ein Hochmut unter den Prälaten, so wenige predigen und beten,
so viele Dirnen sind bei ihnen, sowohl tags als nachts.«)

Obwohl die meisten Gemeindepriester in erbärmlicher Armut lebten, gab es doch ins Auge stechende Ausnahmen. Der Pfarrgeistliche Adam Colquhoun of Stobo lebte, wie berichtet, mit seiner Geliebten Mary Boyd und deren beiden Söhnen, James und Adam, in luxuriöser Protzerei in Glasgow in einem Pfarrhaus im Drygate, das voll war von Gold und Silber, Damast und Seide, geschnitzten und vergoldeten Möbeln und Federbetten, zu allem Überfluß eine Schlaguhr und im Schlafzimmer einen Papageien im Käfig barg.* Als Adam 1542 starb, erhob sein Neffe Peter Anspruch auf diese erstrebenswerte Erbschaft, doch den beiden Söhnen des Geistlichen, die formell 1530 legitimiert worden waren, wurde das ganze Vermögen, einschließlich des Papageien, ordnungsgemäß zuerkannt. Der Bischof von Moray versorgte alle seine neun Kinder auf Kosten der Kirche, während die weiblichen Bastarde reicher Prälaten wegen ihrer Aussteuer sehr begehrt waren. Und wenn wir den Berichten Kardinal Sermonetas Glauben schenken sollen, dann begaben sich sogar schottische Nonnen auf den Kontinent, umgeben von ihren zahlreichen Söhnen, und gaben ihre Töchter, mit Mitgiften aus den beachtlichen Einkünften der Kirche ausgestattet, zur Ehe. Alexander Stewart, ein Bastard James' IV., wurde im Alter von elf Jahren sowohl zum Erzbischof von St. Andrews, als auch zum Abt von Arbroath und Prior von Coldingham ernannt.

* »A bird, viz. ane parrok.«

THE BIBLE

AND

HOLY SCRIPTVRES

CONTEYNED IN

THE OLDE AND NEWE

Testament.

TRANSLATED ACCORding to the Ebrue and Greke, and conferred With the best translations in diuers langages.

WITH MOSTE PROFITABLE ANNOTAtions vpon all the hard places, and other things of great importance as may appeare in the Epistle to the Reader.

FEARE YE NOT, STAND STIL, AND BEHOLDE the saluacion of the Lord, which he wil shewe to you this day. Exod. 14, 13.

Great are the troubles of the righteous

but the Lord delivereth them out of all, Psal. 34, 19.

THE LORD SHAL FIGHT FOR YOU: THEREFORE holde you your peace. Exod. 14, vers. 14.

AT GENEVA.

PRINTED BY ROULAND HALL.

M. D. L X.

Titelblatt der Genfer Bibel von 1560, eine der ersten Versionen der Bibel auf Englisch.

Für diejenigen, die in Amt und Würden saßen, brachte ein solches System natürlich seine Vorteile. In Schottland war die Kirche ungeheuer reich, denn sie hatte erheblich mehr als die Hälfte des Volksvermögens in den Händen. Besonders die schottische Krone erhielt großzügige kirchliche Subsidien vom Papst. Und hatte nicht Seine Heiligkeit entgegenkommenderweise auf Ersuchen des Königs Prioreien und Abtschaften an nicht weniger als fünf von James' V. Bastarden verliehen, als sie noch Kinder waren? Doch für die ernsthaft Religiösen bot dies nur mageren Trost. Überall wohnten immer weniger Leute der Messe bei und immer mehr Kirchen verfielen. »Sehr viele Pfarrkirchen«, berichtete der Erzbischof von St. Andrews, »waren völlig zerstört, sowohl ihre Kreuzgänge, als auch die Kirchenschiffe . . . andere waren teilweise baufällig oder drohten einzustürzen . . . ohne Glasfenster und ohne Taufbecken.«

Aufeinanderfolgende geistliche Ratsversammlungen, aufgeschreckt durch das, was in England vor sich gegangen war, unternahmen Anstrengungen, um die Situation zu retten. Die Wurzel allen Übels, erklärten sie, sei »die Entsittlichung und lästerliche Unzucht im Leben der Kirchenmänner fast jeden Ranges, gemeinsam mit dem krassen Unwissen im Schrifttum und in allen philosophischen Fächern.« Diesem Mißstand versuchten sie durch Statute abzuhelfen: Statute, die die Geistlichkeit antrieben, zu lernen, zu lesen und mindestens viermal im Jahr selber zu predigen; Statute, die vorschrieben, »daß weder Prälaten noch deren untergeordnete Geistlichkeit ihre Abkömmlinge aus Konkubinaten in ihrer Umgebung halten, noch es dulden dürften, daß diese direkt oder indirekt in ihren Kirchen gefördert würden, noch, unter welchem Vorwand auch immer, ihre Töchter an Barone zu verheiraten oder ihre Söhne aus dem Kirchengut zu Baronen zu machen.«

Doch es war schon zu spät. Obwohl das Parlament englische Übersetzungen der Bibel verboten hatte, wurden sie jetzt allmählich über die Grenze geschmuggelt; sie nahmen sofortigen und tiefgreifenden Einfluß. Endlich fing das Volk an, mehr über die wahre Natur des Christentums zu erfahren; die Wirkung war

George Wishart, von dem gesagt wurde, daß er »glücklich lehrte und begierig lernte«, predigte in kühnem Widerstand zu Cardinal Beaton und Marie de Guise den protestantischen Glauben.

John Knox. Seine bemerkenswerte Persönlichkeit und leidenschaftliche Redegewalt legten den Grundstock für den Sieg des Protestantismus in Schottland.

umwälzend. Überall machten sich mehr und mehr Anzeichen lebhafter Unzufriedenheit mit der Kirche merkbar. Bald schon war, durch einen jener geheimnisvollen Prozesse, die sich in solchen Zeiten abspielen, eine spontane, das ganze Volk umfassende Bewegung der abweichenden Haltung gegenüber der Kirche in Gang geraten. Unter den Kritikern forderten einige, wie der redliche Bischof Dunbar von Aberdeen, die Reform von innen her. Andere hatten es auf rigorosere Veränderungen abgezielt. Weder die eine noch die andere Gruppe erhielt viel faktische Ermutigung seitens der Autoritäten, ob kirchlich oder weltlich.

Unter den Verfechtern des Protestantismus in Schottland war einer der frühesten und bemerkenswertesten Patrick Hamilton, ein reicher, junger Gelehrter von adeliger Geburt und ungewöhnlichem Zauber. Von Aufenthalten in Paris und Marburg war er als ein überzeugter Anhänger der neuen Lehre nach St. Andrews zurückgekehrt. Auf Befehl von Erzbischof James Beaton wurde er festgenommen und aufgefordert, öffentlich zu widerrufen. Als er sich 1528 weigerte, dies zu tun, wurde er vor der Kapelle von St. Salvator auf dem Scheiterhaufen verbrannt – langsam, denn die Methode mußte noch perfektioniert werden. »My Lord, wenn Ihr noch mehr verbrennt«, sagte ein Freund zu dem Kardinal, »laßt sie in Kellern verbrennen, denn der Rauch von Master Patrick Hamilton hat alle die verpestet, die hineingeblasen haben.«

Er behielt recht. Patrick Hamiltons Tod und der Mut, mit dem er ihm

1546 wurde George Wishart – ein Märtyrer für den protestantischen Glauben – in Gegenwart von Cardinal Beaton auf dem Scheiterhaufen verbrannt. Holzschnitt aus Holinsheds *Chronicles.*

begegnet war, hinterließ auf viele Menschen in Schottland einen bleibenden Eindruck. Bald schon verbreiteten sich die neuen Ideen wie ein Lauffeuer durch das Land. Allerdings war die Frage nach dem rechten Glauben nicht die Motivation aller Betroffenen. Zu dem religiösen Eifer der Reformer gesellte sich neben dem Neid vieler Adliger auf die reichen Besitzungen der Kirche auch die politische Begeisterung des englischfreundlichen Lagers.

Als ein Mitglied des Regentschaftsrats und enger Freund und Ratgeber der Königinmutter war David Beaton, Abt von Arbroath und Bischof von Mirepoix in der Languedoc, Inhaber einer großen Machtposition. Er war ein zügelloser Mann, doch besaß er große Erfahrungen und Fähigkeiten. Er war in Nachfolge seines Onkels James Erzbischof von St. Andrews und mit französischer Unterstützung auch Kardinal. Nachdem er den Versuchen der Engländer, Gewalt über die kleine Königin und Schottland zu erlangen, erfolgreich standgehalten hatte, wandten er und die Königinmutter ihre vereinten Kräfte

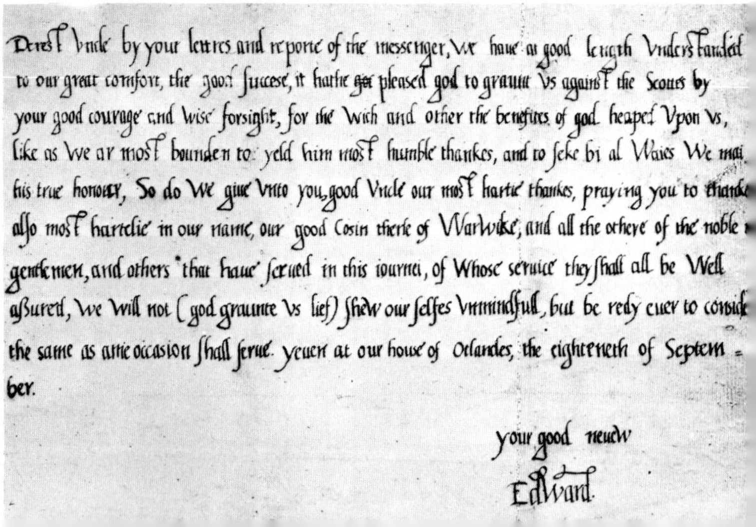

Derest Vncle by your lettres and reporte of the messenger, we haue at good length Vnderstanded to our great comfort, the good succese, it hathe pleased god to graunt Vs against the Scottes by your good courage and wise forsight, for the wich and other the benefites of god heaped Vpon Vs, like as we ar most bounden to yeld him most humble thankes, and to seke bi al waies we mai his true honour, So do we giue vnto you, good Vncle our most hartie thankes, praying you to thanke also most hartelie in our name, our good Cosin therle of Warwike, and all the othere of the noble gentlemen, and others that haue serued in this iournei, of whose seruice they shall all be well assured, we will not (god graunte Vs lief) shew our selfes Vnmindfull, but be redy euer to conside the same as anie occasion shall serue. yeuen at our house of Otlandes, the eighteneth of Septem ber.

your good neuew

Edward

Brief des neunjährigen Edward VI. von England an seinen Onkel und Regenten, Duke of Somerset, die Neuigkeit der Schlacht von Pinkie willkommen heißend – *the good succese, it hathe pleased God to graunt us against the Scottes* – der schöne Erfolg, den es Gott gefallen hat, uns gegen die Schotten zu gewähren.

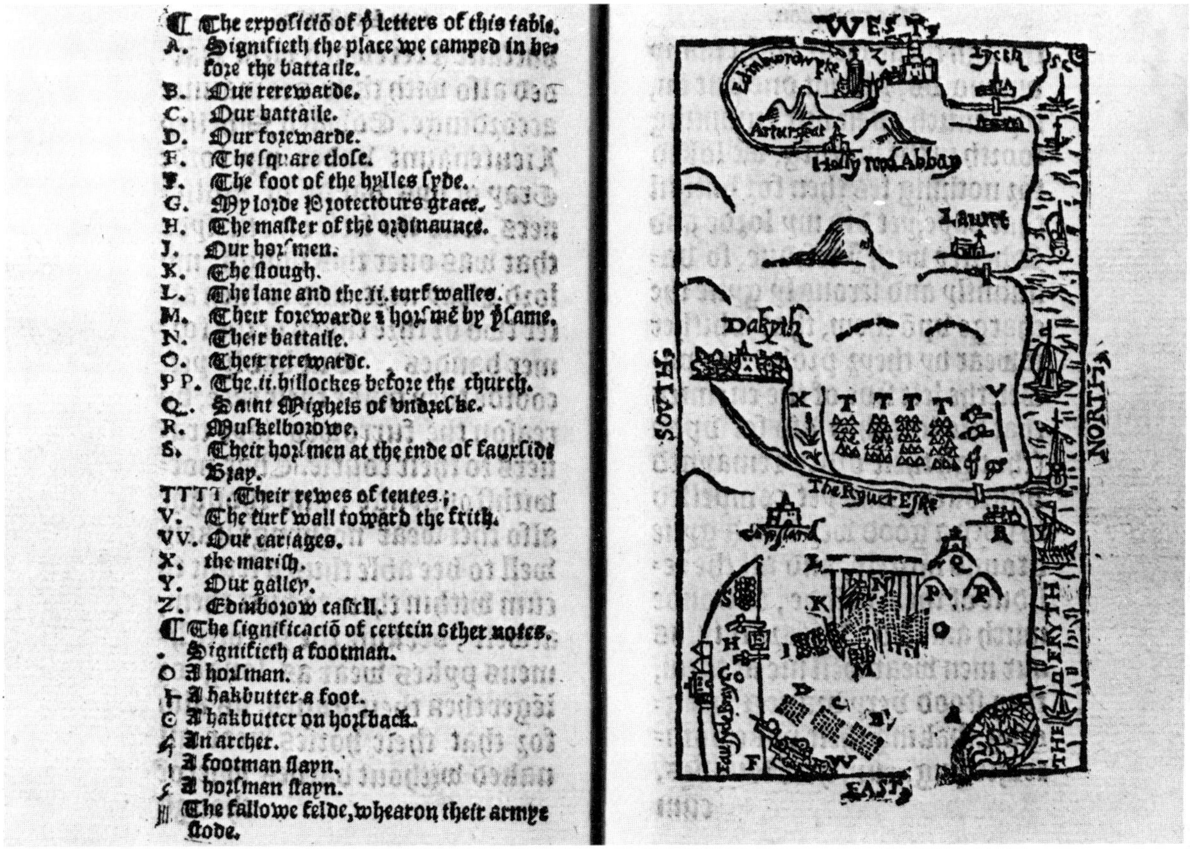

The exposicio of ye letters of this table.

A. Signifieth the place we camped in before the battaile.
B. Our rerewarde.
C. Our battaile.
D. Our forewarde.
E. The square close.
F. The foot of the hylles syde.
G. My lorde Protectours grace.
H. The master of the ordinaunce.
I. Our horsmen.
K. The slough.
L. The lane and the .ii. turf walles.
M. Their forewarde & horsmē by ye same.
N. Their battaile.
O. Their rerewarde.
PP. The .ii. hillockes before the church.
Q. Saint Mighels of undreske.
R. Muskelborowe.
S. Their horsmen at the ende of fauxside Bray.
TTTT. Their rewes of tentes.
V. The turf wall toward the frith.
VV. Our cariages.
X. the marish.
Y. Our galley.
Z. Edinborow castell.

The significacio of certein other notes.

• Signifieth a footman.
O A horsman.
A hakbutter a foot.
A hakbutter on horsback.
An archer.
A footman slayn.
A horsman slayn.
The fallowe felde, whearon their armye stode.

Plan der Schlacht von Pinkie. Die englischen Streitkräfte liegen im Osten, die schottischen im Westen, in Richtung Edinburgh. Zwischen ihnen der Fluß Esk.

der Aufgabe zu, die Verbindung mit Frankreich zu festigen und gleichzeitig zu versuchen, die immer höher steigende Welle des Protestantismus in Schottland aufzuhalten.

Nach Patrick Hamiltons Tod hatten viele protestantische Anführer auf dem Kontinent Zuflucht genommen. George Wishart, einer der prominentesten, war 1544 nach Schottland, als die Verfolgung der Protestanten auf dem Höhepunkt stand, zurückgekehrt, um das Predigen wiederaufzunehmen und sich den Konsequenzen zu stellen. Wo immer er sich auch aufhielt, wurde er von einem fanatischen, finster blickenden jungen Priester mit schwarzem Bart begleitet, der ein zweihändiges Schwert mit sich trug – Father John Knox.

Knox und der Covenant

Das *Rough Wooing* war im vollen Gang. Es herrschte eine Zeit der Anspannung und des Krieges, der Verschwörungen und Gegenverschwörungen, der Verstümmelung und des Meuchelmords. Heinrich VIII. hatte großzügig tausend Pfund für die Ermordung Kardinal Beatons geboten. John Knox seinerseits hatte mehr als einmal seine Zustimmung zu Mord, vorausgesetzt, er geschah aus den rechten Motiven, öffentlich zum Ausdruck gebracht. Anfang des Jahres 1546 wurde Wishart wegen der Beschuldigung, mit den Engländern zu kollaborieren und an einer Verschwörung zur Ermordung des Kardinals teilzuhaben, verhaftet. Knox, der sein beständiger Begleiter gewesen war, wollte ihn, als ihm Gefahr zu drohen schien, keineswegs verlassen. Doch Wishart schickte ihn fort. »Return to your bairns. And God bless you. One is sufficient for a sacrifice.«* Im März wurde Wishart, nachdem man ihn der Häresie überführt hatte, in Gegenwart des Kardinals in St. Andrews verbrannt.

Zwei Monate später, im Mai 1546, fiel Kardinal Beaton tatsächlich einem Anschlag zum Opfer. Sein Schloß in St. Andrews wurde von einer Schar protestantischer Adliger eingenommen und der Kardinal erdolcht und aus dem Fenster geworfen. »Fie! Fie!« waren die letzten Worte des Prälaten. »Alles vorbei.« Keiner war glücklicher über sein Hinscheiden als sein alter Feind Heinrich VIII. Ein wichtiges Hindernis war jetzt aus dem Weg geräumt.

Die Mörder des Kardinals verbarrikadierten sich mit dem etwas widerstrebenden John Knox als ihrem Kaplan in dem Schloß und hielten, die Engländer um Hilfe bittend, bis Juli 1547 durch, als die Burg schließlich mit Hilfe der französischen Flotte, die auf Bitten von Marie de Guise bei St. Andrews gelandet war, erobert wurde. Die Franzosen verbannten alle ihre Gefangenen auf die Galeeren, einschließlich des jungen John Knox. Die englische Armee, die von dem Regenten Somerset gesandt war, traf zu spät ein, um die Festung zu retten, doch bei Pinkie, sechs Meilen vor Edinburgh, konnte sie, wie wir schon gesehen haben, die Schotten vernichtend schlagen, die, wie berichtet wird, *fled . . . like beasts,* wie Tiere auseinanderstoben. 1549 jedoch, mit dem Vertrag

* »Kehr zu deinen Kindern zurück. Und Gott segne dich. Als Opfer genügt einer.«

John Knox predigt am 10. Juni 1559 vor den Lords of the Congregation, den Verantwortlichen und Unterzeichnern des *First Covenant.* Gemälde von Sir David Wilkie, 1832.

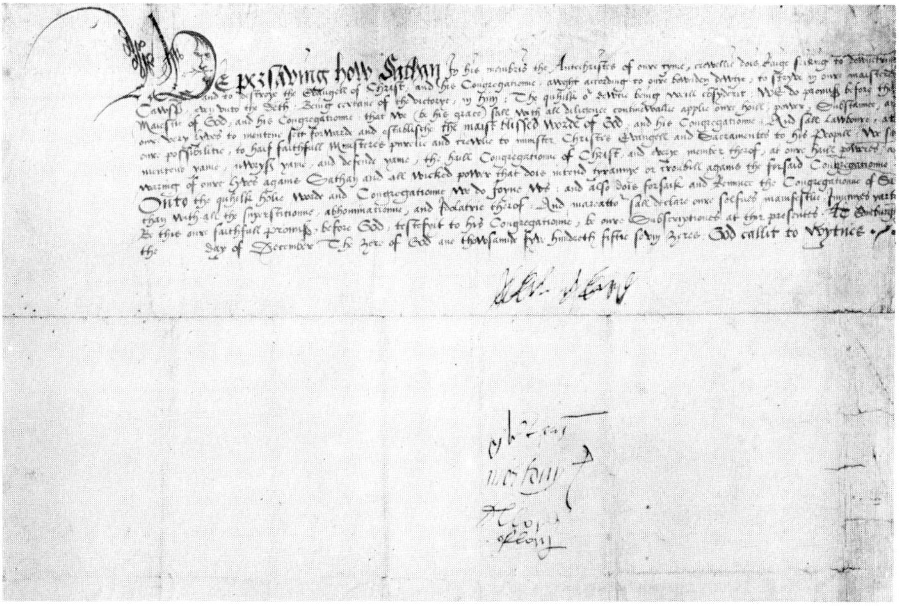

Unter dem *First Covenant* stammen die ersten beiden Unterschriften von den Earls of Argyll und Morton.

von Boulogne, der die Feindseligkeiten zwischen England und Frankreich beendete, unternahmen es die Engländer auch, ihre Truppen aus Schottland zurückzuziehen.

Bis zu diesem Zeitpunkt hatte sich die kleine Königin Mary in Schottland aufgehalten. Von der Insel Inchmahome im See Menteith war sie zur Sicherheit erst nach Stirling Castle und dann nach Dumbarton Rock gebracht worden. 1548 wurde sie nun nach Frankreich geleitet, um, wie beschlossen, die Frau des Dauphins zu werden und auf diese Weise die traditionellen Bande zwischen Schottland und Frankreich zu festigen. Als der franzöische König erfahren hatte, daß dieses Übereinkommen getroffen worden war, soll er »vor Vergnügen in die Höhe gesprungen« sein. »Frankreich und Schottland«, hatte er erklärt, »sind jetzt ein Land.«

Auf dem Kontinent schien die protestantische Bewegung abzuflauen. Das Konzil von Trient, mit dem der Vatikan die Initiative zurückzuerlangen suchte, hatte mit seinen Beratungen begonnen. Die Engländer waren aus Frankreich verjagt worden und zogen ihre Truppen aus Schottland zurück. Ihr König, Edward VI., wenn auch ein zuverlässiger Protestant, war kränklich und die Thronfolge weit davon entfernt, gesichert zu sein. In Frankreich leitete Henri II. die Vernichtung der Hugenotten ein. Der Kaiser versuchte, die protestantischen Fürsten in Deutschland zu übervorteilen. In Schottland hatte Marie de Guise schließlich Arran für sich gewonnen, indem sie ihn zum Duc de Châtelhérault ernannte. 1554 hatte sie selbst die Regentschaft übernommen.

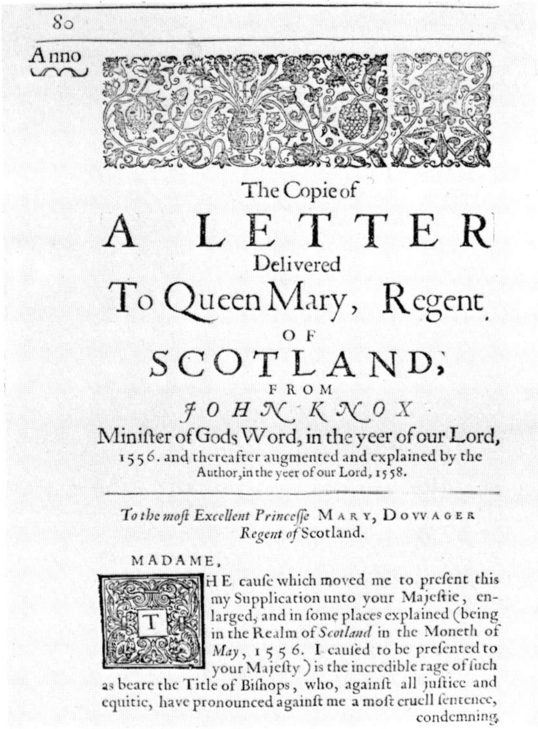
80

Anno

The Copie of

A LETTER

Delivered

To Queen Mary, Regent

OF

SCOTLAND;

FROM

JOHN KNOX

Minister of Gods Word, in the yeer of our Lord, 1556. and thereafter augmented and explained by the Author, in the yeer of our Lord, 1558.

To the most Excellent Princesse MARY, DOVVAGER *Regent of* Scotland.

MADAME,

THE cause which moved me to present this my Supplication unto your Majestie, enlarged, and in some places explained (being in the Realm of *Scotland* in the Moneth of *May*, 1556. I caused to be presented to your Majesty) is the incredible rage of such as beare the Title of Bishops, who, against all justice and equitie, have pronounced against me a most cruell sentence, condemning

Die katholische Königinmutter, Marie de Guise, war John Knox' wichtigstes Angriffsziel, als er 1555 nach Schottland zurückkehrte. Er stand unter starkem Einfluß von Calvin. Dieser offene Brief an sie im darauffolgenden Jahr richtet sich gegen *such as beare the Title of Bishops* – gegen jene, die den Titel eines Bischofs tragen.

Arrans Halbbruder, John Hamilton, war auf Beaton als Erzbischof gefolgt und begann, wie verspätet auch immer, mit einem Programm der Kirchenreform.

Doch 1549 kehrte John Knox von den französischen Galeeren zurück. Die Härten, denen er ausgesetzt gewesen war, hatten es nicht vermocht, seine religiöse Besessenheit zu dämpfen oder seine Energie und seine innere Gewißheit zu mindern. Er hatte sich erst nach England begeben, wo er Erzbischof Cranmer begegnete, als Hofgeistlicher Edward VI. diente und ein Bistum angeboten bekam. 1553, als Mary Tudor den englischen Thron bestieg und Englands plötzliche Wiederbekehrung zum römisch-katholischen Glauben erfolgte, war er nach Deutschland gegangen und von dort nach Genf, wo er stark unter den Einfluß Calvins geriet. Mehr denn je von den neuen Ideen erfült und mit einer bezwingenden Eloquenz begabt, kehrte er 1555 nach Schottland zurück. Sein erstes Angriffsziel war die Königinmutter. Er feindete sie nicht nur wegen ihres römisch-katholischen Glaubens an, sondern auch als Frau. Die Bischöfe zitierten ihn vor Gericht, doch beschlossen sie schließlich, die Anklage fallen zu lassen. Seiner Ausstrahlung konnte man kaum widerstehen. Sogar Marie de Guise war von ihm halb in Bann geschlagen. 1556 kehrte Knox nach Genf zurück, wo Calvin ein Staatsmodell nach calvinistischen Prinzipien errichtet hatte, und kümmerte sich dort um das Glaubenswohl der dortigen englischen Gemeinde. 1559 kam er für immer in sein eigenes Land.

Schon bald begann, trotz Marie de Guise, die protestantische Bewegung in Schottland rasch an Boden zu gewinnen. Die Anzahl der aktiven Protestanten wuchs, und sie wurden immer fordernder. 1557 verfaßte eine mächtige Gruppe von Adligen, angeführt von Argyll und Morton, das Dokument, das als *First Covenant** bekannt werden sollte, und für das in ganz Schottland Unterschriften gesammelt wurden. In ihm gelobten die *Lords of the Congregation* – so wurden seine Schöpfer genannt – »das heilige Wort Gottes einzuführen«, und »der Gemeinde Satans zu entsagen und sie zu leugnen«, d. h. mit Rom zu brechen und eine reformierte nationale Kirche zu errichten. Im besonderen bestanden sie auf dem Abendmahl in beiderlei Gestalt, auf die öffentliche Auslegung der Heiligen Schrift und den Vollzug von Gottesdiensten in der Muttersprache nach den Richtlinien des neuen englischen *Book of Common Prayer*. Sie ernteten weitverbreitete öffentliche Unterstützung. Doch weder das Parlament noch die Geistlichkeit kamen ihren Forderungen nach. Und es gab Anzeichen, daß der Regent, der sich jetzt der Hilfe Frankreichs sicher war, anschickte, eine kompromißlosere Haltung einzunehmen.

In letzter Zeit waren wenig Protestanten als Ketzer auf dem Scheiterhaufen gelandet. Im April 1558 jedoch beschloß die katholische Priesterschaft, wahrscheinlich aus dem Gefühl heraus, daß die Dinge zu weit gingen, mit Walter Myln, einem bejahrten Priester von zweiundachtzig Jahren, ein Exempel zu statuieren und brachten ihn deshalb in St. Andrews auf den Scheiterhaufen. Doch das Ereignis erweckte örtlich so wenig Begeisterung, daß am Ende die Bediensteten des Erzbischofs, aus Mangel an Gehilfen, selber Feuer anlegen mußten. Walter Myln sollte in Schottland der letzte Protestant sein, der wegen seines Glaubens auf den Scheiterhaufen geriet.

* Erstes Bündnis

Das Sterbebett Heinrichs II. von Frankreich. Sein Sohn, der Dauphin François, und seine Schwiegertochter, Mary Queen of Scots (Maria Stuart), stehen an der Bettseite, zum Fußende hin.

Wenige Tage später wurde in einer prächtigen Zeremonie in der Kathedrale Notre Dame de Paris die fünfzehnjährige Queen Mary mit dem Dauphin von Frankreich verheiratet. Die beiden Länder waren jetzt enger verbunden als je zuvor. Henri II. gewährte huldvoll allen Schotten, die nach Frankreich kamen, das französische Bürgerrecht, und Franzosen in Schottland wurden entsprechende Privilegien eingeräumt. Eine etwaige Vereinigung der Kronen und die faktische Verwandlung Schottlands in eine Provinz Frankreichs schien wahrscheinlich. Vor ihrer Hochzeit hatte die junge Königin auch wirklich schon Dokumente unterzeichnet, in denen ihr Königreich als Pfand genannt wurde. In Schottland jedoch sahen viele dem Lauf der Dinge mit Besorgnis zu und murrten lauter denn je gegen die Königinmutter.

Es wurde jetzt deutlich, daß Marie, mit allen Hilfsmitteln des Staates hinter sich, beabsichtigte, den *Covenant* mit Gewalt zu unterdrücken. Bald schon erhitzten sich in Schottland die Gemüter. Auf die dringenden Bitten der mächtigen protestantischen Faktion war zu Beginn des Jahres 1559 John Knox zurückgekehrt. Seine Predigten waren aufrüttelnder und entfachender denn je. Er schien von einer fast dämonischen Macht besessen zu sein. In ganz Innerschottland, in Perth, St. Andrews, Stirling und Linlithgow begann der

John Knox und »Goodman« blasen den *First Blast of the Trumpet.* In seinem protestantischen Glaubenseifer fürchtete John Knox sich vor keiner Königin in ihrem Königreich – *no Queen in her Kingdome.*

erregte Mob, aufgebracht durch seine Redegewalt, Kirchen niederzureißen, Altäre und religiöse Statuen und Bilder zu zerstören. Die Ereignisse schienen auf einen Bürgerkrieg hinzusteuern.

Im November 1558 allerdings war die Nachricht eingetroffen, daß die katholische Mary Tudor gestorben war und die englische Krone an ihre protestantische Halbschwester Elizabeth ging. Die schottischen Protestanten konnten wieder einmal auf die Hilfe Englands hoffen. Darüber hinaus waren die persönlichen Interessen Königin Elizabeths sehr mit einbegriffen. Im Juli 1559 starb Henri II., und Marys Ehemann François folgte ihm auf den Thron von

Frankreich. Dies war kaum geschehen, da schickte er sich schon an, dem Wappen Frankreichs nicht nur das von Schottland, sondern auch das Englands einzufügen, womit er öffentlich seinen Anspruch auf beide Kronen kundtat. Denn in römisch-katholischen Augen war Elizabeth nur die natürliche Tochter Heinrichs VIII. und Mary, als Enkelin Heinrichs VII., hatte ebenso rechtmäßigen Anspruch auf den Thron Englands wie auf den Schottlands. Dies war eine Warnung, die Elizabeth Tudor genau verstand und die ihre spätere Haltung ihrer jungen Kusine gegenüber weitgehend beeinflussen sollte.

Ermutigt durch den wiederhergestellten Triumph der Reformation in England und durch die Aussicht auf englische Unterstützung, verdoppelten die schottischen Protestanten ihre Anstrengungen. Alle Kirchen in Perth wurden geplündert und die Messe bei Todesstrafe verboten. Die Königinmutter sandte den Earl of Argyll und Lord James Stewart, Marys eigenen Halbbruder, zu den Rebellen, um ihnen Vernunft einzureden. Doch ihr Tun bestand darin, sich den Aufrührern anzuschließen, und obwohl Knox selbst tadelnd vom »niederträchtigen Pöbel« sprach, wurden noch mehr Kirchen geplündert. Marie konnte nur um mehr Hilfe von Frankreich bitten.

Unter diesen Umständen eröffnete Elizabeth von England jetzt Verhandlungen mit den schottischen Protestanten. Allerdings nur widerstrebend, denn sie mißbilligte Rebellen aus Prinzip und als Frau lehnte sie John Knox ab und den Titel seines jüngsten Werkes *The First Blast of the Trumpet against the Monstrous Regiment of Women.** »Es einer Frau zu ermöglichen«, lautete ein Passus, »Herrschaft, Regierungsgewalt, Erhabenheit, Gebietsgewalt oder Oberhoheit über irgendein Königreich, irgendeine Nation oder Stadt zu haben,

* »Der erste Trompetenstoß gegen die Widernatürliche Herrschaft von Frauen.«

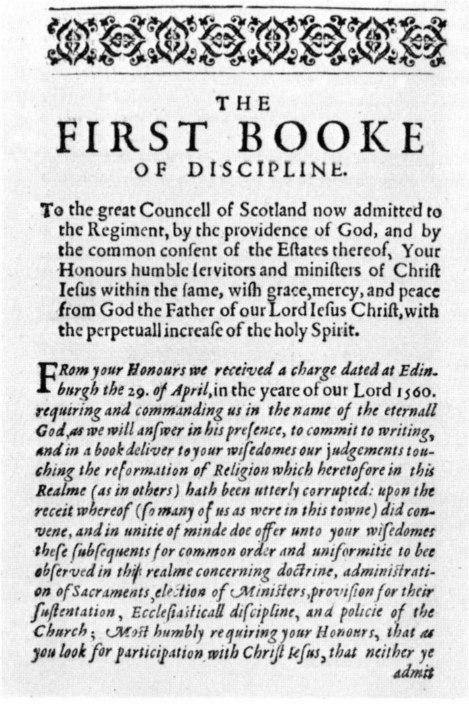

THE
FIRST BOOKE
OF DISCIPLINE.

To the great Councell of Scotland now admitted to the Regiment, by the providence of God, and by the common consent of the Estates thereof, Your Honours humble servitors and ministers of Christ Iesus within the same, wish grace, mercy, and peace from God the Father of our Lord Iesus Christ, with the perpetuall increase of the holy Spirit.

FRom your Honours we received a charge dated at Edinburgh the 29. of April, in the yeare of our Lord 1560. *requiring and commanding us in the name of the eternall God, as we will answer in his presence, to commit to writing, and in a book deliver to your wisedomes our judgements touching the reformation of Religion which heretofore in this Realme (as in others) hath been utterly corrupted: upon the receit whereof (so many of us as were in this towne) did convene, and in unitie of minde doe offer unto your wisedomes these subsequents for common order and uniformitie to bee observed in this realme concerning doctrine, administration of Sacraments, election of Ministers, provision for their sustentation, Ecclesiasticall discipline, and policie of the Church; Most humbly requiring your Honours, that as you look for participation with Christ Iesus, that neither ye admit*

Knox' *First Booke of Discipline* zeigte den Triumph der Protestantischen Kirche in Schottland an und die »Reformation der Religion, die vordem in diesem Königreich (wie in anderen) völlig verderbt war«.

Frontispiz der Tenorpartie des Ersten Psalms aus *The Scottish Psalter,* 1566, von dem Reformator Thomas Wode, Vikar von St. Andrews.

läuft der Natur zuwider, heißt Gott schmähen.« Knox seinerseits war auch nicht übermäßig begeistert. Doch beide Parteien hegten keinen Zweifel, daß Frankreichs Anspruch auf die Kronen Englands und Schottlands hart zurückgewiesen werden mußte. Es wurde also der schlaue Maitland of Lethington nach London gesandt, der den Vertrag von Berwick aushandelte. Zu Beginn des Jahres 1560 erschien eine englische Flotte in schottischen Gewässern und die französischen Truppen der Königinmutter, die von den Guisen zur Unterstützung ihrer Schwester geschickt worden waren, zogen sich nach Leith zurück. Belagert von einer englisch-schottischen Armee, von viermal ihrer eigenen Größe, hielten sie tapfer weitere sechs Monate durch.

Das Jahr 1560 zeigt einen Wendepunkt in der Geschichte Schottlands an. Im Juni starb Marie de Guise. Durch ihren Tod verschwand von der Bühne der Ereignisse ein machtvoller Einfluß. Anfang Juli anerkannte der *Treaty of Edinburgh* Elizabeth als Königin von England und sorgte für den Rückzug nicht nur aller englischen, sondern auch aller französischen Truppen. Praktisch wurde damit der *Auld Alliance* ein Ende gesetzt und dem Protestantismus in Schottland zum endgültigen Sieg verholfen. Es zeigte auch den ersten Schritt zur endgültigen Vereinigung mit England an.

Der Protestantismus setzt sich durch

Im August trat das Parlament zusammen. Durch eine Reihe von Gesetzen wurde die Autorität des Papstes in Schottland zerstört und das Lesen der lateinischen Messe verboten. Und nun wurde John Knox, der gesehen hatte, daß seine Ideen triumphierten, zusammen mit fünf anderen Männern beauftragt, die Glauensgrundlagen und die Gesetze der neuen Kirche zu formulieren.

Mary Queen of Scots (Maria Stuart) im Trauerkleid um ihren Schwiegervater, Heinrich II. von Frankreich. Bildnis von François Clouet, wahrscheinlich 1559 entstanden.

Dies wurde niedergelegt in *The Confession of Fayth* und in *The First Book of Discipline*, dem später noch *The Book of Common Order* hinzugefügt wurde, das als »Knox' Liturgie« bekannt ist. Diese Schriften bildeten eine Zeitlang die Grundlage für den protestantischen Gottesdienst in Schottland.

Verglichen mit anderen Ländern hatte die Reformation in Schottland nur wenige Märtyrer gefordert. Insgesamt erlitten sieben Protestanten vor der Reformation den Tod durch Richterspruch und zwei Katholiken danach. Die Mehrheit der katholischen Geistlichkeit trat entweder zur neuen Kirche über oder zog sich in den Ruhestand zurück, während ihre Gemeinden sich zum größten Teil anpaßten. In der alten Kirche hatten Korruption und Sittenverfall mehr als das ihre geleistet. Sie fiel von selbst auseinander. Die Zeit des Tötens sollte erst später einsetzen, als die Feinheiten der protestantischen Doktrin ausgereift zur Debatte standen. Während jedoch in England die Reformation eine Sache aus zusammengeflickten Kompromissen und fragwürdigen Halbheiten gewesen war, so gab sie sich in Schottland radikal. Calvins schonungslose Logik sorgte dafür. Von nun an wurde die Kirche von Schottland nicht durch eine Hierarchie von Bischöfen und Erzbischöfen regiert, sondern durch das Kirchenpresbyterium aus Laienältesten, und später durch Distriktpresbyter, die auch die Macht besaßen, Priester zu weihen. Die *General Assembly of the Kirk*, die allgemeine Kirchensynode, die sich zwei- oder dreimal im Jahr versammelte, um Fragen zu klären, die die Kirche insgesamt betrafen, wurde bald zum Forum der schottischen Meinung nicht nur über kirchliche, sondern auch weltliche Dinge. Es wurden auch Vorkehrungen für ein neues nationales Erziehungssystem getroffen. Jede Gemeinde sollte, zumindest der Theorie nach, ihre eigene Schule haben, ein Ideal, das in der Praxis noch lange unerfüllt blieb.

Unter dem Einfluß von Knox und indirekt von Calvin war die frühe *Kirk** nüchtern im Charakter. Mit der Zeit wuchs diese Nüchternheit noch an. Bald wurden Weihnachten und Ostern nicht mehr gefeiert und »Knox' Liturgie« zugunsten spontaner Gebete aufgegeben. Die Heilige Kommunion, die nach Knox' Absicht zentral im kirchlichen Leben stehen sollte, wurde immer weniger häufig gefeiert. In ganz Schottland wuchs der Einfluß der Gemeindepfarrer in weltlichen wie auch in kirchlichen Dingen übergroß an und Kirchen-

* Schottische Nationalkirche

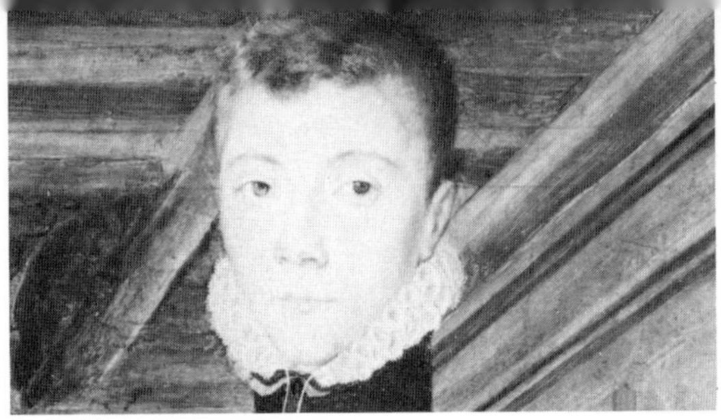

Henry Stewart, Lord Darnley, im Alter von siebzehn Jahren. Zwei Jahre später, 1565, heiratete er Mary Queen of Scots (Maria Stuart), die vier Jahre älter war.

synoden übten weitverbreiteten Einfluß aus. Obwohl es beachtenswerte Ausnahmen gab, so wurde doch die Nüchternheit der Grundton schottischen Lebens, sowohl gesellschaftlich als auch religiös.

Und in dieses nüchtern protestantische Schottland, das Schottland John Knox', kehrte Mary Queen of Scots im August 1561 zurück. Ihr Gemahl war im vorhergehenden Dezember gestorben. Sie war nicht mehr Königin von Frankreich, aber immer noch Königin von Schottland. Und jetzt kam sie, jung, schön, sorglos, feurig, hoch erotisch, impulsiv, französisch in Erziehung und Auffassung, als gläubige Katholikin und Witwe von achtzehn Jahren, ihr Erbe zu fordern. Es lag auf der Hand, daß diese Situation brisante Entwicklungsmöglichkeiten mit sich brachte.

Gleich von Anfang an hatte Mary wissen lassen, daß sie zwar nicht die Absicht habe, ihren eigenen Glauben aufzugeben, doch ebenso auch nicht daran dächte, ihn ihren Untertanen aufzuzwingen. Sie ging sogar so weit, sich mit protestantischen Adligen und Ratgebern zu umgeben; sie wollte als Königin der Schotten regieren, und nicht als der Führer einer Partei. Doch dies half ihr nicht viel. Die protestantischen Geistlichen waren entrüstet, daß die Messe im Palast von Holyrood gelesen wurde, ganz abgesehen davon, daß sie die Lebensführung der Königin und ihres Hofes anstößig fanden. Und ebenso waren sie darüber aufgebracht, daß die protestantischen Adligen, die sich der reichen Besitzungen der alten Kirche bemächtigt hatten, diese für sich behielten, anstatt sie der neuen zu übereignen.

1565 faßte Mary anscheinend Zuneigung zu ihrem nichtswürdigen Vetter, Henry Stewart Lord Darnley; jedenfalls beschloß sie, ihn zu heiraten. Er war ein nicht sehr intelligenter römischer Katholik von allbekannt schlechtem Charakter, der vier Jahre jünger als sie war. Am 29. Juli 1565 wurden sie nach römisch-katholischem Ritus getraut und Darnley zum König proklamiert. Sie waren noch keine zwölf Monate verheiratet, als Darnley, eifersüchtig auf den Einfluß Riccios, des italienischen Sekretärs der Königin, ihn mit einigen Freunden in ihrer Gegenwart ermordete. Dies machte Mary, die im sechsten

David Riccio, der italienische Sekretär der Königin und ihr Günstling wurde in ihrer Gegenwart von Darnley und einer Schar bewaffneter Männer ermordet. Ölbild von Sir William Allan, 1833.

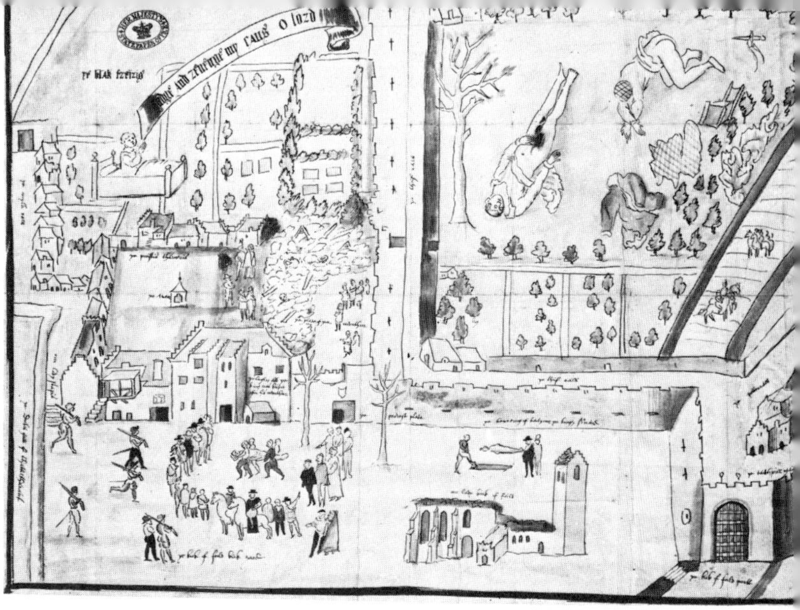

Die Ermordung Darnleys in Kirk o'Field, 1567. Rechts oben im Bild die Körper Darnleys und seines Pagen, beide durch die Explosion der Kleider beraubt. Unten im Bild der Leichenzug und die Beisetzung. Selbst das Dach der Kirche war durch die Explosion zertrümmert worden.

Monat schwanger war, höchst unglücklich, und es brachte sie sehr gegen ihren Mann auf. 1567 traf die Nachricht ein, daß Darnleys Haus in Kirk o'Field, in der Nähe von Edinburgh, wohin die Königin ihn gesandt hatte, um eine quälende, wenn nicht sogar schmachvolle Krankheit auszukurieren, in die Luft gejagt worden war und sein Leichnam inmitten der Trümmer gefunden worden sei. Bei genauerer Prüfung stellte sich heraus, daß er erwürgt worden war.

Es konnte einfach nie geklärt werden, wer Darnley ermordet hatte. Doch es war für alle offenkundig, daß James Hepburn, vierter Earl of Bothwell und Großadmiral, ein kühner rücksichtsloser Protestant von mächtiger Anziehungskraft, doch von beklagenswertem Ruf, tief darin verwickelt war. Acht Wochen später heiratete Mary ihn nach den Riten der protestantischen Kirche.

James Hepburn,
Earl of Bothwell.

Mary Queen of Scots.

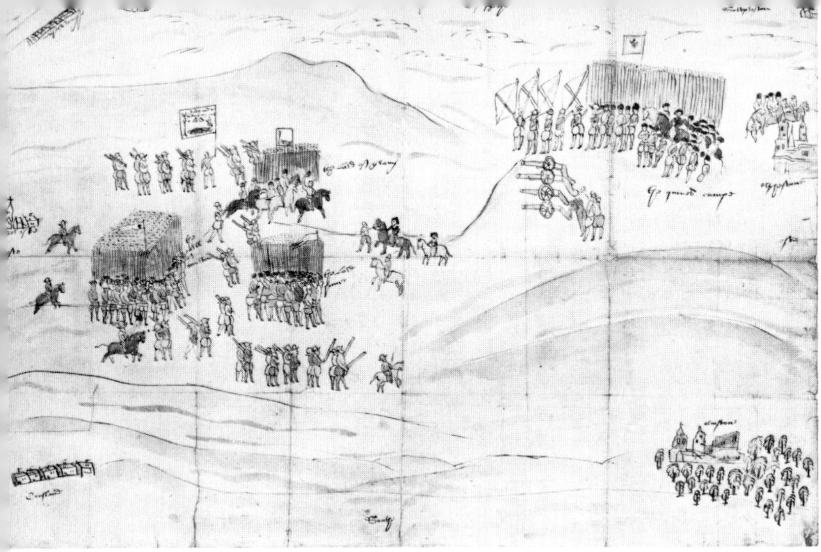

Zeitgenössische Darstellung der Schlacht von Carberry Hill. Rechts im Bild befindet sich Bothwell zu Pferd hinter den Kanonen der Katholiken. In der Mitte wird die besiegte Mary, auch zu Pferd, weggeführt.

Wie immer das Motiv dafür aussah, diese weitere Fehlentscheidung entfremdete Mary den Protestanten und Katholiken gleichermaßen und kostete sie am Ende den Thron. Innerhalb eines Monats hatten die protestantischen Lords unter dem Vorwand, die Königin vor Bothwell zu retten, eine Armee aufgestellt, und bei Carberry Hill gelang es ihnen, sie aus den Händen ihrer Anhänger in ihre Gewalt zu bekommen. Nachdem man sie unter Gespött in einem kurzen roten Unterrock durch die Straßen Edinburghs geführt hatte, wurde Mary, die erst vierundzwanzig Jahre alt war, im Juni 1567 gezwungen, zugunsten ihres Sohnes abzudanken, der noch ein Baby war und der sofort darauf als James VI. zum König gekrönt wurde. Die Predigt zu diesem Anlaß wurde von John Knox gehalten. Bothwell flüchtete nach Norwegen, und Marys protestantischer Halbbruder, James Stewart, der einer der intelligenteren, wenn nicht gar verschlagenen Bastarde James V. war, und den man zum Earl of Moray gemacht hatte, wurde zum Regenten ernannt. Er hatte in enger Berührung mit dem englischen Hof gestanden und blieb ihm treu.

Nach Carberry Hill wurde Mary einige Monate lang als Gefangene im Lochleven Castle, auf einer Insel im Loch Leven, gehalten. Von dort entkam sie 1568 in einem Boot. Ihre Flucht wurde von den Hamiltons begünstigt, die ihre eigenen Pläne mit ihr hatten. Sie brachten sie nach Schloß Hamilton und halfen ihr, wieder eine Armee aufzustellen. Doch abermals wurde sie geschlagen, dieses Mal bei Langside durch ihren Halbbruder Moray. In Verzweiflung überquerte sie jetzt den Solway, und im Mai 1568 ergab sie sich auf Gnade und Ungnade der Königin von England, die auch nicht einen Augenblick lang die Anspruchserhebung ihrer Kusine auf den englischen Thron vergessen hatte und sie auf der Stelle gefangen setzte. »Strike or be stricken«, lautete Elizabeths Motto. »Schlage oder werde geschlagen.«

Im Fotheringhay Castle schrieb Mary Queen of Scots, jetzt Gefangene der Königin Elizabeth, Verse auf die leeren Seiten ihres Meßbuches, die sie – trotz ihrer erzwungenen Abdankung – mit »Marie R.« unterzeichnete.

qui iamais davantage eust contraire le sort
la vie m'est moins utile que la mort
plus tost que changer de mes mours l'ad
chacun change pour moi d'humeur et de nature
nature

L'octobre a[illegible]

Marie
R

Come autres fois la renomee
ne vole plus par l'univers
icy borne son cours divers
a chose d'elle plus aimee

Marie R

Les heures je [illegible] le iour
par l'ordre [illegible] de ma [illegible]
[illegible] mon triste seiour
pour icy croistre ma lumiere

celle qui d'honneur tant comble
chascun du bruit de sa louange
ne peux moins qu'a [illegible] ressemble
en l'effet n'estant que un bel ange

fault plus que la renomee

(marginal, vertical:) [illegible] en [illegible] ... un belange ... notre [illegible] ... ne vous ... [illegible]

570. Foot highe
The GENERALS

IV.

»Der große Tag der Vermählung dieser Nation mit Gott«

Die Jahre, die der Abdankung und Flucht Marys folgten, waren für Schottland sehr bewegt – Jahre beunruhigender Zeichen und Wunder. *»In this time«*, lesen wir im *Diurnal of Occurrents* für 1570, *»there was ane monstrous fish in Loch Fyne, havand greit ein in the heid thairof, and at sumtymis wald stand abune the watir as heich as the mast of ane schippe; and the said had upoun the heid thairof two crowins, the ane abuve litel and the dounmaist crown mekill: quhilk was reportit be wyse men that the same was ane signe and taikning of ane suddain alteration within the realm.«**

Mit dieser Schlußfolgerung gingen die weisen Männer keineswegs fehl. Während James VI., der zum Zeitpunkt seiner Krönung kaum ein Jahr alt war, unter der Aufsicht seines gelehrten, doch unliebenswürdigen Erziehers, George Buchanan, aufwuchs, der ihn systematisch schlug und überanstrengte, wurde das Land wiederum von einer Folge von Regenten beherrscht. Marys Anhänger, die *Queen's Lords*, die ihre Rückkehr anstrebten, hatten Edinburgh Castle eingenommen und hielten es gegen jeden, der kam. Die ersten beiden Regenten, Moray und Lennox, wurden einer nach dem anderen ermordet. Mar starb während seiner Amtszeit. Erst 1573 schaffte es der nächstfolgende Regent, Morton, ein eingeschworener Feind der Königin, mit schweren, aus England herbeigeschafften Kanonen, Edinburgh Castle zurückzuerobern und seine Besatzung auszuheben. 1578 wurde Morton selber gestürzt und zwei Jahre

George Buchanan

* »Es erschien ein riesiger Fisch im Loch Fyne, der große Augen im Kopf hatte und manchmal so hoch wie der Mast eines Schiffes aus dem Wasser schaute. Und auf seinem Kopf trug er zwei Kronen, die obere klein und die untere groß, was, nach Aussage weiser Männer, Hinweis und Anzeichen sei für eine plötzliche Veränderung im Königreich.«

Englische Truppen unter Sir William Drury belagern Edinburgh Castle, das von Sir William Kirkcaldy für Queen Mary (Maria Stuart), 1573, verteidigt wurde.

Rechts:
James Stewart, Earl of Moray

Ganz rechts:
James Douglas, Earl of Morton

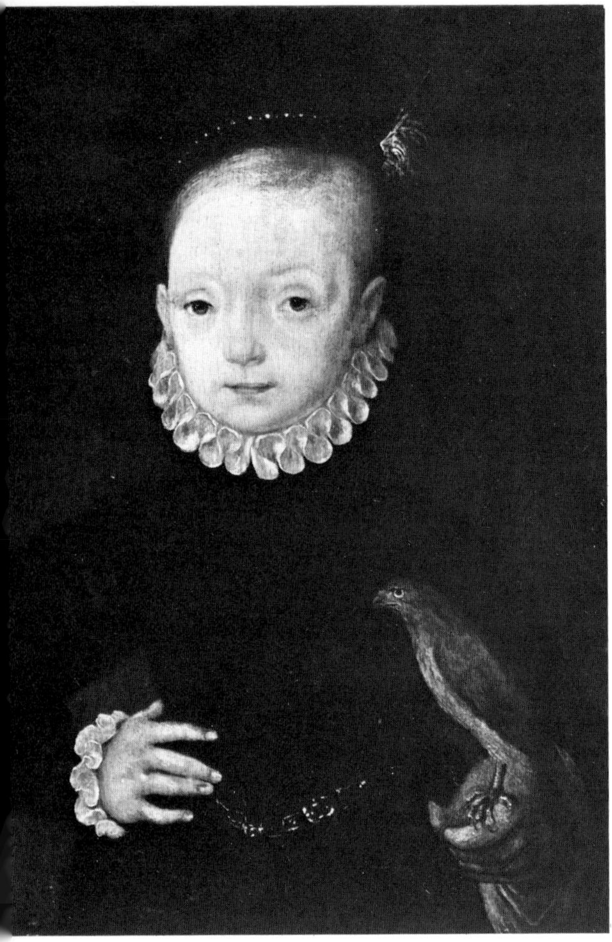

James VI. als Kind: Bildnis von Arnold Bronkhorst. Mit einem Jahr gekrönter König, mutterlos, von einem schroffen Erzieher großgezogen, war er das Opfer des Tauziehens zwischen Katholiken und Protestanten, bis er seiner Gefangenschaft entkam und sich selbst nicht nur dem Namen nach, sondern auch faktisch, 1583 mit siebzehn Jahren, zum König ernannte.

später, 1581, angeklagt und hingerichtet, auf die merkwürdige Anschuldigung hin, Darnley vor vierzehn Jahren ermordet zu haben.

Mortons Beseitigung war das Werk Esmé Stewarts, Seigneur d'Aubigny, eines fesselnden, französisch-schottischen Vetters des kleinen Königs, für den dieser eine sentimentale Anhänglichkeit entwickelt hatte, und den er jetzt zum Duke of Lennox und zum Lord High Chamberlaine Schottlands ernannte. Dies war die erste einer ganzen Reihe derartiger Zuneigungen, die sich während der gesamten Herrschaftszeit wiederholten und die Monarchie diskreditierten.

Während Lennox öffentlich seinen eigenen Römischen Katholizismus in Abrede stellte, wurde es jetzt sein Ziel, aus James einen Katholiken zu machen, um ihn als Kopf einer katholischen Erhebung in Schottland und England mit Hilfe der Franzosen und Spanier zu benutzen. Diese Pläne wurden ihm von einer Gruppe streng protestantischer Adliger durchkreuzt, die angeführt wurden von dem Earl of Gowrie und von Mortons Neffe, Angus, die, mit englischen Geldern unterstützt, den König 1582 in dem sogenannten *Raid of Ruthven** entführten und die Herrschaft über das Land selber übernahmen. Lennox floh zurück nach Frankreich und starb dort wenige Monate später. Höchst erleichtert hieß die *General Assembly* den Raub gut, und in Edinburgh sang ein großer Menschenauflauf den 124. Psalm: »Our soul is escaped as a bird out of the snare of the fowlers.« (»Unsere Seele ist entronnen wie ein Vogel dem Stricke des Voglers.«)

James VI. von Schottland

1583 jedoch konnte James, der jetzt siebzehn war, aus Ruthven und den Händen seiner Wächter in Begleitung eines einzigen Dieners entkommen und schlug sich durch bis St. Andrews, wo er sich sowohl faktisch wie auch dem Namen nach zum König ausrufen ließ. Eine seiner ersten Taten nach der Machtübernahme war die Exekutierung des Earl of Gowrie, der ihn in Ruthven gefangengehalten und seitdem wiederum versucht hatte, ihn in seine Gewalt zu bekommen. Siebzehn Jahre später sollte sich dieses Beispiel merkwürdigerweise wiederholen. Einer weiteren Entführung oder angeblichen Entführung des Königs folgte unter merkwürdigen Umständen das plötzliche Ableben eines weiteren Earl of Gowrie, nämlich des ersteren Sohnes.

Trotz eines hoffnungsvollen Starts hatte der junge König Schwierigkeiten, seine Adligen und seine Günstlinge unter Kontrolle zu halten. Außerdem wurden die frühen Jahre seiner Herrschaft durch Bürgerzwiste beeinträchtigt, sowie durch das Gezänk zwischen der katholischen und der protestantischen Fraktion und der verschiedenen Abkommen und Umschwünge der beiden Lager. Doch obwohl die Erfahrungen seiner Kindheit und Jugend, die bis auf den pränatalen Einfluß durch den Mord an Riccio zurückreichten, wahrscheinlich genügt hätten, einen stärkeren Charakter aus dem Gleichgewicht zu bringen, sollte James, trotz all seiner Fehler und Schwächen (die beträchtlich waren, und zu denen auch ein immerwährender Verfolgungswahn vor Zauberei und Hexen zählte), zu einem Mann von Geschmack, Erziehung und Intelligenz heranwachsen, ein politisch fähiger Monarch mit Scharfsinn.

Wie auch andere seiner Abstammungslinie, verlangte es James VI. nicht danach, der Anführer dieser oder jener Fraktion zu sein, sondern *universall King*, allumfassender König. Einige seiner Untertanen, besonders die Ruthvens, hielten ihn für zu großzügig in seiner Behandlung der römisch-katholischen Earls of Huntly, Erroll und Angus, deren Aufstände zu der Zeit beständig den Norden Schottlands in Unruhe versetzten und deren Meuchelmord an Bonny Earl of Moray, einem allgemein beliebten Protestanten, von vielen dem König zur Last gelegt wurde, der Huntly nach nicht mehr als einer Woche Haft entließ. Doch James hatte, ganz abgesehen von seinen persönlichen Überzeugungen, alle guten Gründe, ein Protestant zu bleiben. Solange er dies war, und solange er auf leidlich gutem Fuß mit seiner Kusine Elizabeth von England und ihrem mächtigen Sekretär, Sir Robert Cecil, stand, hatte er hinreichend Anlaß zu der Hoffnung, daß er ihr nach ihrem Tod auf den englischen Thron folgen

* Überfall von Ruthven

Während ihrer langen Gefangenschaft stickt Mary Queen of Scots (Maria Stuart) mit Seide auf Gitterleinen diesen Wandbehang. Die Hand, die eine Sichel hält und das Motto, »Die Tugend wächst mit den Wunden«, mögen andeuten, daß sie ihr Schicksal beherrscht entgegennahm. Ihre Initialen und die ihres ersten Gemahls François sind links in die Stickerei mithineingearbeitet.

würde – ein, in jedem Fall, hoher Preis. Also schloß er, 1585, mit England ein Bündnis, und als 1587 Elizabeth seine Mutter Mary, nachdem sie sie neunzehn Jahre lang als Gefangene gehalten hatte, wegen angeblicher Teilhaberschaft an einer Verschwörung zu ihrer Ermordung schließlich hinrichten ließ, erhob er nur formell Protest, obwohl seine Untertanen, impulsiv wie immer, und aufgebracht durch das, was sie als eine Beleidigung Schottlands ansahen, heftig den Krieg gegen den Erbfeind forderten. Von nun an unterhielt James, besonders mit Robert Cecil, eine ständige heimliche Korrespondenz und erhielt von ihm Ermutigung und viel nützlichen Rat.

Die Hinrichtung von Mary Queen of Scots (Maria Stuart) in Fotheringhay Castle, 1587. Der Anlaß war ihre angebliche Teilhaberschaft an einem Komplott zur Ermordung Königin Elizabeths.

James VI. und seine Gemahlin, Anne von Dänemark, Tochter Friedrichs II. von Dänemark und Norwegen.

1589 reiste James nach Oslo, um Anna von Dänemark, eine ihm angemessene protestantische Prinzessin, zu heiraten. Doch es gab kein Geld, um ihre Heimkehr in dem Stil, der ihm passend erschien, zu feiern. »For God's sake«, schrieb er einem wohlgesinnten Minister, »take all the pains ye can to tune our folks well now against our homecoming lest we be all shamed before strangers. Thus recommending me and my new rib to your daily prayers, I commit you to the only All-sufficient.«*

Das Hauptproblem, das sich jetzt James stellte, war das der Kirche. Es handelte sich jetzt nicht länger mehr um die Frage »alte Religion oder neue«, sondern einfach darum, welche Form die neue Religion annehmen sollte, und ganz besonders, ob die Kirche, wie in England, von Bischöfen regiert werden sollte, die durch die Krone ernannt wurden oder durch eine Synode aus Geistlichen und Laien. Denn die Tradition der Schottischen Reformierten Kirche unterschied sich sehr von der Englischen. Diese Kirche war nicht dank der Krone, sondern trotz der Krone ins Leben gerufen worden. Und diese Tradition dauerte an.

* »Um Gottes willen, geben Sie sich alle nur erdenkliche Mühe, unser Volk jetzt gut auf unsere Heimkehr einzustimmen, damit wir uns vor Fremden nicht schämen müssen. So empfehle ich mich und mein Weib (eigentl. neue Rippe) ihren täglichen Gebeten und überantworte Sie dem Allgewaltigen.«

Obwohl überzeugter Protestant, so war James doch kein Presbyterianer. Das Presbyterianertum verkörperte sogar all das, was er am wenigsten mochte. Er selber war der Idee des Episkopats heftig zugetan. »No Bishop«, so sagte er, »no King«. Ebenso war er ein starker Gegner jeglicher Einmischung der Kirche in die Angelegenheiten des Staates.

1581 war *The Second Book of Discipline* von der *General Assembly* als maßgeblich erklärt worden. Dies stellte einen Erfolg für die Ideen Andrew Melvilles dar, dem religiösen Führer, auf dessen Schultern der Mantel John Knox nach dessen Tod, 1572, gefallen war. Doch während Melville in Eifer und Vehemenz Knox glich, so gingen seine theologischen Ansichten ein gutes Stück über die seines Vorgängers hinaus. Er war vor allem dem Episkopat gegenüber noch feindlicher eingestellt, als Knox es je gewesen war, und trat sogar dafür ein, daß *Church Courts,* kirchliche Gerichte, die staatlichen Gerichte in ihrer Rechtsprechung anweisen sollten, und führte göttliche Vollmacht zur Erhärtung dieser Ansicht an. Er trat, mit anderen Worten, dafür ein, daß die Kirche die Angelegenheiten des Staates lenkte, und nicht umgekehrt. Er räumte dem König nicht einmal den Respekt ein, den James für angemessen hielt. »God's sillie vassal«,* sagte er ihm ins Gesicht.

James, der in den Bischöfen (die von ihm ernannt wurden) ein dienliches Mittel sah, seinem Willen Nachdruck zu verleihen, rächte sich 1584, indem er das Parlament dazu bewegte, Gesetze zu erlassen, durch die das Ernennen von Bischöfen und das Abhalten von Episkopatsynoden der Priester nur mit Erlaubnis des Königs geschehen konnten. Diese Verfügungen stießen auf ebenso unverzüglichen wie heftigen Widerstand, so daß James am Ende

* »Gottes leichtsinniger Vasall.«

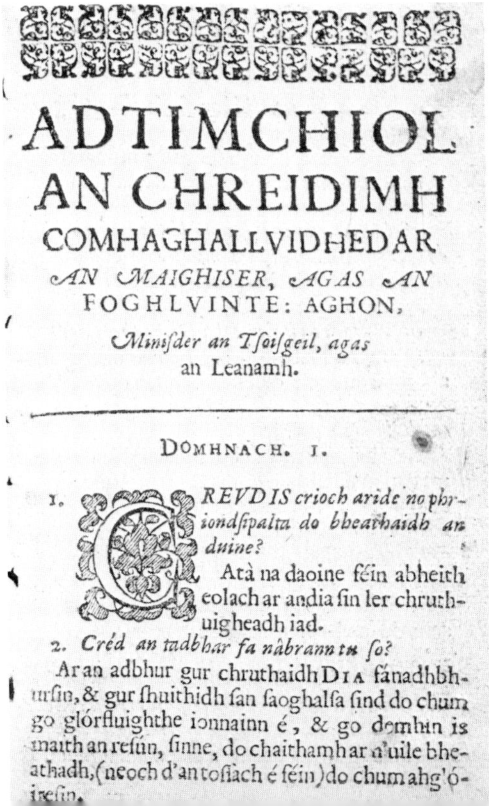
ADTIMCHIOL
AN CHREIDIMH
COMHAGHALLVIDHEDAR
AN MAIGHISER, AGAS AN
FOGHLVINTE: AGHON,
Miniſder an Tſoiſgeil, agas
an Leanamh.

DOMHNACH. I.

1. *CREVDIS crioch aridc no phrìondſpalta do bheathaidh an duine?*
Atà na daoine féin abheith eolach ar andia ſin ler chruthuigheadh iad.

2. *Créd an tadbhar fa nábrann tu ſo?*
Ar an adbhur gur chruthaidh DIA ſánadhbhurſin, & gur ſhuithidh ſan ſaoghalſa ſind do chum go glórfluighthe ionnainn é, & go dembin is maith an reſún, ſinne, do chaithamh ar n'uile bheathadh,(neoch d'an toſiach é féin)do chum ahg'óireſin.

Calvins *Katechismus* wurde von John Carswell ins Gälische übersetzt und 1631 in Edinburgh verlegt. Titelseite der ersten Ausgabe.

Dieser, von Symbolen strotzende Triumphbogen wurde für den Einzug James VI. in London als James I. (Jakob I.) von England errichtet. In der Mitte oben befinden sich die symbolischen Gestalten für Friede und Überfluß; darunter, eine Erdkugel hochhaltend, die Symbolfigur für Gold und Silber, flankiert von Pomona und Ceres. Links und rechts von diesen nehmen die Neun Musen und die Sieben Freien Künste schmeichlerisch Bezug auf die geistige Bildung des neuen Herrschers.

gezwungen war, nachzugeben. Trotz amtierender Bischöfe durften wieder Presbyterien, Synoden und allgemeine Kirchenversammlungen abgehalten werden.

Daraus ergab sich unter der Ägide Andrew Melvilles eine neue Entwicklung, hin zum extremen Calvinismus. Der Widerstand zum Episkopat wuchs noch weiter an, und als Teil der Bewegung gegen eine formale Liturgie begannen mehr und mehr improvisierte Gebete an die Stelle der Zeremonie des Gottesdienstes, wie sie im *Book of Common Order* festgelegt war, zu treten. Doch diese Haltung war keineswegs überall verbreitet. Eine starke Partei von protestantischer Überzeugung, angeführt von Erzbischof John Spottiswoode und vom König kräftig unterstützt, war gegenteiliger Ansicht. »Ich bin wahrlich überzeugt«, schrieb Spottiswoode, »daß die episkopale Kirchenregierung die einzig wahre und apostolische ist. Parität unter Geistlichen ist der Brutherd für Aufruhr, wie die Erfahrung uns gelehrt haben sollte, und diese regierenden Kirchenältesten, die nur ein menschliches Legat innehaben, werden sich, wenn sie Mittel und Wege finden, als der Ruin sowohl der Kirche als auch des Staates erweisen.« Der religiöse Konflikt, der diesen beiden gegensätzlichen protestantischen Anschauungen eingewurzelt ist, sollte während des gesamten siebzehnten Jahrhunderts mit Leidenschaftlichkeit anwachsen und diese Periode schottischer Geschichte beeinflussen und kaum vermindert bis in unsere Zeiten andauern.

Krönung von James (Jakob) VI. und I. und seiner Gemahlin in Westminster Abbey – nach dem zeitgenössischen Stich zu urteilen, eine glänzende Zeremonie, doch eine gehetzte, denn in London herrschte gerade die Pest.

James I. von England

Unterdessen trat für James die Erfüllung seiner liebsten Wünsche ein. Ende März 1603 erreichte ihn die lange erhoffte Nachricht, daß Elizabeth von England gestorben und er zu ihrem Erben erklärt worden sei. Robert Cecil hatte seinen Freund nicht im Stich gelassen. Am 5. April machte sich James auf nach London. Obwohl er auch für den Rest seines Lebens mit starkem schottischem Akzent sprach, sollte er nur noch einmal nach Schottland zurückkehren.

James genoß gründlich das neue Leben, das jetzt für ihn begann. Er liebte den Pomp und den Luxus, die Schmeichelei der willfährigen englischen Höflinge und die übermäßige Pracht des englischen Hofes. Er liebte die Art und Weise der Engländer. Und vor allem sagte ihm die *Church of England«* zu, mit ihrer Fülle an Bischöfen und ihren vielen Ritualen.

Was nun Schottland betraf, so hätte er am liebsten eine Vereinigung nicht nur der beiden Kronen, sondern der beiden Königreiche gesehen, und wann immer es möglich war, benutzte er die Bezeichnung *Great Britain*, um beide zu umschließen, und die neue gemeinsame Fahne trug den Namen *Union Jack*. 1607 verabschiedeten die Stände nach langem Debattieren einen Unionsbeschluß. Doch ein Vertrag wurde schließlich nicht unterzeichnet. James' englische Untertanen wollten ihre Identität nicht mit der ihrer nördlichen Nachbarn verschmelzen lassen, und die Idee eines gemeinsamen Parlaments erfüllte sie mit Abscheu. »Die Schotten«, sagte Sir Charles Piggot, Member of Parliament für Buckinghamshire, voll Tadel, »hat es nicht gestört, daß in den vergangenen zweihundert Jahren nur zwei ihrer Könige friedlich im Bett starben.«

Von nun an nahmen James' Weisungen den schriftlichen Weg von Whitehall zum schottischen Kronrat und wurden durch ihn und das *Committee of Articles*, das im Grunde genommen jetzt das Parlament beherrschte, unverzüglich ausgeführt. »Dies muß ich Schottland zugute halten«, war sein Kommentar. »Ich sitze hier und regiere es mit meiner Feder. Ich schreibe und es geschieht; und durch einen *Clark of the Council* regiere ich jetzt Schottland, was andere mit dem Schwert nicht erreicht haben.«

Doch verhielt es sich nicht so, daß James der Einsatz von Waffen gegen seine Landsleute, wenn er es für notwendig erachtete, widerstrebte. Sein besonderer Ehrgeiz war es, die *Highlands* zu befrieden, wo die alte keltische Kultur noch vorherrschte und die Clans ihre überlieferten Fehden austrugen, ohne große Rücksicht auf das, was sich weiter südlich ereignete. Dieses Ziel suchte er zu erreichen, indem er *Letters of Fire and Sword* (Vollmachten zur Anwendung von Feuer und Schwert) erteilte, in denen er einem oder mehreren Clans das Recht erteilte, mit ihren unbotmäßigen Nachbarn nach Gutdünken zu verfahren – im allgemeinen auf sehr unschöne Weise. Diese Methode blieb natürlich nicht ohne Auswirkungen. So kam Befehl aus London zur Ausrottung der Erbfeinde, des berüchtigten Clans Gregor, zur Vernichtung ihrer Heime und

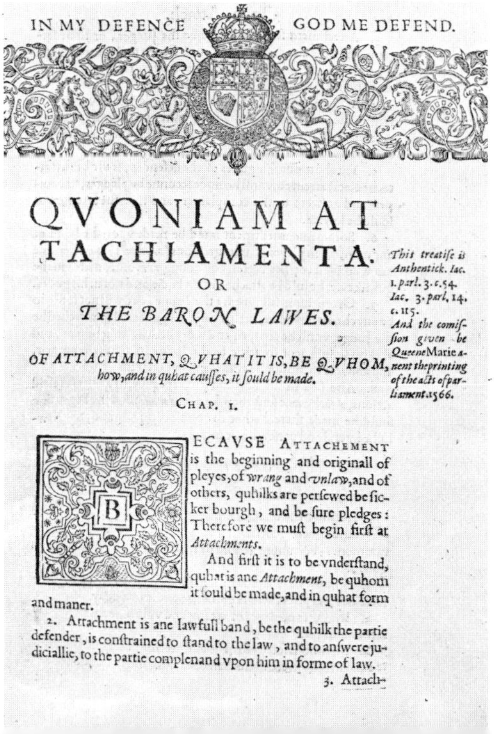
IN MY DEFENCE GOD ME DEFEND.

QVONIAM ATTACHIAMENTA.
OR
THE BARON LAWES.

This treatise is Anthentick. Iac. 1. parl. 3. c. 54. Iac. 3. parl, 14. c. 115. And the comission given be Queene Marie anent the printing of the acts of parliament. 1566.

OF ATTACHMENT, QVHAT IT IS, BE QVHOM, *how, and in quhat causses, it sould be made.*

CHAP. I.

BECAVSE ATTACHEMENT is the beginning and originall of pleyes, of *wrang* and *vnlaw*, and of others, quhilks are persewed be sicker bourgh, and be sure pledges: Therefore we must begin first at *Attachments*.

And first it is to be vnderstand, quhat is ane *Attachment*, be quhom it sould be made, and in quhat form and maner.

2. Attachment is ane lawfull band, be the quhilk the partie defender, is constrained to stand to the law, and to answere judiciallie, to the partie complenand vpon him in forme of law.

3. Attach-

Eine Seite aus *Regiam Majestatem, The Auld Lawes and Constitutions of Scotland* von Sir John Skene, 1609 – eine Darstellung des schottischen Rechtssystems, das so unterschiedlich zu dem englischen war, wie es auch heute noch ist.

sogar zur Tilgung ihres Namens, den die verbliebenen Überlebenden dieser Unternehmung nicht länger tragen durften. Auf Geheiß des Königs erlitten auch die Macdonalds of Islay grausame Bestrafung, und seinen eigenen Vetter, Patrick Stewart of the Orkneys, bekannt als Earl Pate, ließ er öffentlich hängen. Schließlich wurden 1608 Maclean of Duart und eine Reihe weiterer Häuptlinge der Inselclans an Bord eines von des Königs Schiffen eingeladen, um an einem Gottesdienst teilzunehmen, um dann, eine charakteristische Kriegslist, entführt und ins Gefängnis geworfen zu werden. Erst nachdem sie geschworen hatten, sich künftig friedlich zu verhalten, wurden sie wieder freigelassen. Im folgenden Jahr rief man sie zu einer Art Friedensverhandlung, unter der Leitung von Andrew Knox, dem neuen fähigen Bischof über die Inseln, und forderte sie auf, ein Dokument zu unterzeichnen, das als die *Statutes of Iona* bekannt wurde. Mit diesen Statuten beabsichtigte man unter anderem, Betteln, Trinken und den Gebrauch von Feuerwaffen zu unterbinden und die Unterzeichner zu verpflichten, die Größe ihrer eigenen Begleitmannschaft zu verringern, weitgehend auf die Dienste der Barden der Clans zu verzichten und ihre Söhne zur Erziehung in die *Lowlands* zu schicken. Auch wurde der Boden geebnet für regelmäßige wechselseitige Beziehungen zwischen den Häuptlingen und der schottischen Krone. Die Häuptlinge unterzeichneten dieses ihnen vorgelegte Dokument, und eine Zeitlang ging es im Nordwesten ruhiger zu. Ganz besonders hörte man von nun an nichts mehr von dem Anspruch der Lords of the Isles, unabhängige Herrscher zu sein. Die Tage, in denen die Macdonalds nach Westminster um Hilfe blicken konnten, waren vorbei. James spielte die Macleans klug gegen sie aus, und von nun an nahmen sie ihre Stellung unter den anderen westlichen Clans als Ebenbürtige und nicht als Oberherren ein und litten, wie ihre Nachbarn, unter dem raschen Machtaufstieg der Campbells of Argyll, die sich mehr und mehr zu Agenten der Zentralregierung und Schutzherren der *Lowlands* gegen die kriegerischen Clans von Lochaber und des Westens entwickelten.

James hatte auch eine Rache für die Presbyterianer auf Lager. Nach 1603 durfte sich einige Jahre lang die *General Assembly* nicht mehr versammeln. 1606 wurde Andrew Melville mit sieben anderen Geistlichen unter einem Vorwand nach England gelockt, unerbittlich verhört, drei Jahre lang im Tower von London gefangengehalten und danach mit dem Verbot, jemals wieder nach Schottland zurückzukehren, entlassen.

Nachdem James jetzt das Haupthindernis zur Verwirklichung seiner Pläne beseitigt hatte, vergrößerte er die Anzahl und die Macht der schottischen Bischöfe. 1610 gab es elf Bischöfe und zwei Erzbischöfe, von denen der eine John Spottiswoode war. Zu der Zeit trachtete der König nicht danach, sich in die vorherrschende Form des Gemeindegottesdienstes zu mischen, weshalb vermutlich die Opposition gegen seine Kirchenpolitik nicht viel an Boden gewann. 1617 jedoch beschloß er, die Dinge noch weiter zu treiben und reiste nach vierzehn Jahren selber nach Schottland. Mit seiner Ankunft tauchten sehr unpopuläre Dinge in den Kirchen auf: geschnitzte Heiligenköpfe, eine Orgel –

James (Jakob) VI. von Schottland und I. von England. Porträt von 1610 aus der Schule Marcus Gheeraerts des Jüngeren.

Kist o'Whistles, »Pfeifenkiste« wurde sie von den empörten Bürgern genannt – und Kirchenchorsänger in Chorhemden. Ebenso regte sich heftiger Widerstand gegen die *Five Articles,* die der König der schottischen Bevölkerung aufzudrängen suchte: Die heilige Kommunion sollte kniend empfangen, die Festtage des christlichen Jahres sollten beachtet und die Konfirmation von Bischöfen und nicht von einfachen Geistlichen vollzogen werden; private Taufen und private heilige Kommunion sollten nur im Falle einer ernsten Erkrankung erlaubt sein.

Die Fünf Artikel

Doch James war entschlossen, seinen Willen durchzusetzen. Eine *General Assembly* wurde 1618 in Perth zusammengerufen, der die Fünf Artikel aufgezwungen wurden. Sie stießen auf eine ausgedehnte und heftige Opposition, die sich in einem systematischen Boykott in fast ganz Schottland äußerte. Lieber gingen die Menschen meilenweit, als die Kommunion in einer »knienden« Kirche einzunehmen. Der Streit darüber sollte sich noch lange hinziehen.

James' Leben näherte sich jetzt dem Ende. 1624 lag er sterbenskrank, und die Führungsgewalt war auf den letzten seiner männlichen Favoriten, den Duke of Buckingham, und auf seinen Sohn Charles I. übergegangen, der nach dem Tod seines älteren Bruders Heinrich Thronerbe geworden war. 1625 starb James, und Charles I. begann seine unselige Herrschaft.

Charles I.

Charles war als Schotte geboren worden und wurde deshalb von seinen englischen Untertanen als Ausländer angesehen. Doch er hatte Schottland im Alter von drei Jahren verlassen und kam erst 1633, im achten Jahr seiner Regierungszeit, wieder dorthin. So hatte er also nur wenig Verständnis für schottische Angelegenheiten und schottische Ansichten. Weder die *Highlands* noch die *Lowlands* mit ihren unterschiedlichen und äußerst charakteristischen Traditionen und sozialen Gefügen bedeuteten ihm viel. Als ebenso gläubiger Anglikaner und Episkopale wie sein Vater, hatte er eine Abneigung gegen das, was er von der *Kirk* und von Presbyterianern wußte. Auch teilte er das Mißtrauen seines Vaters gegen demokratische Kirchenversammlungen, seien sie schottisch oder englisch, und, wie er, war er tief überzeugt vom Königtum von Gottes Gnaden, ganz besonders, was ihn selbst betraf. Jedoch fehlte ihm die natürliche Vorsicht seines Vaters und ebenso dessen Staatskunst. Er sah es allen Ernstes als seine Hauptpflicht gegenüber Schottland an, die *Scottish Kirk* mit der *Church of England* in Übereinstimmung zu bringen. Und diese Aufgabe griff er jetzt an.

Als ersten Schritt verordnete er 1625 durch den *Act of Revocation,* daß der Kirche die kirchlichen Ländereien und der Kirchenzehnt, die zur Zeit der Reformation unter den Adligen – den *Lords of Erection,* den Gründerherren, wie sie genannt wurden – aufgeteilt worden waren, zurückgegeben wurden. Damit wollte er die angemessene Versorgung der schottischen Geistlichkeit sichern. Diese zweifellos gutgemeinte Maßnahme brachte ihm das Mißtrauen des Adels ein, ohne ihm auf der Gegenseite Sympathie zu gewinnen, und selbst als schließlich eine Kompromißlösung gefunden wurde, lebte der anfängliche Argwohn fort. Die vorbehaltlose Forderung, die religiöse Praxis in Schottland dem englischen Vorbild anzupassen, entfremdete ihn 1629 mehr denn je allen

Charles I. bei seinem ersten Besuch in Edinburgh, 1633. Er wurde in St. Giles' mit ganz und gar anglikanischen Riten gekrönt und bald schon sprachen die Leute von »Papisterei«.

Lagern in Schottland und ließen seine Unbeliebtheit wachsen. Doch das war noch nicht alles.

1633 kam Charles, begleitet von William Laud, dem neuen Erzbischof von Canterbury, nach Schottland, um gekrönt zu werden. Die Krönungszeremonie wurde mit Kerzen, Kruzifix, knienden Bischöfen und gänzlich anglikanischem Ritus in St. Giles vollzogen. Edinburgh wurde zu einem Bistum ernannt, mit St. Giles als Kathedrale. Erzbischof John Spottiswoode bekleidete das Amt des königlichen Kanzlers für Schottland. Die Geistlichen wurden angewiesen, Chorhemden zu tragen. Die *General Assembly* war seit 1618 nicht mehr zusammengetroffen, und Presbyterien waren jetzt von der Auflösung bedroht. Bald schon erregten sich die Gemüter, und das Wort »Papisterei« war in aller Munde.

In dieser Atmosphäre gingen der König und William Laud, Erzbischof von Canterbury, die explosivste aller Fragen an, nämlich die der Liturgie. Es war ihnen inzwischen klargeworden, daß das englische Gebetsbuch in unveränder-

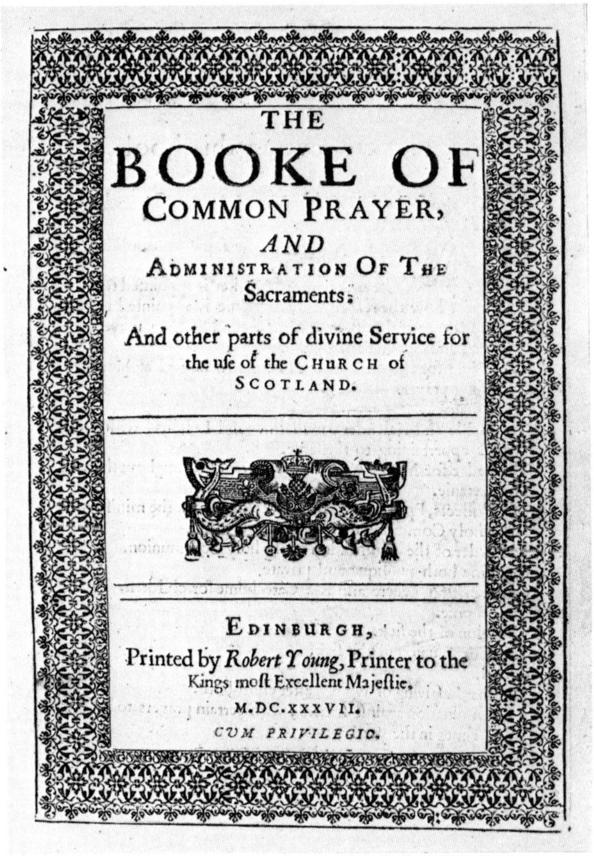

THE
BOOKE OF
COMMON PRAYER,
AND
ADMINISTRATION OF THE
Sacraments:
And other parts of divine Service for
the use of the CHURCH of
SCOTLAND.

EDINBURGH,
Printed by Robert Young, Printer to the
Kings most Excellent Majestie.
M.DC.XXXVII.
CUM PRIVILEGIO.

Das *Revised Prayer Book for Scotland* wurde zum erstenmal 1637 in St. Giles' gelesen und rief Tumulte hervor.

Eine Radierung von Wenceslaus Hollar zeigt eine solche Szene: durch die Luft fliegen alle möglichen Wurfgeschosse, als der »Arch-Prelate«, in voller kirchlicher Amtstracht, aus dem verhaßten Buch liest.

Gegenüber: Unter den führenden protestantischen Gegnern von König Charles' Neuerungen befanden sich auch zwei prominente Geistliche, links Alexander Henderson von Leuchars und rechts James Guthrie von Stirling.

ter Form für die Schotten niemals annehmbar sein könnte und deshalb wurde eine Kommission berufen, um ein revidiertes Gebetbuch für Schottland auszuarbeiten, das an die Stelle der improvisierten Gebete treten sollte.

Das neue Buch wurde zum ersten Mal am 23. Juli 1637 in St. Giles verlesen, was Tumulte und Gewalttaten hervorrief, die sich bald zu einem regelrechten Aufstand zuspitzten. Die weiblichen Mitglieder der Gemeinde, angestachelt, so will es die Überlieferung, von einer gewissen Jenny Geddes, spielten dabei eine führende Rolle. Bald schon hatten die Unruhen den Punkt erreicht, an dem der Kronrat gezwungen war, sich vor dem Mob im Holyroodhouse in Sicherheit zu bringen, und der Bischof von Brechin hielt es für seine Person ratsam, zwei geladene Pistolen, für die Gemeinde sichtbar, vor sich liegen zu haben, während er den Gottesdienst abhielt. Als der König, der inzwischen durch viele, nicht weniger ernste Sorgen, in Anspruch genommen war und den schottischen Angelegenheiten nur wenig Zeit widmen konnte, in London den Bericht des Kronrats über die Vorfälle erhielt, sandte er einfach nur die Anweisung zurück, daß alle, die gegen das Gebetbuch protestiert hätten, bestraft werden sollten und dessen regelmäßige Anwendung durchzusetzen sei.

In Edinburgh wurde inzwischen der Widerstand gegen das Gebetbuch täglich mächtiger und systematischer. Im Herbst und im Winter des Jahres 1637 bildete sich in Edinburgh ein Komitee, bekannt als *The Tables*. Zu ihm gehörten die Earls of Montrose und Rothes, Lord Warriston, ein berühmter Rechtsgelehrter, einige einflußreiche Geistliche, besonders Alexander Henderson of Leuchars, und zahlreiche weitere wichtige Persönlichkeiten, sowohl Kleriker als auch Laien. Bekanntlich sympathisierte mit ihnen Lord Lorne, der Erbe des Earl of Argyll, und Sir Thomas Hope, beide Mitglieder des Kronrats.

Doch der König, blind wie gewöhnlich gegen die Stärke und Leidenschaft des Widerstandes, den er geweckt hatte, und, wie gewöhnlich, ohne Empfindungsfähigkeit für die Anschauungen in Schottland, blieb halsstarrig bei dem Kurs, den er eingeschlagen hatte. Auf die Petitionen gegen das Gebetbuch, die jetzt aus dem ganzen Land eintrafen, und hinter denen Männer von höchster Bedeutung und Maßgeblichkeit standen, reagierte er, indem er Befehle sandte, die Bittsteller zu trennen und zu bestrafen. Im Februar 1638 schließlich, bevor er sich nach Newmarket auf Jagd begab, schickte er von London aus eine Proklamation auf den Weg, die in Edinburgh und anderen Städten öffentlich verlesen werden sollte und die Adligen, die sich dem Gebetbuch widersetzt hatten, aufforderte, sich dem Willen des Königs zu unterwerfen und sich der Anglikanischen Kirche anzupassen.

Dies brachte die Angelegenheit zu einer Entscheidung. Am *Mercat Cross* in Edinburgh wurde sehr erregt demonstriert. *The Tables* riefen die *Lords of Congregation* zusammen, und am 28. Februar und den beiden darauffolgenden Tagen strömten mehrere hundert Repräsentanten des Adels, der Gentry, der Städte und des Klerus zur Greyfriars Kirk in Edinburgh, um ein Dokument zu unterzeichnen, das von Lord Warriston, Alexander Henderson und anderen abgefaßt worden war und als *The National Covenant* in die Geschichte einging. »The great Marriage Day«, nannte es Warriston, »of this Nation with God«.*

The National Covenant

The Covenant war ein geschickt abgefaßtes Dokument, bestimmt, ein Maximum an Unterstützung zu gewinnen. Es enthielt die *Negative Confession* von 1581, die ausdrücklich eine Reihe von charakteristischen katholischen Doktrinen verurteilte, und daran angehängt einen ganzen Katalog von Beschlüssen, die diese *Negative Confession* bestätigten. Er wies darauf hin, wie diese durch die jüngsten *innovations* verletzt worden waren und protestierte gegen diese Übertretungen. Es endete mit einem Eid seitens der Unterzeichner, *the true religion,* die wahre Religion, und, das sei bemerkt, *His Majesty's authority,* die Machtvollkommenheit Seiner Majestät, zu verteidigen. Die Anführer wollten nicht, jedenfalls noch nicht offen gegen den König auftreten, sondern nur allen den Eindruck vermitteln, er sei schlecht beraten.

Bald trugen berittene Boten Kopien des *Covenants* durch die ganzen *Lowlands* und Tausende von Unterschriften wurden gesammelt. Im Land gärte es. Das Nationalgefühl war aufs heftigste wachgerüttelt. In den Augen vieler war der *Covenant* von mehr als nur rein theologischer Bedeutung. Man sah in ihm auch den Widerstand gegen *our poor country being made an English Province,* die Verwandlung unseres armen Landes in eine englische Provinz. Eine Ablehnung des *Covenant* wurde deshalb heftig mißbilligt, und Geistliche, die ihm nicht von der Kanzel verlasen, waren schnell ihres Amtes enthoben.

Während des Sommers 1638 gab es auch weiterhin Fühlungnahme zwischen London und Edinburgh. Doch es war nun einmal Charles' Nachteil, ein im Ausland lebender Herrscher zu sein, und sein Bevollmächtigter, der Duke of

* »Der große Tag der Vermählung dieser Nation mit Gott.«

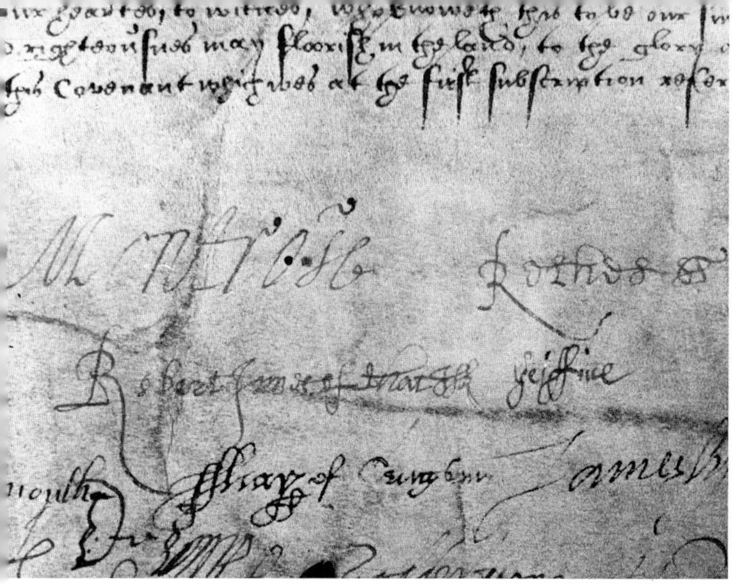

Ein zerknittertes, gefaltetes Blatt Pergament, eng auf beiden Seiten beschrieben, symbolisiert die schottische Ablehnung des von Gott gegebenen Rechts der Könige, sich in die Pflicht des Menschen Gott gegenüber einzumischen. Dies ist der *National Covenant*, ausgefertigt im Februar 1638; Kopien davon wurden in den ganzen Lowlands verbreitet und Tausende von Unterschriften gesammelt, an ihrer Spitze die von Montrose und dem Earl of Rothes.

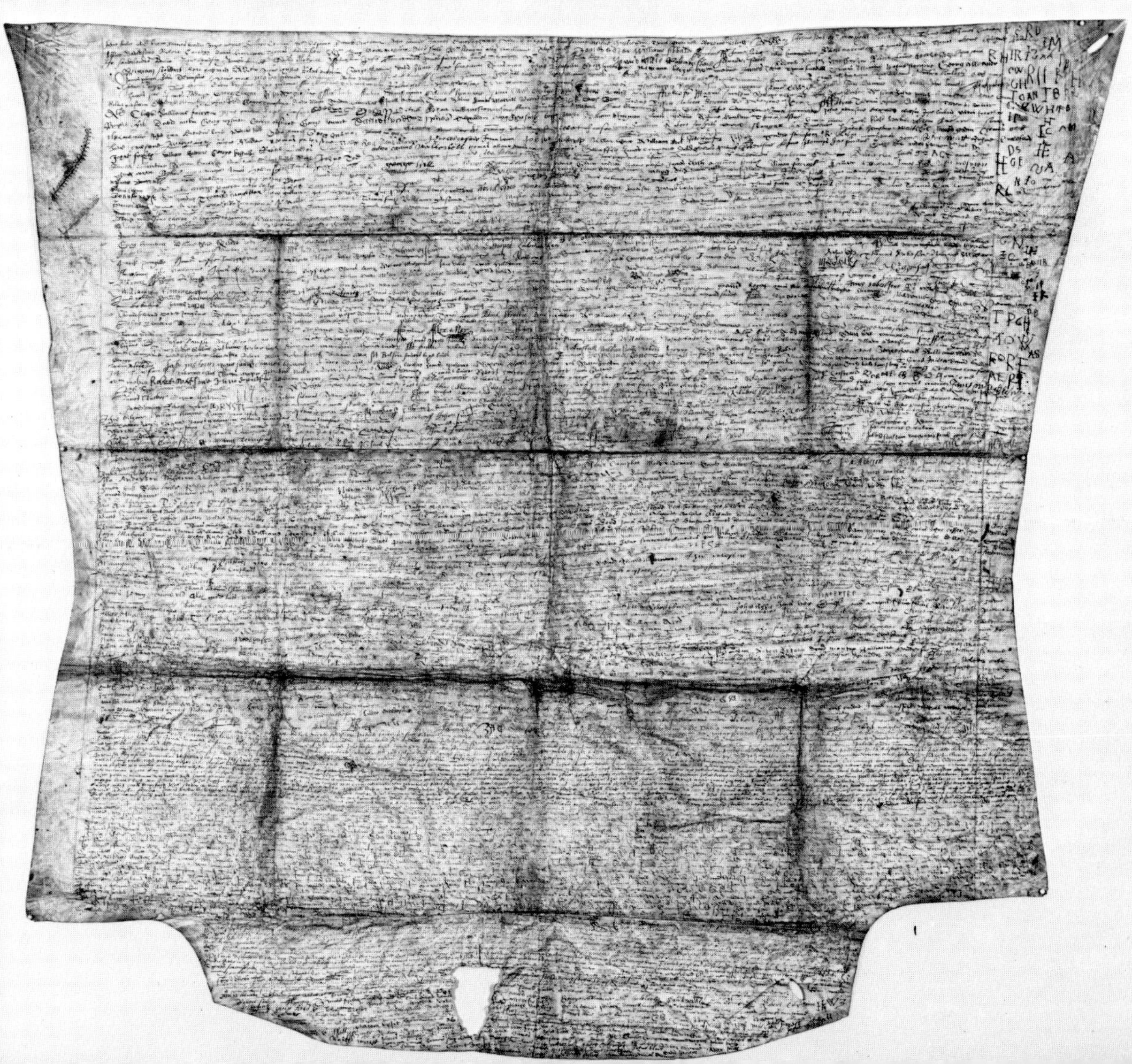

James Graham, fünfter Earl of Montrose, zusammen mit Sandy Leslie Anführer der Armee der *Covenanters.*

Hamilton, eine eher unpopuläre Gestalt, fiel kaum ins Gewicht. *The Tables* begannen, die *de facto* Regierung von Schottland zu werden.

Der König, aufs höchste beunruhigt, hatte schon im Juli seinem englischen Kronrat mitgeteilt, daß er Gewalt anzuwenden haben würde. Jedoch stimmte er, um Zeit zu gewinnen, nun einem Treffen der *General Assembly* in Glasgow zu. Sie wurde im November 1638 einberufen und kam sofort zu Beschlüssen. Die *Assembly* wußte, was sie wollte. Alle Bischöfe wurden entweder ihres Amtes enthoben oder exkommuniziert, das *Prayer Book,* umfassend verurteilt als *heathenisch, Popish, Jewish and Arminian,* als heidnisch, papistisch, jüdisch und arminianisch, wurde abgeschafft und eine Kommission eingesetzt, um Mißbrauch aufzudecken. Auf all dies teilte der König einfach nur mit, daß keine der Beschlüsse der *Assembly* rechtskräftig wären, weil sie in Abwesenheit seines Bevollmächtigten, der sich gleich zu Beginn entfernt hatte, getroffen worden seien. Ein offener Zwist war jetzt unvermeidlich.

Unterdessen wuchs in Schottland die Begeisterung für den *Covenant.* Im Osten wurde sie hauptsächlich beseelt von dem jungen James Graham, fünfter Earl of Montrose, dessen Einfluß sich über ganz Stirlingshire, Süd-Perthshire, Teilen von Angus und sogar bis hinein nach Aberdeen erstreckte, wo die

Archibald Campbell, erster Marquess of Argyll und Häuptling des Clans Campbell.

Grundsätze der Episkopalen und der Widerstand gegen den *Covenant* am tiefsten saßen. Im Westen war der wichtigste Unterstützer des *Covenant* Archibald Campbell, achter Earl of Argyll, der mächtige Häuptling des Clans Campbell, ein überzeugter Calvinist, voll tiefen Mißtrauens gegen den König.

Den ganzen Sommer über waren Waffen vom Kontinent nach Schottland transportiert worden und schottische Soldaten, die jenseits des Kanals gedient hatten, waren in *gryte numbers upone hope of bloodie war** in ihr eigenes Land zurückgekehrt. In Alexander Leslie, dem *old little crooked soldier*, dem alten, kleinen, krummen Soldaten, der in Deutschland gegen Wallenstein gekämpft hatte und schließlich auf Gustav Adolf als Kommandeur der schwedischen Armee gefolgt war, hatten die Covenanters einen hervorragenden und erfahrenen General. Der König befand sich in einer weniger günstigen Lage. Er besaß eine unfähige Staatsverwaltung, kein stehendes Heer, und keinen General, der diese Bezeichnung verdiente.

Im Frühsommer 1639 jedoch bewegte sich Charles, nachdem er irgendwie eine armselige, schlecht geschulte Streitmacht von ungefähr zwanzigtausend

* in großer Zahl, auf einen blutigen Krieg hoffend

Mann aufgestellt hatte, zur *Border.* Bei Berwick stand ihm eine weit besser gedrillte, hoch disziplinierte Streitmacht, unter dem fähigen Befehl »Sandy« Leslies, gegenüber. Keine der beiden Seiten wollte kämpfen und der *First Bishops' War*, der erste Krieg der Bischöfe, wurde durch die sogenannte *Pacification of Berwick*, die Befriedung von Berwick, zu einem Ende gebracht, in der der König einwilligte, daß alle diskutierten Fragen einer weiteren *General Assembly* oder dem Parlament zur Entscheidung überlassen werden sollten.

Der erste Schritt der neuen *General Assembly* war die Wiederinkraftsetzung all der Beschlüsse, die bei der *Glasgow Assembly* verabschiedet worden waren. Das Parlament ging bei seinem Treffen sogar noch weiter und bot dem König und seinem Bevollmächtigten Trotz, indem er das Episkopat verdammte und sich im Grunde von der königlichen Kontrolle befreite. Insbesondere wurden Schritte unternommen, die absicherten, daß das *Committee of Articles*, durch das der König lange das Parlament überwacht hatte, nicht mehr länger nur das Werkzeug des Monarchen sein sollte.

Umgehend erfolgte der *Second Bishops' War.* Dieses Mal überquerten die Schotten unter Leslie und Montrose die Grenze und eroberten rasch die wichtigen englischen Städte Newcastle und Durham. Wieder einmal war der König, dessen zusammengewürfelter Haufen vor dem schottischen Ansturm auseinandergefallen war, zum Verhandeln gezwungen. Dazu und auch um Geldmittel einzutreiben, hielt er es für notwendig, das Englische Parlament einzuberufen, ein Vorgang, der sich praktisch seit mehr als zehn Jahren nicht mehr ereignet hatte. Es sollte sich als ein schicksalsschwerer Schritt herausstellen. Denn das Parlament, das sich jetzt auf sein Geheiß in Westminster einfand, wurde das berühmte *Long Parliament*, das »Lange Parlament«.

Mit der Einberufung des Parlaments gab Charles seinen englischen Feinden die Chance, auf die sie schon lange gewartet hatten. Die Regierung des Königs geriet sofort unter scharfe Kritik und seine wichtigsten Anhänger, Strafford und Laud, wurden unter Anklage gestellt und nach entsprechender Zeit hingerichtet. Es drohte der Bürgerkrieg.

Es war Herbst 1641. In der Hoffnung, Unterstützung zu erhalten, kam Charles nach Schottland. Er verlieh eine Reihe von Titeln, ernannte Leslie zum Earl of Leven und Argyll zum Marquis, und als Teil des Verhandlungspaketes anerkannte er alle Entscheidungen der *General Assembly* von 1638 und ebenso jene des schottischen Parlaments von 1641. Und schließlich übertrug er dem Parlament formell das Recht, von dem es schon lange umfassend Gebrauch gemacht hatte, nämlich Einspruch gegen das Tun seiner Minister zu erheben.

Bürgerkrieg

Die Ereignisse spitzten sich jetzt rasch zu und im August 1642 traf die Nachricht ein, daß in England tatsächlich der Bürgerkrieg zwischen den Streitkräften des Königs und jenen des Parlaments ausgebrochen war. Die Schotten verhielten sich anfänglich zurückhaltend. Das Hauptansinnen der Covenanters war nicht politisch, sondern theologisch. Sie waren daran interessiert, die Abschaffung des Episkopats und die Etablierung des Presbyteriums nicht nur in Schottland, sondern ebenso in England und Irland zu sichern. Und

Die Regierung Charles' I.: ein zeitgenössischer Stich zeigt, daß sie aus dem König und seinem Kronrat, den geistlichen und weltlichen Lords, dem Unterhaus und – befremdlich in modernen Augen – der Provinzialsynode bestand. Keiner dieser Einrichtungen schenkte Charles viel Beachtung.

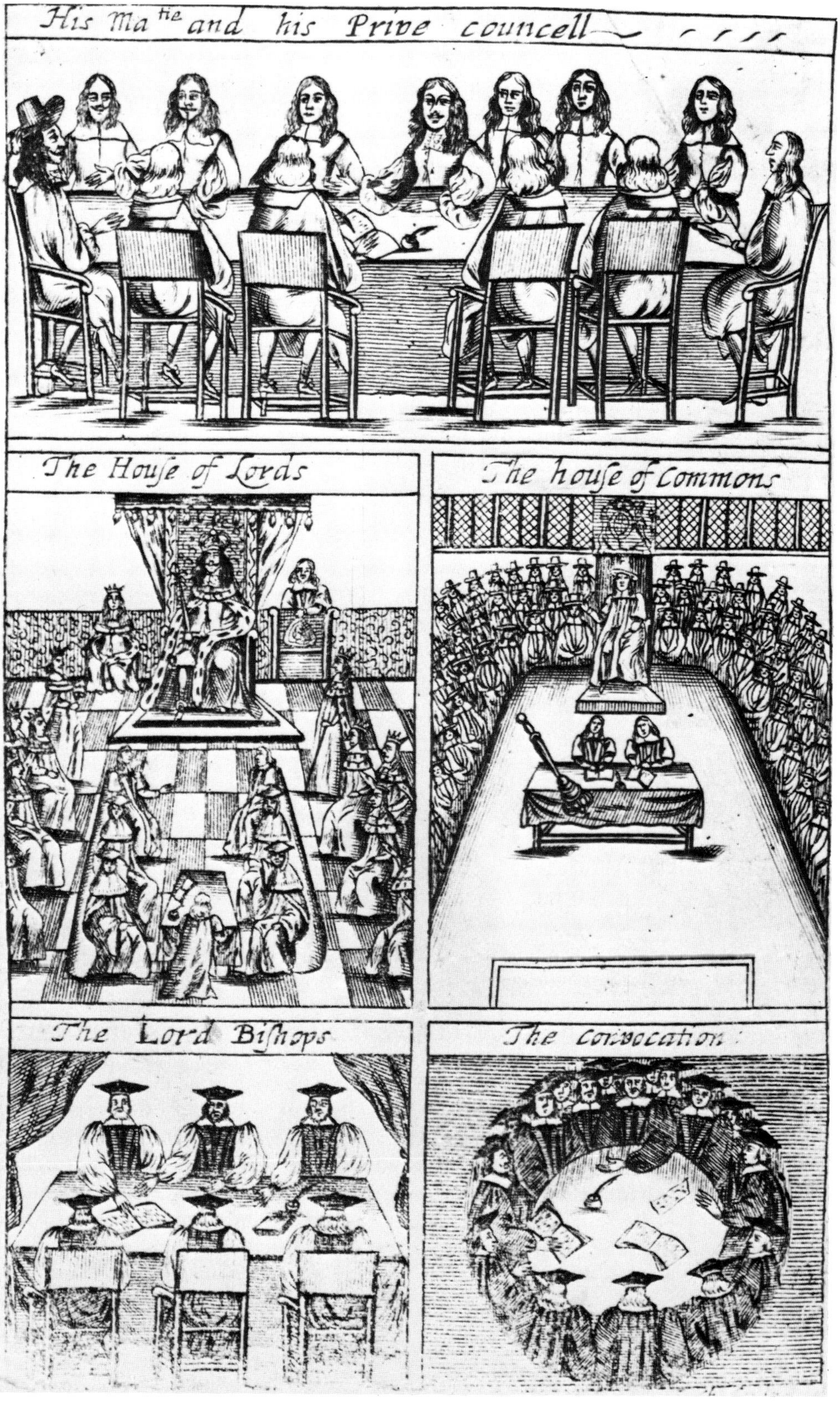
His Matie and his Prive councell
The House of Lords
The house of Commons
The Lord Bishops
The Convocation

sie waren bereit, ihre Unterstützung derjenigen Partei zu gewähren, die ihnen dies zusicherte. Auch waren sie weit davon entfernt, untereinander einig zu sein.

In der *Kirk* gewannen unterdessen die extremistischen Tendenzen die Oberhand. Man war jetzt der Ansicht, daß das Verlesen von Kapiteln aus der Bibel bei Beerdigungen *bred debosherie*, zu Ausschweifungen führe. Das Vaterunser in aller Öffentlichkeit zu beten, galt als Zeichen von Papisterei. Kenntnis zu nehmen von Weihnachten und Ostern war ganz besonders verabscheuungswürdig. Gleichzeitig begannen Montrose und andere den Eindruck zu gewinnen, daß der jüngst ernannte Marquess of Argyll die Situation ausnutzte, um seine persönlichen Interessen zu verfolgen und seine persönliche Macht zu festigen. Montrose, der presbyterianisch und ein Anhänger des *Covenant* blieb, nahm jetzt die Stelle an der Spitze der Gemäßigten ein und mit einigen seiner Anhänger unterzeichnete er in Cumbernauld einen Pakt, in dem er sowohl seinen Glauben in den *Covenant* als auch seine Loyalität dem König gegenüber nochmals versicherte.

Inzwischen war in England ein royalistischer Sieg auf den anderen gefolgt und im Sommer 1643 beschlossen die parlamentarischen Anführer, angesichts der Niederlagen, sich ihrerseits an Schottland um Hilfe zu wenden. Das englische Parlament hatte den schottischen Covenanters einen beachtlichen Anreiz zu bieten. Während diese, im großen und ganzen, mit dem religiösen Zustand in Schottland zufrieden waren, trugen sie hingegen große Sorge um die religiöse Praxis ihrer englischen und irischen Nachbarn. Außerdem sahen sie, obwohl sie dem König seine Versuche, schottische religiöse Bräuche denen in England anzugleichen, schwer verübelt hatten, nichts Falsches an dem Versuch, den Vorgang umzudrehen. Folglich wurden Verhandlungen eröffnet und im Herbst ein Abkommen, *The Solemn League and Covenant*, von Vertretern der schottischen Covenanters und dessen, was vom englischen Parlament übriggeblieben war, unterzeichnet. Nach den Bedingungen dieses merkwürdigen Dokuments verpflichteten sich die Covenanters, die royalistischen Streitkräfte von Norden her anzugreifen – gegen eine Summe von 30 000 Pfund monatlich und die Zusage, daß es »in den Königreichen England und Irland eine Reformation der Religion in der Doktrin, im Gottesdienst, in den Regeln und der Kirchenregierung nach dem Wort Gottes und den Beispielen der am besten reformierten Kirchen« geben sollte, und das »Papisterei und Prälatenwirtschaft auszurotten seien«. In den Augen der schottischen Unterzeichner bestand keine Notwendigkeit, die Formulierung »der am besten reformierten Kirchen« genauer zu definieren. Für sie war es eindeutig.

Die Engländer machten sich jetzt ans Werk, ihren Teil des Handels zu erfüllen und riefen die *Westminster Assembly* zusammen. Dies war ein gemischtes Gremium aus Klerus und Laien, einschließlich acht schottischer Delegierter, das mit der mühevollen Aufgabe betraut war, die Einheitlichkeit des Gottesdienstes in Schottland, England und Irland durchzusetzen. Es ist ein Ding der Ironie, daß dieses überwiegend englische Gremium, während es nur geringe

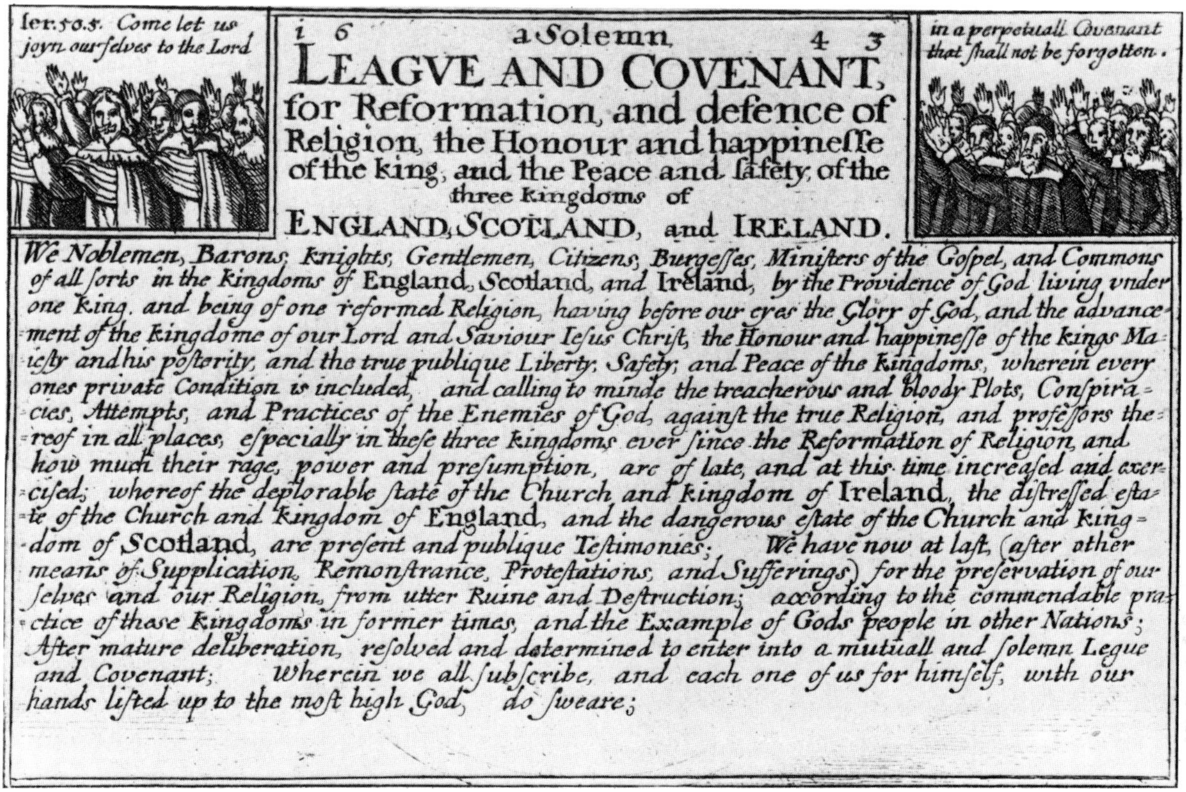

Ier. 50.5. Come let us joyn our selves to the Lord

1 6 a Solemn 4 3

LEAGVE AND COVENANT, for Reformation, and defence of Religion, the Honour and happinesse of the king, and the Peace and safety of the three kingdoms of ENGLAND, SCOTLAND, and IRELAND.

in a perpetuall Covenant that shall not be forgotten.

We Noblemen, Barons, knights, Gentlemen, Citizens, Burgesses, Ministers of the Gospel, and Commons of all sorts in the kingdoms of England, Scotland, and Ireland, by the Providence of God living vnder one king, and being of one reformed Religion, having before our eyes the Glory of God, and the advancement of the kingdome of our Lord and Saviour Iesus Christ, the Honour and happinesse of the kings Maiesty and his posterity, and the true publique Liberty, Safety, and Peace of the kingdoms, wherein every ones private Condition is included, and calling to minde the treacherous and bloody Plots, Conspiracies, Attempts, and Practices of the Enemies of God, against the true Religion, and professors thereof in all places, especially in these three kingdoms ever since the Reformation of Religion, and how much their rage, power and presumption, are of late, and at this time increased and exercised; whereof the deplorable state of the Church and kingdom of Ireland, the distressed estate of the Church and kingdom of England, and the dangerous estate of the Church and kingdom of Scotland, are present and publique Testimonies; We have now at last, (after other means of Supplication, Remonstrance, Protestations, and Sufferings) for the preservation of our selves and our Religion, from utter Ruine and Destruction; according to the commendable practice of these kingdoms in former times, and the Example of Gods people in other Nations; After mature deliberation, resolved and determined to enter into a mutuall and solemn League and Covenant; Wherein we all subscribe, and each one of us for himself, with our hands lifted up to the most high God, do sweare;

Im Sommer 1643 wandten sich die parlamentarischen Führer an Schottland um Hilfe. Der Preis für den schottischen Beistand: 30 000 £ monatlich und eine *Solemn League and Covenant*, die die Einheitlichkeit des Gottesdienstes in den drei Königreichen England, Schottland und Irland gemäß dem Beispiel der »am besten reformierten Kirche« einführen sollte.

Spuren seiner Überlegungen in England oder Irland hinterließ, einen bleibenden Einfluß auf schottisches religiöses Denken und Tun ausübte. Bis auf den heutigen Tag dient *The Westminster Confession of Faith*, das Westminster Glaubensbekenntnis, als Grundlage presbyterianischen Gottesdienstes in Schottland. Es ist auch interessant zu wissen, daß die ursprüngliche Version des metrischen Psalters, der seitdem eine so große Rolle im schottischen Leben gespielt hat, auch aus England kam. Er wurde von Francis Rous, dem Provost of Eton, einem aus Cornwall stammenden Mitglied des Parlaments, geschaffen.

Für Charles bedeutete der Abschluß der *Solemn League and Covenant* ernste Schwierigkeiten. Anfang des Jahres 1644 übequerte eine schottische Streitmacht unter dem Kommando von David Leslie, einem entfernten Verwandten Alexanders, den Tweed. Und im darauffolgenden Juli konnten die Streitkräfte des Parlaments, neugeordnet unter Oliver Cromwell, hauptsächlich dank schottischer Hilfe den Royalisten bei Marston Moor in Yorkshire eine schwere Niederlage zufügen.

Oliver Cromwell, Lord Protector

Zu diesem kritischen Zeitpunkt jedoch gewann der König einen neuen Verbündeten. Schon seit einiger Zeit hatte Montrose mehr und mehr seine

Ansicht von Old Aberdeen. Als Montrose diese blühende Universitätsstadt 1644 für den König eroberte, plünderten seine hungrigen Highlanders und seine irischen Söldner sie und mordeten unter den Bürgern.

Sympathie für die anderen Covenanters verloren – am meisten für Argyll. Er begab sich in die *Highlands* und begann im Sommer 1644 eine Streitmacht aufzustellen, die sich hauptsächlich aus *Highlanders* zusammensetzte, doch auch ein Truppenkontingent aus Söldnern, schottischen Verbannten aus Irland und einigen royalistischen Grundherren aus den *Lowlands* aufwies. An der Spitze dieser seltsam zusammengewürfelten Armee, ohne Artillerie und mit nur geringer Kavallerie, machte er sich auf, Schottland für den König zu gewinnen, der ihn als Gegenleistung zum Marquis ernannte.

Im September drang er nach Perth vor und fügte einer viel größeren Streitmacht von Covenanters unter Lord Elcho bei Tippermuir eine völlige Niederlage zu und eroberte die Stadt. Lord Elchos Truppen, denen man versichert hatte, daß der Heilige Geist ihnen den Sieg versprochen habe und mit dem widersinnigen Ruf »Jesus and no quarter« (Jesus und keine Gnade), in die Schlacht gezogen waren, flohen jetzt in heilloser Unordnung. Einige Wochen später zog Montrose in Aberdeen ein, eine reiche Beute für die ausgehungerten *Highlanders,* die sich bei dieser Gelegenheit anscheinend nicht entsprechend ihrer üblichen Ritterlichkeit verhalten haben, während der irische Truppenteil aufs gründlichste mordete und plünderte. Anschließend wandte er sich westwärts durch die Berge in Campbell-Land und mit der bereitwilligen Hilfe der Macleans und Macdonalds, die immer dankbar für eine Gelegenheit waren, alte

Rechnungen zu begleichen und bereit, ihre eigenen Differenzen bei solch einem guten Anlaß zu vergessen, fiel er über Argylls Festung in Inverary her und brannte sie bis auf den Erdboden nieder. Der edle Insasse hatte sich noch rechtzeitig und in Übereile von seinem Eßtisch erhoben und in einem Boot Zuflucht auf die Mitte von Loch Fyne genommen. Im Februar 1645 errang Montrose noch einen weiteren Sieg bei Inverlochy, als er nach einem mühsamen Marsch durch die verschneiten Berge noch einmal die Campbells und ihre Verbündeten vertrieb und ihren Häuptling wiederum dazu zwang, seine Gefolgsleute ihrem Schicksal zu überlassen und sich mit einem Boot davonzumachen. »Ich habe den gesamten Norden Schottlands bis in Argyles Land hinein durchquert, der mein Kommen nicht abzuwarten wagte, oder ich hätte Eurer Majestät schon eher einen gründlichen Bericht über ihn erstattet. Doch schließlich bin ich mit ihm zusammengetroffen, gestern, zu seinem Schaden ... Ich verließ Argylshire und marschierte durch Lorn, Glencow und Lochaber, bis ich ans Loch Ness kam, mit der Absicht, Argyle anzugreifen, noch bevor Seaforth und die Frasers sich ihm anschließen konnten. Mein Marsch führte durch unzugängliche Berge ... Ich war gewillt, der Welt zu zeigen, daß Argyle nicht der Mann ist, für den ihn seine *Highland*-Männer halten und daß es möglich sei, ihn in seinem eigenen Hochland zu schlagen.« Montrose stieß auch weiterhin siegreich vor und stürmte im März die befestigte Stadt Dundee; im Mai schlug er die Covenanters vernichtend bei Auldearn nahe dem Moray Firth; im Juli trieb er sie bei Alford, nahe Aberdeen, auseinander; im August schließlich besiegte er sie bei Kilsyth und besetzte Glasgow.

Montrose und seine Verbündeten aus den *Highlands* hatten sich mit militärischem Ruhm bedeckt. Doch sie hatten es noch nicht vermocht, die Unterstützung der *Lowlands* zu gewinnen und damit den Druck Cromwells auf die Streitkräfte des Königs in England zu mindern. Im Juni 1645, auf der Höhe von Montroses siegreichem Zug durch Schottland, hatten die royalistischen Streitkräfte in England bei Naseby eine schreckliche Niederlage erlitten. Im September kehrte David Leslie mit einer Streitmacht der Covenanters von viertausend kampferprobten Soldaten aus England zurück, überraschte Montrose bei Philiphaugh, und da er ihm an Feldherrenkunst überlegen war, konnte er ihn schlagen.

Es war Montroses erste Niederlage. Während der folgenden Monate hoffte er jedoch immer noch, des Königs Ansehen in Schottland wiederherzustellen. Im Mai 1646 traf aber die Nachricht ein, daß Charles sich der schottischen Armee bei Newark in England ergeben hatte, und seiner Kapitulation war zur Bedingung gemacht worden, daß Montrose seine Truppen verabschieden und Schottland verlassen sollte. Enttäuscht und deprimiert schiffte er sich nach Norwegen ein.

Die Schotten in England sahen sich jetzt in peinlicher Verlegenheit. Ihr Hauptziel bei der Unterzeichnung der *Solemn League and Covenant* gemeinsam mit dem englischen Parlament war die Konversion Englands zur Presbyterianerlehre gewesen. Der Streit zwischen König und Parlament war für sie nur

Stellung der gegnerischen Streitkräfte in der Schlacht von Naseby, Juni 1645. Die königlichen Streitkräfte stehen oben im Bild, vor ihnen in der Mitte *the King's Majesty*.

ES OF HORSE AND FOOT OF HIS MAJESTIES, AND
were drawn into severall bodyes, at the Battayle at NASBYE;
Fowerteenth day of June 1645
The Kings Maiestie
Sir Marmaduke Langdale and The Newarke horse
The Generall
The right wing of horse commanded By Leiutennant generall Cromwell

indirekt von Belang. Jedoch wurde es immer deutlicher, trotz der *Solemn League and Covenant* und trotz der Beschlüsse der *Westminster Assembly,* daß sich die Einführung des Presbyterianertums in England zu einer sich immer weiter entfernenden Aussicht entwickelte. Die Macht in England geriet mehr und mehr in die Hände der Armee und ihres Führers, Oliver Cromwell. Und weder Cromwell noch die Armee waren daran interessiert, England presbyterianisch zu machen. Auch hatten die Schotten, trotz ihrer wertvollen Dienste, nicht die vertragsmäßigen monatlichen Zahlungen erhalten. Hätte der König seine Bereitschaft erklärt, die presbyterianische Religion in England einzuführen, dann wären sie, in diesem Stadium, bereit gewesen, die Seiten zu wechseln und für ihn zu kämpfen. Doch dies lehnte der König ab. Und so lieferten sie ihn gegen die Zusage von 400 000 Pfund an die englischen Parlamentsbevollmächtigten aus und begaben sich zurück nach Schottland. *»Traitor Scot«,* höhnten die Engländer, *»sold his King for a groat.«** Die Covenanters aber wiesen empört den Vorwurf zurück, daß sie sich in irgendeiner Form unehrenhaft verhalten hätten.

Die Schotten hatten König Charles kaum ausgeliefert, als sie bezeichnenderweise anfingen, Zweifel an der Weisheit ihres Tuns zu hegen. Sie fragten sich vor allem, ob das Englische Parlament jetzt nicht vielleicht danach trachtete, die Macht des Königs einzuschränken, und ob die Dinge, nach alledem, nicht auf andere Weise besser verlaufen wären. Sie sandten folglich Geheimboten, darunter auch den gerissenen Earl of Lauderdale, um mit Charles, der jetzt mehr oder weniger ein Gefangener auf der Isle of Wight war, Kontakt aufzunehmen und ihn auch über das Thema auszuhorchen, das ihnen am tiefsten im Sinn lag.

Das Ergebnis dieser Erkundigungen war eine Übereinkunft, die gegen Ende des Jahres 1647 zwischen dem König und den Repräsentanten des Schottischen Parlaments erreicht und *Engagement*** genannt wurde. Die schottischen Unterzeichner – sie wurden die *Engagers* genannt – verpflichteten sich, auf die Zusage des Königs das Presbyterianertum drei Jahre lang probeweise in England einzuführen, eine Armee zu seiner Unterstützung nach England zu schicken.

Im Sommer 1648 begab sich auch wirklich eine schottische Armee, angeführt vom Duke of Hamilton, nach England, um dem König die Stellung zurückzugewinnen. Sie kam bis Preston in Lancashire, wo sie durch Cromwell eine schwere Niederlage erlitt. Hamilton wurde gefangengenommen und hingerichtet. Was von der Armee übrigblieb, ergab sich, ohne irgend etwas unternommen zu haben, ihre eigene und des Königs Situation zu verbessern.

Gegen das *Engagement* hatten immer schon die extremeren *Covenanters,* die *Anti-Engagers* oder *Whigs,* opponiert. Das Unglück von Preston nahmen sie zum Anlaß und marschierten jetzt, aus Südwesten kommend, wo die Stärke ihrer Truppen lag, nach Edinburgh und stürzten das Parlament. Dies machte

* »Der Schotte, dieser Verräter, verkaufte seinen König für ein Grot.« (Grot = alte englische Silbermünze)

** Verpflichtung

ihren Anführer Argyll praktisch zum Herrn über Schottland. Mit Argylls Unterstützung kam Cromwell jetzt nach Edinburgh und wurde wie ein Held empfangen. Bevor er wieder abzog, gab er zu verstehen, daß er keinen, der für König Charles gekämpft hätte, in Schottland in irgendeinem Amt wissen wolle. Im Januar verlieh das Schottische Parlament seinen Wünschen ergeben Nachdruck, indem es eine gesetzliche Verfügung, *Act of Classes* genannt, erließ. Wenige Tage später erreichte Schottland die Nachricht, daß der König in Whitehall hingerichtet worden war.

Charles' Hinrichtung

Die Nachricht von der Hinrichtung des Königs durch die Engländer löste in Schottland Bestürzung aus. Sogar Argyll, hieß es, soll sich darüber erregt haben, und Montrose fiel, als er davon in seinem Exil in Brüssel erfuhr, durch den Schock in Ohnmacht. Allen verschiedenen Lagern, selbst jenen, die sich Charles' Politik aufs heftigste widersetzt hatten, schien es ungehörig, daß Schottland durch englisches Tun ohne König sein sollte. Deshalb nahm Argyll jetzt Kontakt auf mit dem achtzehnjährigen Erben des toten Königs, Prinz Charles, und ließ ihn zugleich in Edinburgh zum König ausrufen.

Hinrichtung von Charles I. in Whitehall, Januar 1649. Einer der Zuschauer ist, wie Montrose, als er es erfuhr, in Ohnmacht gefallen.

Montrose hatte indessen auch seine Dienste dem neuen König angeboten und von ihm die Anweisung erhalten, in seinem Namen in den Norden Schottlands einzufallen. Dieses Unternehmen war von Beginn an unselig. Montrose setzte auf die Orkneys und von dort nach Thurso über und sammelte eine aus fremden Söldnern, aus Bewohnern der Orkneys und heimischen Rekruten zusammengesetzte Truppe. Diese wurde mühelos bei Carbisdale in Ross-shire zerschlagen und Montrose von Macleod of Assynt, *ane of his auld acquentance,** der für diesen Dienst 25 000 Pfund erhielt, an seine Feinde ausgeliefert. Ein Augenzeuge aus dem feindlichen Lager, Reverend James Fraser, später Hausgeistlicher des Covenanters Lord Lovat, hat beschrieben, wie Montrose als Gefangener nach Beauly gebracht wurde. »Auf einem kleinen Shetlandpony, die Füße unter dem Bauch des Pferdes zusammengebunden, mit Seil und Halfter als Zaumzeug . . . Dennoch, mit einer Majestät und einer ihm geziemenden Verfassung war seine Haltung edel.«

Auf Veranlassung Argylls wurde Montrose nach Edinburgh gebracht und ihm als Verräter am König, dem er so treu gedient hatte, der Prozeß gemacht. Im Mai 1649 wurde er gehenkt und gevierteilt. Er begegnete seinem unerfreulichen Ende mit ruhiger Würde, die dem Edinburgher Mob, der sich versammelt hatte, um ihn sterben zu sehen, Respekt abverlangte. »Ich habe in meinem Leben keine ruhigere Haltung bei einem Mann erlebt. Ich würde ausführlicher schreiben, wenn ich Zeit hätte: doch er wendet sich gerade von der Leiter zum Galgen; sein Gesichtsausdruck verändert sich aber nicht.« Argyll, so wurde berichtet, wandte sich, als sich der Karren, auf dem Montrose transportiert wurde, seinem Haus näherte, ab und zog sich von dem Balkon, auf dem er gestanden hatte, ins Zimmer zurück.

Ohne Montrose war Charles II. völlig von Argyll abhängig und gezwungen, dessen Wünschen nachzukommen, wenn er als König nach Schottland kommen wollte. Es wurde der stärkste Druck auf ihn ausgeübt, und am Ende war der junge Mann, obwohl zweifellos mit gewissen geheimen Vorbehalten, einverstanden, beide *Covenants* anzuerkennen. Im Sommer 1650 kam er nach Schottland, um sein Königreich zu fordern.

Cromwell reagierte darauf mit sofortigem Einmarsch nach Schottland. Bei Dunbar schlug er eine schottische Armee, die von seinem ehemaligen Verbündeten, General David Leslie, angeführt worden war, völlig aus dem Felde. »The Lord«, war seine gottselige Bemerkung, als er die Lagebeziehung der beiden Streitkräfte sah, »hath delivered them into our hands.«** Danach besetzte er Edinburgh.

Doch Cromwells Unterlassung, die Bedingungen des *Solemn League and Covenant* zu erfüllen, bohrte noch in den Covenantern und es widerstrebte ihnen, sich mit ihm einzulassen. Sie waren nicht einmal bereit, ihre Niederlage einzugestehen. Am Neujahrstag 1651 wurde Charles II. durch Argyll in Scone

* einer seiner alten Bekannten

** »Der Herr hat sie unseren Händen überantwortet.«

Ein zeitgenössisches holländisches Flugblatt zeigt Charles II. (rechts) bei seiner Krönung durch den Marquess of Argyll. Im Vordergrund wird der König von Irland um Krieg angefleht, während Schottland ihm eine Pistole mit der Aufschrift »Revenge« (Revanche) überreicht. Douglas, im Gewand der Puritaner, predigt über den Text »Wir wollen sie lebendig verschlingen«. (Sprüche Salomons, 1,12).

zum König gekrönt und trotz des Widerstandes der extremeren Covenanters der *Act of Classes* formell für ungültig erklärt. Männer, die für Charles I. gekämpft hatten, waren nun nicht mehr länger aus den Kämpfen für seinen Sohn ausgeschlossen, und bis zum Sommer 1651 hatte David Leslie eine ansehnliche Armee aufgestellt, um die Zugänge nach Stirling zu schützen. *Charles II.*

Doch die Schotten waren wiederum vom Unglück verfolgt. Bei Inverkeithing, nahe North Queensferry, sah sich eine schottische Streitmacht, zusammengesetzt aus *Highlanders* und *Lowlanders,* die ausgezogen war, um Cromwell an seinem Vorrücken nach Norden zu hindern, einer stark überlegenen englischen Armee, unter General Lambert, gegenüber. Die Masse der Kavallerie aus den *Lowlands,* unter Holborn of Menstrie, machte kehrt und floh. Die *Highlanders,* hauptsächlich die Macleans, hielten stand und kämpften. Von achthundert Stammesmitgliedern der Macleans, die unter Hector Maclean of Duart den Kampf eröffneten, wurden siebenhundertsechzig getötet, einschließlich Duart selbst und zwei der Söhne Macleans of Ardgour. *»Another for Hector«,* heißt es, hätten die Stammesmitglieder gerufen, »Noch einer für Hector«, als sie neben ihrem Häuptling starben. Hinterher ging das Gerücht, daß Argyll, aus Gründen, die nur ihn betrafen, dafür gesorgt hatte, daß keine Verstärkung zu ihnen gelangen konnte. Wie immer es sich damit verhalten haben mochte, für Cromwell lag der Weg jetzt offen, und er marschierte nach Perth und beherrschte sehr bald das Land sowohl nördlich wie südlich des Forth.

In Schottland aus dem Feld geschlagen, überquerte Leslie als nächstes mit seiner wichtigsten Streitmacht die *Border* nach England, in der Hoffnung, dort mehr Unterstützung zu finden. Es war ein kühner Zug, doch er schlug fehl. Cromwell, der Schottland General Monck überließ, folgte selber der schottischen Armee nach England hinein und sammelte unterwegs Verstärkung. Am

Schlacht von Worcester

3. September 1651 trafen die beiden Armeen bei Worcester aufeinander und dort, an den Ufern des Severn, wurde die dritte Armee, die die Schotten in drei Jahren aufgestellt hatten, schwer geschlagen und gezwungen, sich zu ergeben. »*The Crowning Mercy*«, nannte Cromwell es, »die endgültige Gnade«.

Unter den wenigen, die der Gefangennahme entkamen, befand sich auch König Charles, der es unter vielerlei Abenteuern schaffte, sich bis auf den Kontinent durchzuschlagen, wo er jetzt, nach seinen eigenen Worten *went on his travels,* auf Wanderschaft ging. Einige Tage zuvor hatten Moncks Truppen das *Committee of Estates,* das Überbleibsel des schottischen Parlaments, entmachtet und auch die reiche Stadt Dundee gestürmt. Der schottische Widerstand war vollkommen gebrochen.

Eine satirische englische Auffassung über die Beziehung Charles' II. zu seinen presbyterianischen schottischen Untertanen. Der Presbyterianer hält den König mit der Nase an den Schleifstein, doch der König äußert im Flüsterton seine geheimen Vorbehalte.

Old SAYINGS and PREDICTIONS Verified and fulfilled,

Touching the young King of *SCOTLAND* and his gued Subjects.

Jockey. I Jockey turne the ſtone of all your plots,
For none turnes faſter then the turne-coat Scots.

Presbyter. We for our ends did make thee King be ſure,
Not to rule us, we will not that endure.

King. You deep diſſemblers I know what you doe,
And for revenges ſake, I will diſſemble too.

THis Embleme needs no learned Expoſition,
The World knows well enough the ſad condi-(tion
Of regall Power, and Prerogative
Dead, and dethron'd in *England*, now alive
Scotland, where they ſeeme to love the Lad,
e'l be more obſequious then his Dad.
Act according to Kirk Principles,
ſubtile then were Delphick Oracles.
et him lye, diſſemble, kill and ſlay,
's a good Prince that will the Kirk obey.
blind obedience teach the Popes of *Rome*,
Popes of *Lambeth* we have had at home:
ſe doctrine made our Engliſh royall State
lious as the Italian Potentate.
now the *Scots* all falſhoods do engroſſe,
will defend them with St. *Andrews* Croſs.
will proteſt againſt all violence,
nſt ſacred Kings, yet blaſt their innocence.
bhor that Civil Power that dares take
e life of Kings away, yet way will make
r juſtice ſtroke both by their Tongue and Pen,
then accuſe our State for Murthering men.
not the Kirk-men Presbyterian *Scots*
us Crowne and Scepter with the righteous ſpots
blood and tyrannie beſmeare, and ſtir our State
doe Heroick Juſtice, and t'expiate
th blood the blood of many thouſands ſpilt
one whom they more infamous with guilt
of horrid murther made, then all thoſe ten
Vile perſecuting Emperours and monſtrous men?
But Law and Juſtice at the laſt being done
n the hated Father, now they love the Son,
nd now have Crown'd their Convert Proſelyte,
hom they adore, if he adore the right,
nd dictates of the Scottiſh Hierarchie,
h which the Crowne and Scepter muſt comply,
be ſubordinate unto, for Kirk muſt rule,
is is a *Tenet* of the Romiſh Schoole.

Then ſtoop gued King, it was thy Fathers Fate
To be ſo indulgent to that grand Prelate,
Whoſe old impoſtures now have gul'd, and can
Transforme a Scottiſh *Levite* from a man
Into a Monſter *Sphinx*, whoſe knotty ſenſe
In his darke riddles nones intelligence
Could extricate; ſo Kirk-mens ſubtile ſtiles
Wrapt in religious Covenants beguiles
The Laick Jockies, who at their command
Will dare t'invade and ſpoile their Neighbours Land.
Turne Jockie turne (for gold will turne thy heart
And make thee to renounce in Chriſt a part)
The Grindſtone to make ſharp thy Levites Laws
Or elſe t'abate the edge of regall Cauſe,
And priviledge. And Jockie for thy paines
Great treaſures, pleaſures, offices, and gaynes
Shall be thy large Reward when *England*'s wonne,
Till then hang on the hopes which thou haſt ſpunne.
Loe here the Chicken of the Eagle lies
Like to be made a Scottiſh Sacrifice.
But, wants he King-craft to create a Plot
To undermine the Sicophanting *Scot*?
No; hee'l a Presbyterian Brother be,
And vow to ratifie their Hierarchie,
Nay more, hee'l not diſdaine in ſhew to be
Subject to their proud Kirk's Supremacie:
The Sins of's Fathers houſe he will bewaile,
Mourne and lament under a Scottiſh Veile.
But this religious mock we all ſhall ſee,
Will ſoone the downfall of their *Babel* be.
Rouze up true Engliſh Hearts and let them ſee
The ſad effects of Mask't Hypocriſie,
Curbe their proud hearts that they in time may know
That God is working of their overthrow.
Yet why ſhould valiant Souldiers fight and toyle
To get the nothing of a barren ſoyle?
And for a ſpeedy iſſue to theſe wars
Heaven ſend them ſtore of fearfull fatall jarres.
As in a Glaſſe, that they (though late) may ſee
What 'tis attends the STEWARD's Family.

COurteous Reader, Although this Emblme doth chiefly repreſent the Rigid Presbyterie of *Scotland*, yet it is too apparent, they have many Friends both of the Clergy and Gentry in *England*, that are not behind hand in aſſiſting them, in their preſent actings, and for ſo much as concernes our preſent occaſion, I ſhall briefly cite Mr. *Lilie's* words expreſſed in his Aſtrologicall predictions this preſent yeare, 1651. wherein he ingeniouſly confeſſeth, he hath no malice, either to Presbyterian or Malignant, except they diſturb our quiet, and moleſt our preſent Government and Councell of State; but in the ſecond page of his booke, he deſcribs the Parliament of *England's* perfectionall figure, for the 11. yeare of their ſitting, from which he concludes the Genuine ſenſe of that quadrant aſpect, runns thus, or doth ſignifie in effect thus, that our preſent ſtate ſhall be ſtill, a great part of this yeare dangerouſly moleſted and peſtered by a refractorie people of their owne, called a Scotified Clergy, a generation of men from whom both the Spirit of Truth, and the meeke Spirit of obedience, due by the Lawes of God unto their Superiors is departed: certainly theſe men doe our Parliament more miſchiefe, and whole Nation moe prejudice, then an Army of Forraigne Forces would doe, let God reward them according to their iniquity; from the ſecond figure, he concludes, that the preſent power or Counſell of State ſhall ſtand firme, and ſhall not be diſſolved, by any earthly power, worldly force or treacherie, during this annuall reſolution. Obſerve this alſo, *viz.* That forty yeares were the Engliſh under the government of two Scottiſh Kings, even juſt as many yeares as the Children of *Iſrael* did wander in the Wilderneſſe before they came un to reſt, God hath now delivered us from that ſervitude, and wee are very neere entring into the Land of *Canaan*, *viz.* liberty, if we repine not at Gods mercies, nor rebell againſt his authority, wee ſhall aſſu- enjoy it.

grand cauſe of the Scots being at variance and enmity with us, is our change of government, and why may not *England* change againe a third and a fourth time, if they ſee good, and aske *Scotland* no leave, it being a right in all Nations to alter their govern- for the publique benefit; *Scotland* may take notice, how long they were in former times without a King, and how little power they afforded him, certainely it was their antient cuſtome, to hold his Noſe to it, with the Bridle both of Kirke and State, ſo that no new or ſtrange Embleme of them; the difference betwixt them is this, that wee having caſt off their King, it is their deſigne to ſettle him upon us againe, by force, they proclaimed him King of Great *Brittaine*, &c. But wee have more reaſon to breake the ſucceſſion, made up of tyranny, cruelty and oppreſſion: The *Norman* baſtard the Father of them all, had no other title to the Crowne but his long ſword, by which he became Conquerour againſt the Lawes aud liberties of *England*, and after him preceded his s, and their Succeſſors obtained the Crowne, one from another, by power and policie, till the time of *Henry* the ſeventh, who laid claime to it by the ſame title alſo, of Conqueſt, after he had ſlaine *Richard* the third, ſave that he deſcended from a Baſtard of *John* ant, and from this King, did our late Tyrant King CHARLES derive his title, he being deſcended from a Daughter of that *Henry* married into *Scotland*, by vertue whereof his Father K. *James*, by the unhappy policie of ſome Courtiers, did obtaine the wne, who was then attended with a heavy curſe, and terrible plague, into *England*, if it were no more but the weake and unjuſt title of the uſurping pretenders, the Engliſh Nation have ſufficient cauſe to caſt off thisi accurſed Monarchie, but which is through all their reigne hath been exerciſed, a conſtant courſe of tyranny, for not one of them ſince *William* the Conquerour, but did exceedingly abuſe, and enſlave the people, as the Chronicle makes mention: So that it was nobly done of our Parliament old on a ſeaſon of liberty, after the Nation had groaned under ſlaverie, for five or ſix hundred yeares. Suppoſe the title of this young King had been good and right, hath not the Fathers treaſon cut off the Sonne? hath he not from the beginning been in warre againſt the Parliament? hath he not had his Fathers Counſellours, and principles? and hath he not been bred up under poperie and prelacie, and hath had hand in the blood of the three Nations, making uſe of all Parties, to ſerve his owne malicious interest, and are not *Englands* eyes yet open, to ſee what will be the ſad condion, and wofull effects of it? If they ſhould be ſo baſe ſpirited, as to ſuffer this young pretender to take rooting againe, to bring them back into ſlaverie, and Monarchcall bondage, too heavy for *Englands* ſhoulders to beare.

onclude with an old Propheſie of a Jeſuite in *Hen. VII.* time, of all the Kings and Queens that ſhould ſucceed in *England*; thus, *Mars, Puer, Alecto, Virgo, Vulpes, Leo, Nullus.* The Engliſh of it is this, *Mars* the God of war, *Hen.* 8. *Puer*, a Boy, *Edward* the 6. *Alecto*, Queene *Mary*, *Virgo*, a maiden Queen *Elizabeth*, *Vulpes*, a Fox King *James*, *Leo* a Lyon King *Charles*, *Nullus*, None.

London, Printed 1651.

By J. L. Philalethes.

V.

»Das Ende eines alten Liedes«

Ungefähr das ganze folgende Jahr verwandte Cromwell, jetzt Lord Protector, daran, die letzten Spuren des Widerstandes zu vernichten und in Schottland ein wirkungsvolles militärisches Regierungssystem zu errichten, mit englischen Garnisonen in den Hauptstädten und an den entscheidendsten strategischen Punkten. Selbst die *Highlands* waren vorübergehend unterworfen. Nach gehöriger Zeit wurde Schottland formell mit England durch ein *Treaty of Union* vereint und somit ein Teil von Cromwells Commonwealth. Zusammenkünfte des Schottischen Parlaments fanden nicht mehr statt, es wurden jedoch dreißig schottische Abgeordnete entsandt, um Schottland in den *Commons* in Westminster zu vertreten. Als Entgelt für den Verlust ihrer Unabhängigkeit erhielten die Schotten gewisse wirtschaftliche Zuschüsse. »Was die Einverleibung Schottlands durch England betrifft, so ist es, als würde sich der Falke den armen Vogel einverleiben, den er schon gefressen hat«, schrieb Robert Blair.

Das Große Siegel Englands, 1651, zeigt das tagende Parlament mit dreißig schottischen Reprasentanten.

Die daraus sich ergebende Regierungsform war wahrscheinlich die effizienteste und geordnetste, die das Land je erfahren hatte. »Ein Mann«, so wurde behauptet, »konnte durch ganz Schottland reiten, mit 100 £ in der Tasche und nur einer Gerte in der Hand. Das wäre während der vergangenen 500 Jahre nicht möglich gewesen.« Wie so viele taugliche Regierungsformen, war sie äußerst unpopulär. Die Engländer waren, merkwürdigerweise, nicht in der Lage, die Gründe für ihre Unbeliebtheit zu erkennen. »So unempfindlich«, schrieb ein Engländer, »ist diese Generation für ihr eigenes Wohlergehen, daß kaum einer unter ihnen Zeichen von Freude zeigt.«

Restauration

Führend unter den wenigen Schotten, die sich mit Cromwell einigten, war Argyll, *that political lord*, jener staatskundige Gebieter, der es trotz seiner geleisteten Unterstützung Charles' II. 1649, mit der ihm eigenen Anpassungsfähigkeit bewerkstelligte, sich dessen Nachfolgern angenehm zu machen. Sein Glück schwand jedoch, als 1660, nach Cromwells Tod und dem Zusammenbruch des Protektorats in England, Charles auf Moncks Geheiß aus dem Exil zurückkehrte und den Thron wieder einnahm. Da wurde Argyll seinerseits, zu

Charles II., »auf dessen Wort sich niemand verläßt«, unterzeichnete die beiden *Covenants* von 1649, doch hielt er das Presbyterianertum »nicht für die Religion eines Gentleman«. Rötelzeichnung von Pieter van der Banck.

seiner schmerzlichen Überraschung, wie sein Feind Montrose zwölf Jahre zuvor, wegen Verrats zur Rechenschaft gezogen und hingerichtet, wenn auch nicht auf eine gar so grausame Weise wie sein Rivale. Auch er, um ihm Gerechtigkeit widerfahren zu lassen, begegnete seinem Ende mit Haltung und Würde. »Ich setzte dem König die Krone aufs Haupt. Jetzt treibt er mich zu einer besseren Krone als der seinen.« Nach seiner Hinrichtung wurde sein abgetrennter Kopf im Tolbooth-Gefängnis auf denselben Spieß gesteckt, von dem Montroses Schädel erst kürzlich entfernt worden war.

Charles II. selber besuchte Schottland niemals wieder. Während der nächsten fünfundzwanzig Jahre regierte er, wie schon sein Vater und Großvater vor ihm, sein nördliches Königreich durch einen Kronrat, der in Edinburgh seinen Sitz hatte, und durch einen Minister, der sich in London befand. Mit diesem Amt wurde, gleich zu Beginn, der Earl (später Duke) of Lauderdale betraut, der in der vorhergegangenen Regierungszeit ein überzeugter Covenanter gewesen war, doch sich seitdem andere Ansichten zu eigen gemacht hatte. Fast während der ganzen Herrschaftszeit Charles' war er es, der erst als Minister und später als Regierungsbeauftragter Schottland regierte.

Charles, der der Ansicht war, daß das »Presbyterianertum keine Religion für einen Gentleman sei« und die beiden *Covenants* von 1649 nur unterzeichnet hatte, um seine Krönung zu sichern, hatte nicht die Absicht, die politischen und religiösen Verpflichtungen, die er damals, oder diejenigen, die aus demselben Grund sein Vater auf sich genommen hatte, zu erfüllen. Er ernannte seinen Kronrat und seine Staatsminister ohne Rücksicht auf das Parlament, so daß das Schottische Parlament, als es sich 1661 traf, mit verläßlichen Royalisten vollgepackt war, die keine Zeit verstreichen ließen, die seit 1633 verabschiedeten Beschlüsse wieder rückgängig zu machen. Dies bedeutete in erster Linie die Wiedereinsetzung der Methode James' IV.: der König ernannte das *Committee of Articles* selber, das dessen Stellung im Verhältnis zum Parlament weiterhin mächtig stärkte. Als Folge davon traten in der Kirche wieder Bischöfe auf, und das frühere System des Patronatsrechts kam wieder zur Wirkung, das den Grundherren und nicht den Gemeinden zugestand, Geistliche zu berufen. James Sharp, ein Geistlicher der Covenanters, der von Schottland nach London gesandt worden war, um als Emissär der gemäßigten Presbyterianer bei Hofe vorstellig zu werden, kehrte als Erzbischof von St. Andrews zurück und bekannte sich zu völlig anderen Ansichten als jenen, mit denen er aufgebrochen war.

Die Covenanters

Unter diesen Verfügungen wurden die seit 1649 ernannten Geistlichen aufgefordert, ihre Berufungen nochmals zu unterzeichnen und sie dieses Mal von ihrem Bischof oder Patron entgegenzunehmen. Wichtige Änderungen in der Lehre oder in der Gottesdienstordnung wurden nicht vorgenommen, und die meisten Geistlichen waren am Ende mit diesem neuen Verfahren einverstanden. Doch an die dreihundert, oder ungefähr ein Drittel der Gesamtheit,

Ansicht des Parlaments und des Schatzamtes von Edinburgh.

Silberner flacher Becher, traditionelles schottisches Trinkgefäß. Eingeritzte Linien erinnern an die Faßdauben-Konstruktion älterer Ausführungen in Holz.

lehnten dieses Tun ab und zogen es vor, statt sich zu unterwerfen, ihre Pfarrhäuser und Kirchen zu verlassen. Zudem besaßen sie, vor allem im Südwesten, die Unterstützung ihrer Gemeindemitglieder, vielleicht Leuten ohne großes Ansehen, doch von großer Standfestigkeit. Es dauerte nicht lange, da wurden in vielen Gebieten von diesen *outed ministers,* diesen verjagten Geistlichen, unerlaubte Gottesdienste in privaten Häusern, in Scheunen oder unter freiem Himmel abgehalten.

Im Laufe der Zeit reagierte der Kronrat mit wachsender Schärfe auf diesen offenen Widerstand gegen das Gesetz, und der frühere Covenanter Lauderdale wünschte sich, daß es eine regelrechte Rebellion gäbe: »... damit er eine Armee irischer Papisten herüberbringen könne, um ihnen die Kehlen durchzuschneiden.« Truppen wurden ausgesandt, um Bußgelder von jenen einzutreiben, die den heimlichen Zusammenkünften beiwohnten, und es ereigneten sich bewaffnete Zusammenstöße. Doch das versetzte die Covenanters nicht in Schrecken, die als gute Calvinisten wußten, daß ihnen die Gnade Gottes gewiß sei, und sich nicht fürchteten, für ihren Glauben zu sterben. Trotz der grausamen Bestrafungen, die ihnen auferlegt wurden, bestand ihr Widerstand unvermindert fort, und sehr häufig übten sie an den Regierungstruppen, so gut sie konnten

Ermordung des Erzbischofs Sharp of St. Andrews. 1679 wurde er aus seiner Kutsche gezerrt und von einer Gruppe *Covenanters* getötet, die behaupteten, von Gott den Befehl erhalten zu haben, den früheren Geistlichen der *Covenanters* zu bestrafen.

Die Schlacht von Drumclog, 1679. Auf einem morastigen Moor an der Grenze zwischen Ayrshire und Lanarkshire schlugen die *Covenanters* mit vierzig Berittenen und zweihundert Mann Fußvolk eine stärkere Regierungsstreitmacht unter Graham of Claverhouse in die Flucht.

Vergeltung. So wurde auch der vielversprechenden Karriere des Erzbischofs Sharp ein vorzeitiges Ende gesetzt. Er wurde aus seiner Kutsche gezerrt und von einer Gruppe Covenanters brutal ermordet, die behaupteten, daß sie von Gott das Gebot erhalten hätten, ihn zu töten. Nicht lange nach diesem Vorfall wurden drei Reiterabteilungen der Regierung unter Graham of Claverhouse durch einen Haufen bewaffneter Covenanters völlig aufgerieben.

Die Regierung reagierte jetzt energischer als zuvor. Eine starke Truppe unter des Königs legitimen Sohn, James Duke of Monmouth, wurde ausgeschickt, um gegen die Rebellen anzugehen. Bei Bothwell Brig wurde den Covenanters eine heftige Niederlage zugefügt und vierzehnhundert Gefangene wurden in den Kirchhof von Greyfriars in Edinburgh gepfercht, wo sie das eine oder andere unerfreuliche Ende erwartete. Doch der Widerstand der Covenanters fuhr in seiner Unnachgiebigkeit fort, während die repressiven Maßnahmen der Regierung immer schonungsloser wurden. Am Marktkreuz von Sanquhar forderte der Prediger Richard Cameron seine Anhänger zum bewaffneten Aufstand gegen den König und seine Regierung auf. Ihn und jene, die ihm zuhörten, ereilte das zu erwartende Schicksal. Nicht umsonst nannte man die achtziger Jahre des 17. Jahrhunderts die *Killing Time,* die Schlachtzeit.

James VII. und II. als Duke of York: Porträt von Sir Peter Lely. Als sein Bruder, Charles II., starb, erhielt Schottland mit ihm einen katholischen König, den ersten seit 120 Jahren.

James VII.

1685 starb Charles II. Ihm folgte sein Bruder James VII. auf den Thron, der gegen Ende der Herrschaft Charles', während der *Killing Time*, als Duke of York kurzzeitig als königlicher Beauftragter in Schottland amtiert hatte. Er war weder in den *Lowlands* von Schottland noch in England beliebt. Das erste Mal seit fast einhundertzwanzig Jahren hatte Schottland wieder einen römisch-katholischen Monarchen, und seine Untertanen sowohl in Schottland als auch in England argwöhnten natürlich, daß er seine eigene Religion in seinem ganzen Reich ausbreiten wollte. Als er jedoch dann, in jenem Zeitalter der Intoleranz, von seinem Hoheitsrecht Gebrauch machte und allen seinen Untertanen, Katholiken, Covenanters und Quäkern gleicherweise Toleranz gewährte, gewann er bei den meisten unter ihnen trotzdem keine Sympathie. Unter

Unterschriften König Charles' II. als Gründer der *Royal Society*, und seines Bruders als Ehrenmitglied.

Rechts: Teil einer Depesche an den Earl of Linlithgow von Graham of Claverhouse, in der die Niederlage von Drumclog beschrieben wird. Sie endete: »My Lord, ich bin so erschöpft und so müde, daß ich das alles sehr wirre geschrieben habe.«

Charles war der Widerstand gegen die Politik des Königs meist örtlich beschränkt gewesen und hatte seinen Ursprung hauptsächlich bei den niedrigen Klassen gehabt. Unter James gewann er eine breitere Basis und wurde auch aktiv aus Holland durch James' Schwiegersohn, Wilhelm von Oranien, unterstützt, einem verschlagenen, skrupellosen Mann, der auf den Thron seines Schwiegervaters Anspruch erhob. Rebellionsversuche unter Argyll in Schottland und unter Monmouth in England waren erfolglos, doch im November 1688 landete, auf die Aufforderung der Anführer der Whigs, Wilhelm von Oranien mit einer Armee in England. Nach langem Schwanken floh James nach Frankreich, und im Februar 1689 wurden sein Schwiegersohn Wilhelm und seine Tochter Mary zu Herrschern über England und Irland ernannt. Nachdem man in Schottland verschiedentlich ausgelotet hatte, zu welchem Verhalten man sich am besten entschied, wurde eine Konvention der Stände zusammengerufen, in der die Mehrheit für Wilhelm und Mary eintrat, die folglich im April 1689 auch zum König und zur Königin Schottlands proklamiert wurden. Wie bei der Restauration, war auch jetzt Schottland dem Beispiel Englands gefolgt.

Der holländische Wilhelm

John Graham of Claverhouse, Viscount Dundee

Es gab jedoch auch jene in den *Highlands*, die treu zu ihrem legitimen Monarchen standen und ihn einem holländischen Usurpator bei weitem vorzogen. Man nannte sie die Jakobiten. Als Wilhelm zum König ernannt wurde, ritt Graham of Claverhouse, jetzt Viscount Dundee, nach Norden, um die loyalen Clans zum Kampf für König James aufzureizen, der selber in Irland gelandet war. Ein großes Heer unter General Hugh Mackay wurde zur Niederwerfung der Jakobiten von Wilhelm ausgesandt. Am 27. Juli 1689 fielen die *Highlanders* bei Sonnenuntergang am Eingang der engen Schlucht Killiecrankie in Perthshire *like madmen*, wie die Wahnsinnigen, über Wilhelms Soldaten her und rieben sie fast völlig auf. Doch Dundee selber wurde in der Schlacht getötet, und seine Truppen waren so ihres Führers beraubt. Nach einem weiteren grimmigen Gefecht gegen die Regierungstruppen im Kirchhof von Dunkeld, in dessen Verlauf die störrischen Anhänger von Richard Cameron – das heutige Regiment *Cameronians* ist danach entstanden – sich durch die Verbissenheit ihrer Verteidigung auszeichneten, zogen die *Highlanders*, ohne etwas ausgerichtet zu haben, in ihr Bergland zurück und überließen ihren Feinden das Feld. Ein neuer jakobitischer Angriff endete bei Cromdale am Spey mit einer Katastrophe, und sechs Wochen danach setzte die *Battle of the Boyne*

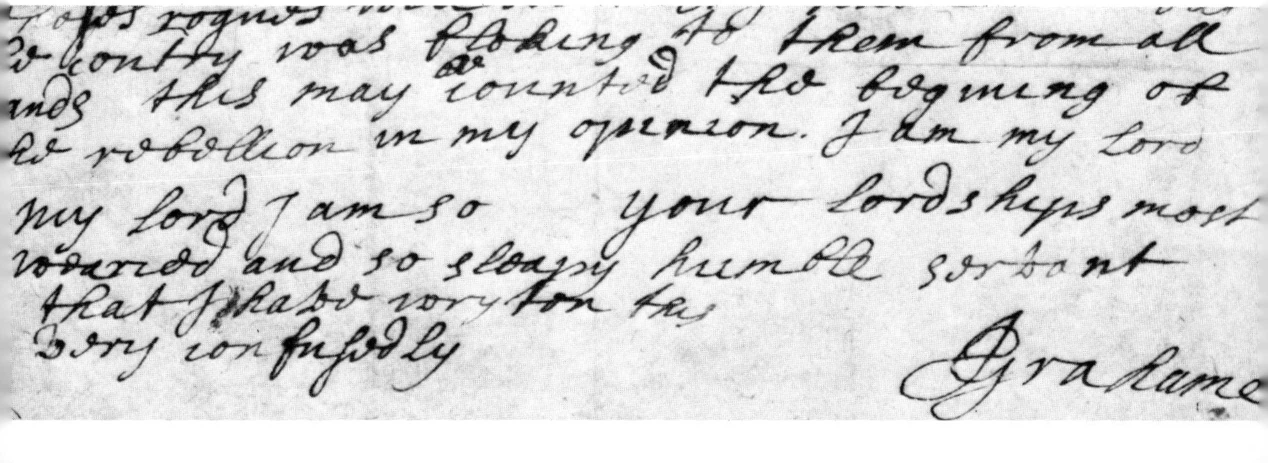
[illegible]
contry was floking to them from all
ends this may counted the begining of
the rebellion in my opinion. I am my Lord
my Lord I am so your lordships most
wearied and so sleapy humble servant
that I have wryton this
very confusedly
Grahame

Schottischer Dragoner von 1680 unter dem Kommando von Viscount Dundee.

Ansicht der Stadt Dunkeld, 1693. Hier fand, nach einer verbissenen Verteidigung seitens der *Cameronians,* der jakobitische Widerstand gegen den holländischen Wilhelm wirksam ein Ende.

Stadt und Abtei von Dunfermline zur Zeit Wilhelms und Marys.

Belagerung von Londonderry, 1689, durch James VII.; die Schlacht an der Boyne setzte seinen Hoffnungen, auf dem Umweg über Irland wieder auf den Thron zurückzukehren, ein Ende.

James' Feldzug von Irland aus ein Ende und zwang ihn, sich schließlich nach Frankreich zurückzuziehen.

Trotz der Rückschläge, die die Jakobiten erlitten hatten, waren die Regierung des holländischen Wilhelm und vor allem dessen Staatsminister, Sir John Dalrymple, the Master of Stair, immer noch beunruhigt über die *Highlands* und suchten eifrig nach Mitteln und Wegen, ihre Herrschaft zu festigen. Als erstes beauftragten sie General Mackay, nahe Inverlochy einen Stützpunkt zu errichten und mit einer Garnison zu versehen. Es entstand Fort William. Zu gleicher Zeit wurde Iain Glas oder Grey John, the Campbell Earl of Breadalbane, eine fragwürdige Gestalt und allen gegenüber von zweifelhafter Loyalität – *cunning as a fox, slippery as an eel,* listig wie ein Fuchs, glatt wie ein Aal, lautete das Urteil eines Zeitgenossen –, eine Summe von 12 000 £ anvertraut. Dieses Geld sollte unter den Häuptlingen verteilt werden, in der Hoffnung, sie dadurch Wilhelm gegenüber gefügig zu machen. Einige nahmen die Bestechung an, andere wiesen sie von sich. Und keiner wurde Wilhelm gegenüber loyaler, als er zuvor gewesen war.

Die Regierung entschied sich nun zur Anwendung anderer Taktiken. Charakteristisch für diese Taktiken waren die damit befaßten Persönlichkeiten. »Immer wenn sich in Schottland etwas zusammenbraute, war die eigentliche Ursache dafür ein Dalrymple oder ein Campbell.« Dieses Mal wurde diese Ehre zwischen ihnen geteilt. »Ich glaube«, schrieb Stair an Breadalbane, »die Clans Donell und Lochiel müssen ausgerottet werden. Die McLeans kann man Argyll überlassen ... Gott weiß, ob die 12 000 Pfund Sterling nicht besser angewandt worden wären, die *Highlands* zu befrieden oder zu verwüsten: doch da wir sie zur Verzweiflung treiben werden, halte ich es für besser, sie auszurotten, bevor sie die Hilfe erlangen, auf die sie angewiesen sind.« »Trachten Sie danach«, schrieb er am folgenden Tag an den nämlichen Adressaten, »und Ihre Rachenahme wird belohnt werden.« Selten hat der Erbhaß der *Lowlanders* gegen die *Highlanders – mi-run mor nan Gall** – energischeren Ausdruck gefunden.

Die Regierung gab nun einen Erlaß heraus, in dem den Häuptlingen der verschiedenen Clans befohlen wurde, den Treueid für König Wilhelm nicht später als bis zum 1. Januar 1692 zu leisten. Sollte dies versäumt werden, würde mit Feuer und Schwert vorgegangen. Die Jahreszeit war überlegt gewählt worden. »Der Winter«, schrieb Stair, »ist die einzige Jahreszeit, in der die *Highlanders* uns mit Sicherheit nicht entkommen und ihre Frauen, Kinder und ihr Vieh in die Berge bringen können . . . Dies ist die Zeit, sie während der langen, dunklen Nächte zugrunde zu richten.«

Doch die Vernichtung sollte nicht in dem Ausmaß stattfinden, wie der Master of Stair es sich erhofft hatte. Von seinem Exil in Frankreich aus authorisierte König James die Häuptlinge im letzten Augenblick, seinem holländischen Schwiegersohn den Treueid zu leisten. Stair war tief enttäuscht. Am festgesetzten Tag hatten es nur zwei Häuptlinge versäumt, den Schwur abzulegen: der mächtige MacDonell of Glengarry und MacIan, MacDonald of Glencoe, der alternde Häuptling eines geringeren, doch allbekannt aufrührerischen Clans, einer Sippe aus dem Stamme der MacDonalds. Der letztere, teils aus Zaudern und teils durch die Unbilden des Wetters, traf drei Tage zu spät in Inveraray, dem Sitz des Obersten Grafschaftsrichters ein, wo er, durch die Abwesenheit dieses Beamten, den Eid erst am 6. Januar ablegen konnte.

* Der große Haß der Gälen

John Campbell, Earl of Breadalbane; Porträt von Sir John Medina.

Captain Robert Campbell of Glenlyon. Er befehligte in dem Massaker von Glencoe die Regierungstruppen.

Rechts: Der Befehl an Campbell of Glenlyon, »zum Wohle und zur Sicherheit des Landes diese Schurken mit Stumpf und Stiel auszurotten«, unterzeichnet von Major Duncanson.

Das Massaker von Glencoe

Dies gab Wilhelm die Gelegenheit, nach der er und seine Ratgeber Ausschau gehalten hatten. Auf Veranlassung seines Staatsministers bot er dem mächtigen Glengarry noch eine weitere Chance. MacIan wählte er sich zum Opfer aus. »Wenn MacIan of Glencoe und sein Stamm«, schrieb er an den General, der seine Truppen in den *Highlands* befehligte, »sich von den anderen Stämmen so getrennt verhalten, ist das öffentliche Recht hinreichend gerechtfertigt, diese Sekte von Dieben auszurotten.«

Es wurde eine Kompanie aus zuverlässigen Campbell-Truppen, aus dem Fußregiment des Earl of Argyll, und angeführt, wie es nun einmal so geht, von einem angeheirateten Verwandten MacIans, Captain Robert Campbell of Glenlyon, nach Glencoe ausgeschickt und in den Hütten der Stammesmitglieder einquartiert. Die MacDonalds empfingen sie mit Gastfreundschaft. Captain Campbell verbrachte ein paar Wochen trinkend und kartenspielend mit MacIan und seinen Söhnen, während seine Soldaten mit den Stammesmitgliedern brüderlich verkehrten. Am 12. Februar erhielt er von seinem militärischen Vorgesetzten, Major Duncanson, die folgende Instruktion: »Hiermit wird Ihnen befohlen, über die MacDonalds von Glencoe herzufallen und alle unter siebzig zu töten; Sie sollten besonders dafür Sorge tragen, daß der alte Fuchs und seine Söhne keinesfalls Ihren Händen entkommen.«

In jener Nacht nahmen Robert Campbell und zwei seiner Offiziere eine Einladung MacIans an, mit ihm zu speisen. Unterdessen blockierte eine Truppe von vierhundert Soldaten der Regierung den Nordzugang zum Tal und weitere vierhundert den Südzugang. Um fünf Uhr am Morgen des 13. Februar begannen Glenlyon und seine Soldaten mit der Ausführung ihrer Befehle.

You are hereby ordered to fall upon the Rebells, the Mc Donalds of Glenco, and putt all to the sword under seventy. you are to have a speciall care that the old Fox and his sones doe upon no account escape your hands, you are to secure all the avenues that no man escape. This you are to putt in execution att fyve of the clock precisely; and by that time, or verie shortly after it, I'le strive to be att you with a stronger party: if I doe not come to you att fyve, you are not to tarry for me, butt to fall on. This is by the Kings speciall command, for the good & safty of the Country, that these miscreants be cutt off root and branch. See that this be putt in execution without feud or favour, else you may expect to be dealt with as one not true to King nor Government, nor a man fitt to carry Commissione in the Kings service. Expecting you will not faill in the fullfilling hereof, as you love your selfe, I subscribe these with my hand att Balicholis Feb. 12, 1692

For their Majties service.

R. Duncanson

To Capt.
Robert Campbell
of Glenlyon.

Der Paß von Glencoe

Soldatenkommandos gingen von Hütte zu Hütte, metzelten die schlafenden MacDonalds nieder und setzten ihre Häuser in Brand. MacIan wurde von einem seiner Gäste vom Abend zuvor erschossen. Ein Campbell-Soldat zerrte mit den Zähnen die Ringe von Lady Glencoes Fingern. Ein sechsjähriges Kind, das Glenlyons Knie, um Gnade bittend, umklammert hielt, wurde sofort getötet. Im Verlauf des Massakers begann es zu schneien. Einige Bewohner des Tals konnten in der Verwirrung entkommen. Andere starben im eisigen Schnee.

König Wilhelm und Stair waren mit ihrem Vorhaben erfolgreich gewesen, nämlich an einem jakobitischen Clan ein Exempel zu statuieren und ein gewisses Maß an Kontrolle über die *Highlands* zu gewinnen. Doch trotz ihrer Bemühungen, die Vorgänge zu bemänteln, wurde die Sache, nicht nur in den *Highlands,* sondern auch in den *Lowlands* und sogar in England, mit unfreundlichem Kommentar bedacht. Am Ende war Wilhelm gezwungen, auf die Dienste seines Staatsministers zu verzichten. Jedoch nach angemessener Zeit wurde Stair die Grafenwürde verliehen und Campbell of Glenlyon zum Oberst ernannt. König Wilhelm leugnete hochmütig, trotz gegenteiliger dokumentarischer Beweismittel, jedes vorherige Wissen um dieses Geschehen.

In Dingen der Kirche sah sich der neue König, obwohl er beruhigenderweise protestantisch war, auch mit einer Reihe von Problemen konfrontiert. Die meisten schottischen Episkopalen waren aus dynastischen Gründen gegen ihn, während viele Presbyterianer ihn als halbherzig in seiner Haltung gegen die »Prälatenwirtschaft« beargwöhnten. Schließlich wurde 1699 eine Regelung getroffen, unter der die Bischöfe und das Patronatsrecht abgeschafft, die Westminster Confession wiedereingeführt, episkopale Geistliche vertrieben und das presbyterianische System in seiner Gänze wieder errichtet wurde. Doch Wilhelms nicht unvernünftiger Plan für eine weitergreifende und umfassendere Lösung war zum Scheitern verurteilt.

Highland-Häuptling um 1660

Wilhelms Herrschaft bewirkte auch auf anderen Gebieten wenig, um die Beziehung zwischen Schottland und England zu verbessern. Das Massaker von Glencoe, das ihm zwar den Beifall der Whigs eingebracht hatte, ließ seinen Namen in den *Highlands* in Verruf geraten. Bald auch breitete sich die Enttäuschung über den holländischen Monarchen und seinen nach London ausgerichteten Ratgebern in die kommerziell gesinnten *Lowlands* aus. Und das aus sehr triftigem Grund.

Die englische Navigationsakte bestimmte, daß Waren nur auf englischen Schiffen oder auf Schiffen ihres Ursprungslandes in englische Häfen importiert werden durften. Dies war ein ernstes Hindernis für die Expansion des schottischen Überseehandels. So wurden die eigentlichen Monopole von der East India Company und der Africa Company gehalten, die beide englisch waren. Wohin der schottische Händler sich auch wandte, er fand seinen Weg durch privilegierte englische Konkurrenten blockiert.

Das Darien-Projekt

Im Juni 1695 wurde ein Projekt lanciert, das die Balance wiederherstellen und schottischen Kaufleuten eine bessere Chance bieten sollte. Auf Anregung eines tatkräftigen Unternehmers aus Dumfriesshire, namens William Paterson, der unter anderem geholfen hatte, die Bank of England zu gründen und den Norden Londons mit einer leistungsfähigen Wasserversorgung zu versehen, wurde vom Schottischen Parlament eine Akte erlassen, mit der *The Company of Scotland Trading to Africa and the Indies* gegründet wurde. Das Kapital der Kompanie sollte 600 000 £ betragen, wovon die Hälfte in Schottland und der Rest in England und noch woanders ausgeschrieben werden sollten. Als erstes Ziel wollte die Gesellschaft Kontrolle gewinnen über das, was Paterson *the Door of the Seas, the Key of the Universe,* die Tür zu den Meeren, den Schlüssel zur Welt nannte, nämlich die Landenge Darien, die Nord- und Südamerika verband. Hier konnten die Waren nach Indien gegen Waren aus Indien umgeladen und die lange Fahrt rund um das Kap der Guten Hoffnung oder um Kap Horn vermieden werden. Schottland würde damit auch etwas in Besitz bekommen,

Karte der Landenge von Darien oder Neukaledonien

was ihm fehlte, seit Charles I. Nova Scotia zwölf Jahre nach seiner Gründung an die Franzosen verkauft hatte, nämlich eine eigene Kolonie.

Die erforderlichen 300 000 £ standen sehr bald in London zur Ausschreibung, und es wurden gute Erfolge erzielt, bis bekannt wurde, daß König Wilhelm persönlich das Projekt mißbilligte. Da machten die englischen Subskribenten hastig ihre Zeichnung rückgängig, und Paterson blieb es überlassen, den Rest des Kapitals woanders aufzubringen. Er wandte sich nach Holland und Hamburg; doch auch hier konnte Wilhelm Druck ausüben. Schließlich wurde das Projekt mit einem Kapital von rund 400 000 £ begonnen, die fast völlig in Schottland aufgetrieben worden waren und einen hohen Anteil der Geldmittel der Nation ausmachten. Im Juli 1698 stach Paterson mit fünf Schiffen und 1200 Emigranten an Bord im Hafen von Leith in See. Die geplante Kolonie sollte New Caledonia heißen. Die Schiffsladung der Kolonisten bestand unter anderem aus 4000 Allonge-Perücken, einigen Stutzperücken, blauen Schottenmützen, zahllosen Bibeln, ebenso Bergen an Serge, Drell und Bratrosten. Sie schienen keine Ahnung vom Klima auf der Landenge oder von den malariabringenden Sümpfen gehabt zu haben. Auch hatten sie offensichtlich keinerlei Kenntnis davon, daß das Land eigentlich dem König von Spanien gehörte, mit dem Wilhelm soeben ein Bündnis zu schließen suchte.

Paterson und seine Abteilung erreichten Darien im November. Ohne abzuwarten, wie es dieser ersten Expedition ergehen werde, brach eine zweite und dann eine dritte Gruppe von Siedlern auf. Bis zum Sommer 1699 hatte die Pest ein Viertel der Mitglieder der ersten Expedition getötet. Dem Rest drohte, wegen unzureichender Verproviantierung, der Hungertod. Als sie sich wegen Verpflegung hilfesuchend an die englische Kolonie Jamaika wandten, wurde ihnen mitgeteilt, daß König Wilhelm seinen Kolonialbeamten ausdrücklich untersagt habe, ihnen in irgendeiner Form zu helfen. Auch traten Gerüchte über einen drohenden spanischen Angriff auf. Handel hatte überhaupt nicht stattgefunden. Im Juli 1699 setzten Paterson und die malariakranken Überlebenden der unseligen ersten Expedition Segel in Richtung Heimat. Lange bevor sie ihr Ziel erreicht hatten, war fast die Hälfte am Fieber gestorben.

Als die zweite Expedition nach Darien wenige Wochen später eintraf, fand sie das so kühn benannte Fort St. Andrew verlassen vor, mit gerade noch so viel Überlebenden, um sich von der stattgefundenen Katastrophe berichten zu lassen. Die Teilnehmer dieser Expedition blieben gerade lang genug, um sich an der grassierenden Seuche anzustecken. Auch verloren sie durch Feuer eines der beiden vor Anker liegenden Schiffe. Dann segelten auch sie wieder ab, zusammengedrängt in einem Schiff – *The Hopeful Binning of Bo'ness.* Als sie die ungastliche Küste von Jamaika erreichten, war fast die Hälfte von ihnen am Fieber gestorben.

Inzwischen hatte sich gegen Ende September 1699 eine dritte Expedition mit weiteren 1300 hoffnungsvollen Siedlern auf den Weg gemacht. Bei ihrem

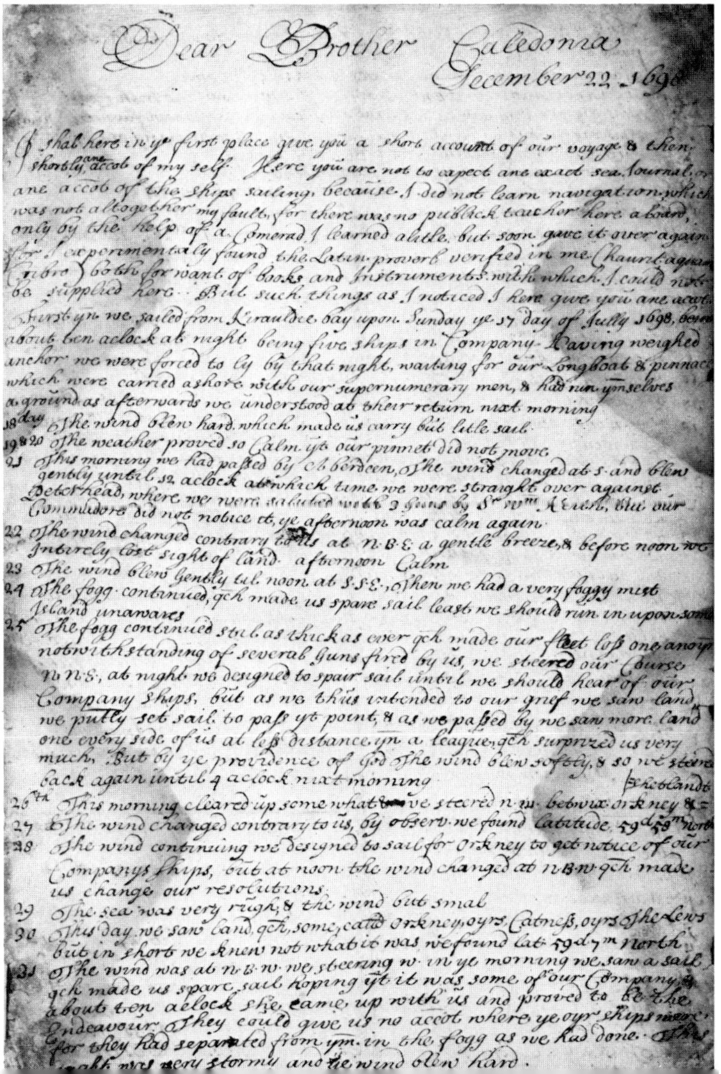

Dear Brother Caledonia
December 22 1698

I shal here in ye first place give you a short account of our voyage & then shortly ane accot of my self. Here you are not to expect ane exact sea Journal, or ane accot of the ships sailing, because I did not learn navigation, which was not altogether my fault, for there was no publick teacher here aboard, only by the help of a Comerad I learned alitle, but soon gave it over again for I experimentally found the Latin proverb verified in me (haurit aquam cribro) both for want of books and instruments with which I could not be supplied here. But such things as I noticed I here give you ane accot.
First ym we sailed from Kirauldie bay upon Sunday ye 17 day of Jully 1698, being about ten aclock at night being five ships in Company. Having weighed anchor we were forced to ly by that night, waiting for our Longboat & pinnace which were carried ashore with our supernumerary men, & had run ymselves aground as afterwards we understood at their return next morning
18 day The wind blew hard which made us carry but litle sail.
19 & 20 The weather proved so Calm yt our pinnet did not move.
21 This morning we had passed by Aberdeen, the wind changed at S and blew gently until 12 aclock at which time we were straight over against Peterhead, where we were saluted with 3 guns by Sr Wm. Keith, but our Commodore did not notice it, ye afternoon was calm again.
22 The wind changed contrary to us at N.B.E. a gentle breeze, & before noon we intirely lost sight of land. afternoon Calm
23 The wind blew gently til noon at S.S.E., then we had a very foggy mist
24 The fogg continued, qch made us spare sail least we should run in upon some Island unawares
25 The fogg continued stil as thick as ever qch made our fleet loss one anoyr notwithstanding of several guns fired by us, we steered our Course N.N.S., at night we designed to spair sail until we should hear of our Company ships, but as we thus intended to our grief we saw land, we putly set sail to pass yt point, & as we passed by we saw more land one every side of us at less distance yn a league, qch surprized us very much. But by ye providence of God the wind blew softly, & so we steired back again until 4 aclock next morning
26th This morning cleared up somewhat we steered n.w. betwixt Orkney & Schetlandt
27 The wind changed contrary to us, by observ. we found latitude 59d 58m north
28 The wind continuing we designed to sail for Orkney to get notice of our Companys ships, but at noon the wind changed at N.B.W. qch made us change our resolutions
29 The sea was very rugh, & the wind but smal
30 This day we saw land, qch some called Orkney, oyrs Catness, oyrs the Lews but in short we knew not what it was we found lat. 59d 7m north
31 The wind was at N.B.W. we steering w. in ye morning we saw a sail qch made us spare sail hoping yt it was some of our Company about ten aclock she came up with us and proved to be the Endeavour. They could give us no accot where ye oyr ships were, for they had separated from ym in the fogg as we had done. This night was very stormy and the wind blew hard.

Dieser Brief von Colin Campbell an seinen Bruder ist der einzige überlieferte Bericht aus erster Hand über das darianische Fiasko. Fünf Schiffe waren am 17. Juli 1698 gemeinsam in See gestochen. Am 22. Dezember, dem Datum dieses Briefes, hatte die Kolonisten das Verderben ereilt.

Eintreffen war das Fieber nicht ihr einziges Problem. Sie hatten kaum Zeit gehabt, die Verteidigungsanlagen des Fort St. Andrew zu bemannen, als die Spanier mit Übermacht vom Land und vom Meer her angegriffen. Nachdem sie länger als einen Monat Widerstand geleistet hatten, ergaben sie sich schließlich. Die Spanier waren von ihrem Mut derartig beeindruckt, daß sie jene unter ihnen, die noch aufrecht standen, mit wehenden Fahnen und Trommelschlag herausmarschieren ließen. Doch sie beharrten darauf, daß sie Darien verließen. Und wiederum brachte die Rückfahrt weitere Tote und den Verlust noch eines Schiffes.

Das Darien-Projekt hatte sich als Katastrophe erwiesen. Zweitausend Schotten und dreihunderttausend schottische Pfund waren verlorengegangen. Und die Verantwortung dafür trugen, aus schottischer Perspektive, eindeutig Wilhelm von Oranien und die Engländer. Als Wilhelm im März 1702 starb und ihm seine Schwägerin Anne auf den Thron folgte, hatte der Haß gegen England einen neuen Höhepunkt erreicht, und in den folgenden Monaten verschlimmerten eine Reihe weiterer unglücklicher Ereignisse die Beziehungen zwischen den beiden Ländern.

So sah der Hintergrund aus, vor dem jetzt erstaunlicherweise von beiden Seiten Fühler zu einer Vereinigung der beiden Länder ausgestreckt wurden. Auf den ersten Blick konnten die Aussichten auf Erfolg nicht weniger günstig sein. Doch bei vielen Schotten war allmählich der Eindruck entstanden, daß die einzige Hoffnung ihres Landes auf wirtschaftliches Überleben in irgendeinem Abkommen mit ihren südlichen Nachbarn lag, die ihnen die Handelsprivilegien zugestehen mußten, derer sich im Augenblick ausschließlich die Engländer erfreuten. So ein Abkommen müßte zudem nicht völlig einseitig sein. Die Schotten konnten ein bedeutendes Gegenangebot machen.

Königin Anne, die nach dem Tod ihres Schwagers auf beide Throne gefolgt war, hatte siebzehn Kindern das Leben geschenkt, doch das letzte Überlebende dieser Schar, der kleine Duke of Gloucester, war zwei Jahre zuvor gestorben. Sie besaß also keinen unmittelbaren Erben.

Die Whigs, die sich jetzt in England an der Macht befanden, fürchteten nichts mehr, als eine zweite Wiedereinsetzung der Stuarts. England war überwiegend protestantisch. Doch James Edward, der Sohn James VII. und II., und seit dem Tod seines Vaters, 1701, rechtmäßiger König, war im Unterschied zu seinen beiden Halbschwestern, Mary und Anne, römisch-katholisch. Die Whigs standen auch im tiefen Gegensatz zu der Auffassung, die die Stuarts von der Monarchie hatten, und die ihren Ideen völlig zuwiderlief. 1701 wurde deshalb durch das Englische Parlament ein *Act of Settlement,* eine Regelung der Thronfolge verabschiedet, mit der abgesichert wurde, daß nach Annes Tod die englische Krone nicht an James Edward gehen sollte, sondern an eine deutsche Prinzessin, der Kurfürstin Sophia von Hannover, die durch die weibliche Linie Enkelin James VI. und I. war. Nachdem die Whigs das erreicht hatten, mußten sie jetzt dafür Sorge tragen, daß die »Hintertür«, wie der Bishop of Salisbury es ausdrückte, »vor den Eindringungsversuchen des Thronprätendenten, des

Prince of Wales, verschlossen wurde«, daß also, unabhängig von den Ereignissen in England, auch in Schottland keine Wiedereinsetzung der Stuarts erfolgen sollte. Solange aber Schottland ein eigenes Land war, bestand dafür immer eine Möglichkeit.

Act of Security

Die Chancen dieser Situation ließen die Schotten nicht ungenutzt. 1704 verabschiedete das Schottische Parlament mit entscheidender Mehrheit ein *Act of Security*, eine Garantieakte. Durch sie wurde festgelegt, daß das Parlament den Nachfolger auf den schottischen Thron innerhalb von zwanzig Tagen nach dem Tod des regierenden Souveräns bestimmen sollte. Dieser Nachfolger sollte ein Protestant und ein Abkömmling aus dem Hause Stuart, doch nicht der Besitzer des englischen Throns sein, es sei denn, Schottland würden gleiche Handelsrechte und Regierungs- und Religionsfreiheit eingeräumt. Auch wurde, deutlich betont, festgesetzt, daß zur Verteidigung des Landes eine Streitmacht ausgebildet werden sollte. Weitere Verfügungen entzogen dem Souverän die Kontrolle über die Außenpolitik und sorgten für die zollfreie Einfuhr französischer Weine. Diese neuen gesetzlichen Maßnahmen gewannen besondere Bedeutung durch die Tatsache, daß England gerade im Krieg gegen Frankreich lag.

Die Whig-Minister der Königin Anne rieten ihr anfänglich, ihre Zustimmung zum *Act of Security*, der natürlich große Entrüstung in England hervorgerufen hatte, zu versagen. Doch waren sie am Ende einverstanden, daß sie ihn bewilligte, weil sie befürchteten, die Schotten könnten sich vielleicht rächen und französischen Schiffen erlauben, schottische Häfen anzulaufen. Im März 1705 aber reagierte das Englische Parlament mit dem *Aliens Act*, dem Ausländererlaß. Danach sollten alle Schotten als Ausländer behandelt werden, besonders aus Gründen des Handels, es sei denn, Schottland akzeptierte bis Weihnachten die Hannoveranische Thronfolge.

Die Geburt eines Sohnes, James Edward, des katholischen Königs James' VII. und II., 1688. Das Kind wird vom Päpstlichen Nuntius gehalten und vermutlich auch gesegnet.

Nach einem Monat wurde das Verhältnis zwischen den beiden Ländern noch angespannter, denn auf Betreiben des Edinburgher Mob waren ein englischer Seekapitän namens Green und zwei Männer seiner Besatzung auf dem Strand von Leith hingerichtet worden. Man hatte sie beschuldigt, fälschlicherweise, wie sich herausstellte, das schottische Schiff *Speedy Return* irgendwo vor der Küste Malabars gekapert zu haben. Die Exekution wurde trotz dringender Gesuche der Königin Anne und im Widerspruch zu allen verfügbaren Beweisen vollzogen. Solche Erwägungen fielen beim Schottischen Kronrat weniger ins Gewicht als die Drohungen des Edinburgher Mob. Die beiden Länder schienen dicht vor einer kriegerischen Auseinandersetzung zu stehen.

Doch die englische Regierung, die schon mit dem Krieg gegen Frankreich zu tun hatte, wünschte nicht auch noch Krieg mit Schottland. Es kam nur irgendeine Art der Verständigung in Frage. Und so wurde im Sommer 1705 der junge Duke of Argyll, der sich im Kampf für die Engländer unter Marlborough in den Niederlanden ausgezeichnet hatte, und dessen Familie und Clan nicht durch eine Vergangenheit unpassender Loyalität für die Sache der Stuarts belastet war, als Bevollmächtigter der Königin nach Edinburgh gesandt, mit der Aufgabe, das Schottische Parlament zu bewegen, in Verhandlungen für einen *Treaty of Union* einzuwilligen. Nach einigen Wochen scharfer Debatten gab das Parlament schließlich seine Zustimmung, und im April 1706 wurden einunddreißig schottische Beauftragte, zum größten Teil zuverlässige Whigs, einschließlich des jüngst ernannten Earl of Stair, nach London entsandt, um mit einer ebensolchen Anzahl englischer Beauftragter das Gespräch zu eröffnen.

In den nun einsetzenden Verhandlungen trachteten die schottischen Beauftragten danach, Schottland das nationale Parlament zu bewahren, also die vorgeschlagene Vereinigung föderativ zu gestalten. Doch die Engländer lehnten eine föderative Lösung von Anfang an ab und bestanden darauf, daß die Schotten für die wirtschaftliche Gleichschaltung mit den Engländern einen höheren Preis zahlen müßten. Schließlich kam man überein, daß ein vereintes Britisches Parlament geschaffen werden sollte, in das sechzehn Vertreter Schottlands im Oberhaus und nur fünfundvierzig Mitglieder gegen mehr als fünfhundert englische Mitglieder Sitze im Unterhaus bekommen sollten. Auch wurde Schottlands Verpflichtung gefordert, die Hannoveranische Thronfolge anzuerkennen. Dagegen würden die Schotten »volle Freiheit im Handelsverkehr und der Seefahrt« erhalten. Finanziell sollte Schottland die Summe von 398 085 £ 10 s 0 d zuerkannt werden, *Equivalent* geheißen, teils als Gegenleistung für die Übernahme eines Anteils englischer Nationalobligationen und teils als Ausgleich für die Aktionäre der Darien Company. Weiterhin sollten die Schotten ihr eigenes Rechtssystem und die besonderen Rechte der vier königlichen Burgflecken behalten. Auf allen Fahnen sollten die Embleme beider Länder vereinigt erscheinen.

So sah *The Treaty of Union* in seinen wichtigsten Umrissen aus, als er dem Schottischen Parlament, das sich im Oktober 1706 traf, vorgelegt wurde. Um presbyterianische Befürchtungen, daß ein englisch kontrolliertes Parlament

John Campbell, zweiter Duke of Argyll. Als der Beauftragte der Königin Anne überredete er das Schottische Parlament, in Verhandlungen zu einem Bündnisvertrag zwischen den beiden Ländern einzusteigen.

Schottland die Anglikanische Kirche aufzwingen würde, zu beschwichtigen, wurde ein *Bill of Security* abgefaßt, der zusicherte, daß die Kirche »ohne irgendwelche Änderungen für das Volk dieses Landes in allen folgenden Generationen fortbestehen« solle.

Allerdings schien es gleich auf den ersten Blick unwahrscheinlich, daß der Vertrag Annahme finden würde. Im Parlament war die *Country Party,* die sich ihm widersetzte, der *Court Party,* die die Annahme begünstigte, überlegen. Außerhalb des Parlaments zeigte sich die öffentliche Meinung der geplanten Vereinigung durch und durch feindlich gesonnen. Gewalttaten des Mobs und Aufwiegelungen gegen den Vertrag drohten jeden Augenblick in eine offene Rebellion auszubrechen. Der Duke of Queensberry, jetzt Hochkommissar, wurde von einer aufgebrachten Menschenmenge, die seine Kutsche mit Steinen bewarf, auf der Canongate bis nach Holyrood hinuntergejagt. »Seine Gnaden«, wird uns berichtet, »wurden beständig, wenn er durch die Straßen kam, mit Flüchen und Verwünschungen belegt, und wenn das Parlament bis in den Abend hinein tagte, wurden er und seine Wache ausgiebig mit Steinen beworfen . . . so daß er und sein Gefolge häufig gezwungen waren, sich im höchsten Galopp und in großer Unordnung zu entfernen.« Der Duke of Hamilton dagegen, den man für den Führer des Widerstandes hielt, wurde bejubelt, wann immer er sich sehen ließ. Schließlich mußten drei Regimenter anrücken, um die Ordnung wiederherzustellen. In Glasgow gerieten die Dinge noch mehr außer Kontrolle, und der Provost konnte sich gerade noch vor der aufgebrachten Masse in einem Klappbett verstecken. Weitere Unruhen brachen in anderen Teilen des Landes aus.

Allerdings schafften es, überaus typisch, die Gegner des *Treaty of Union* nicht, untereinander einig zu werden oder in Eintracht zu handeln. Die Jakobiten lehnten den Vertrag natürlich völlig ab, und Lord Belhaven sprach bewegend von »unserer alten Mutter Kaledonien. . . die inmitten unseres Senats sitzt und darauf wartet, von ihren eigenen Kindern den Todesstoß versetzt zu bekommen.« Doch als der Zeitpunkt zur Abstimmung eingetroffen war, entschied sich im letzten Augenblick eine wichtige Gruppe der Opposition, die sogenannte *Squadrone Volante,* mit der Regierung zu wählen. Der Duke of Hamilton, der die Absicht hatte verlauten lassen, einen Massenauszug der Opposition zu inszenieren, litt plötzlich, im entscheidenden Moment, an Zahnschmerzen und konnte nicht anwesend sein.

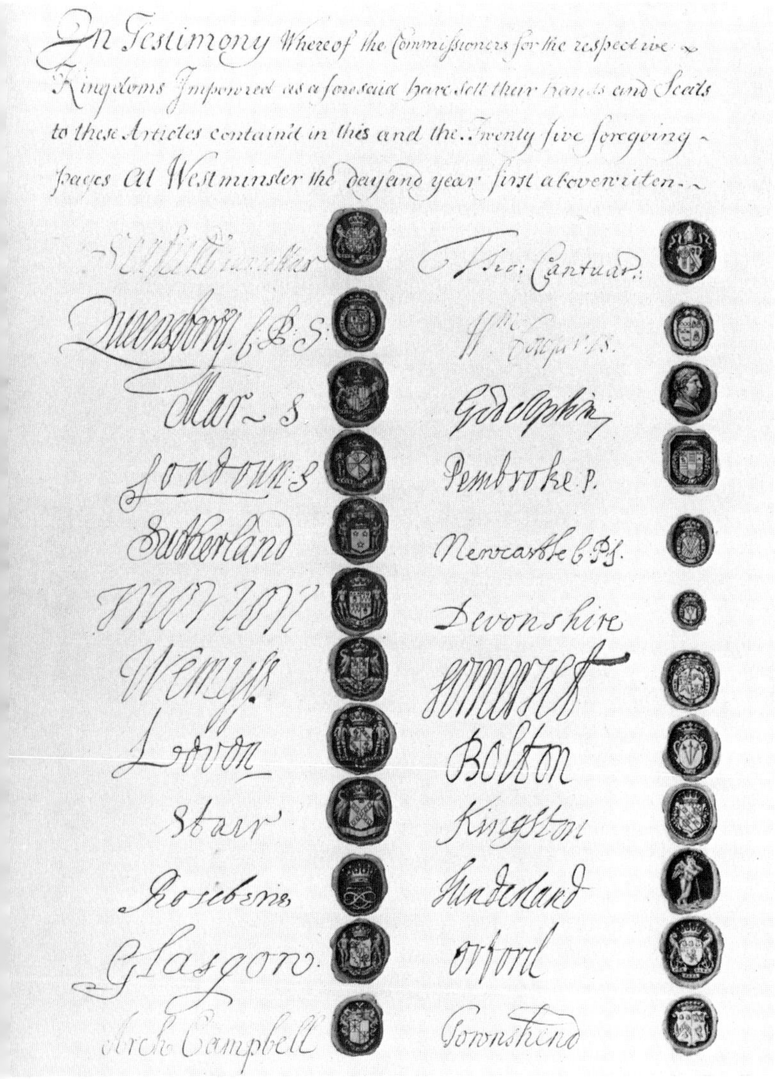
In Testimony Whereof the Commissioners for the respective Kingdoms Impowered as aforesaid have sett their hands and Seals to these Articles containd in this and the Twenty five foregoing pages At Westminster the day and year first abovewritten

Tho: Cantuar:
Queensberry C.P.S.
Mar S.
Godolphin
Loudoun S
Pembroke P.
Sutherland
Newcastle C.P.S.
Devonshire
Wemyss
Somerset
Leven
Bolton
Stair
Kingston
Rosebery
Sunderland
Glasgow
Arch. Campbell
Townshend

Unterschriften und Siegel der Verhandlungsbeauftragten für den Bündnisvertrag am 22. Juli 1706. Die Schotten unterzeichneten links, die Engländer rechts, mit dem Erzbischof von Canterbury vornan.

Der Duke of Queensberry überreicht im Namen der Schotten Königin Anne den Bündnisvertrag.

Auf diese, eher öde Art und Weise, wurde Schottland seiner Souveränität beraubt. *»There's ane end«*, sagte Lord Seafield, der Lordsiegelbewacher, *»of ane auld sang.«* »Es ist das Ende eines alten Liedes.« Krone, Zepter und Schwert wurden in Leinen gehüllt und in einer Kiste im Edinburgh Castle verstaut. Der Duke of Queensberry ritt im Triumph in London ein und erhielt eine jährliche Pension von 3000 £ und ein englisches Herzogtum. Der von Zahnschmerzen geplagte Duke of Hamilton mußte vier Jahre auf seinen Besitz warten. *»We are bought and sold, for English gold«*, sangen die Jakobiten, »Für englisches Gold wurden wir gekauft und verkauft.« Und so ganz falsch war das nicht.

Schottlands Parlament hatte als demokratische Legislative weniger als zwanzig Jahre existiert. Es ist zu fragen, ob das schottische Volk mit seinem eigenwilligen Charakter, in ihm, bei längerem Bestehen, das Willensorgan gefunden hätte, wie es ihm in Westminster, wo seine Repräsentanten gezwungenermaßen immer in der Minderheit sein würden, nie ermöglicht werden könnte.

The Treaty of Union

Während der Mob draußen tobte und Gerüchte über Rebellion grassierten, wurde Artikel für Artikel der *Treaty of Union* zum Gesetz und erreichte seine endgültige Fassung im Januar 1707, nachdem auch *The Bill of Security* ordnungsgemäß in ihn eingebaut worden war. Von allen Seiten trafen Petitionen gegen die *Union* ein, *»fit«* nach Argylls durchschlagender Redewendung, *»to make kites«*, »angetan, ein Papierdrachenfliegen zu veranstalten.« Unterdessen gelangte von südlich der *Border* die Kunde nach Edinburgh, daß Marlborough, Argylls ehemaliger Waffenkamerad und Befehlshaber, seine starke Kavallerie nach Norden führte. Da klangen Proteste und Unruhen allmählich ab.

Im Englischen Parlament traf der *Treaty of Union* auf keine Opposition und erhielt am 6. März die königliche Genehmigung. Am 25. März trat das Schottische Parlament zum letzten Mal zusammen, um einige wenige Routinefragen abzuwickeln. »Da diese Parlamentssitzung keine öffentliche Pflicht mehr zu erfüllen hat«, sagte Queensberry in seiner Abschlußrede, »ist es höchste Zeit, sie zu schließen.«

Die Krone Schottlands, die zum letzten Mal zeremoniell genutzt worden war, als der Marquess of Argyll sie am Neujahrstag 1651 auf das Haupt Charles' II. setzte.

VI.

»Der König im Exil«

Obgleich viele derjenigen, die für den *Treaty of Union* die Verantwortung trugen, zweifellos im Augenblick überzeugt waren, daß sie zum besten Schottlands gehandelt und es, wenn nicht vor dem Krieg, so doch jedenfalls vor einem wirtschaftlichen Zusammenbruch bewahrt hatten, so war die *Union* von Anfang an beim Volk unbeliebt. Und dies steigerte sich bald noch. »Ich habe niemals eine Nation gesehen«, berichtete der englische Agent Daniel Defoe, »die so durch und durch wütend ist . . . Es scheint wie eine Fäulnis durchs ganze Gemüt zu gehen.«

Die Whigs waren jetzt am Ruder, und aus der Arbeit des neuen Britischen Parlaments wurde bald nur allzu deutlich, daß die *Union* nicht aus gleichberechtigten Partnern bestand. Viel Ärgernis entstand im Finanzbereich. »Haben wir die Schotten nicht gekauft und dadurch das Recht erworben, sie zu besteuern?«, erkundigte sich ein englisches Parlamentsmitglied mit bezeichnender Unverblümtheit. Und schottische Mitglieder, die dagegen opponierten, ließ man wissen, daß Schottland »jetzt nichts anderes sei als ein *county* von Britannien«, eine Verwaltungseinheit Britanniens, und »da es jetzt der Souveränität Englands unterstellt sei, es durch englische Gesetze und Maxime regiert würde.« Bei kirchlichen Fragen gab es auch Anzeichen, daß trotz der *Act of Security* die Stellung der Presbyterianer nicht so sicher war, wie sie erhofft hatten, so daß auch sie allmählich an der Richtigkeit der *Union* Zweifel hegten. Bald durchdrang die Unzufriedenheit mit der *Union* alle Klassen und alle Landesteile, und als 1713 ein Antrag, die *Union* rückgängig zu machen, dem Oberhaus von Seafield und Argyll, die beide eine so wichtige Rolle bei ihrem Entstehen gespielt hatten, vorgelegt wurde, lehnten ihn nur vier Stimmen ab.

Es war naheliegend, daß sich unter diesen Umständen die Jakobiten ermutigt fühlten. Seit dem Tod James VII. im Jahr 1701 hatten sie seinen Sohn James Edward als ihren rechtmäßigen König angesehen und nach dem Tod seiner Halbschwester Anne auf seine Rückkehr gehofft. »Die Jakobiten«, schrieb Pfarrer Wodrow von Eastwood 1710, »sind mächtig anmaßend . . . sie sprechen davon, daß ihr König herüberkommen wird, entweder durch einen Parlamentsbeschluß oder durch eine Invasion im kommenden August.« »Sie prahlen gewaltig, was hoffentlich ihrer Sache schaden wird«, fügte er bissig hinzu. Schon waren viele Anführer der Tories und sogar einige Whigs, sowohl in England als auch in Schottland, mit James an seinem Hof in Frankreich in Verbindung getreten. Als Anne 1714 erkrankte, schien ein Staatsstreich der Jakobiten möglich. Dies jedoch wurde durch das rasche Handeln der Whig-Regierung verhindert. Auf Annes Tod folgte auf der Stelle George of Hanover auf den Thron, Sohn der Kurfürstin Sophia, die kurz vor ihrer Kusine gestorben war. Am 5. August 1714 wurde George in Edinburgh öffentlich zum König ausgerufen. In der darauffolgenden Nacht gab die Duchess of Argyll zur Feier dieses Ereignisses in Holyrood einen großen Ball.

Wäre James bereit gewesen, zum protestantischen Glauben überzutreten, oder hätten er und seine Anhänger größere Initiative an den Tag gelegt, hätte er jetzt wahrscheinlich ohne große Schwierigkeiten König werden können. George I. mangelte es nicht nur an Anziehungskraft, sondern er hatte auch an seinen neuen Untertanen wenig Interesse und nichts mit ihnen gemeinsam, nicht einmal die Sprache. Politisch war er ein parteilicher Monarch, der sich ausschließlich auf die Whigs stützte, denen er den Thron zu verdanken hatte, und den Tories bewußt die kalte Schulter zeigte. Als ihm die Häuptlinge der *Highlands* mit James' Billigung großzügig eine Gunstadresse sandten, nahm er sie einfach nicht entgegen. Dies war kaum die Art und Weise, ihre Untertanentreue zu gewinnen. Inzwischen herrschte auch in den *Lowlands* Unzufriedenheit mit der *Union*, und es gab viele, die auf die Gesundheit des *King over the Water*, des Königs jenseits des Wassers, tranken. Für die neue Dynastie sah die Zukunft nicht günstig aus.

James Edward

Als James VII. 1701 gestorben war, hatte Ludwig XIV. von Frankreich, der am Rand des Krieges gegen England stand, dessen Sohn Hilfe versprochen. Und im März 1708, weniger als ein Jahr nach der *Union*, hatte eine ansehnliche französische Flotte James Edward bis in Sichtweite der schottischen Küste eskortiert. Doch ein Gefecht mit Schiffen der englischen Flotte hatte den französischen Kommandanten abgeschreckt, und trotz James' Drängen, denn ihm mangelte es nicht an persönlichem Mut, war das Unternehmen abgebrochen worden und die Flotte nach Frankreich zurückgekehrt, ohne ihn an Land gesetzt zu haben.

Jetzt, sieben Jahre danach, 1715, war wieder von einem Jakobitenaufstand die Rede. Dieses Mal bestand geringere Hoffnung auf Hilfe durch Frankreich. 1713 war mit dem *Vertrag von Utrecht* den Feindseligkeiten zwischen Frankreich und England ein Ende gesetzt worden, und zwei Jahre später, auf den Tod Ludwigs XIV., ging die Macht in die Hände des Regenten d'Orléans über, der weniger geneigt war, den Jakobiten Unterstützung zu leisten. Doch James Edward, der jetzt siebenundzwanzig Jahre alt war und fast sein ganzes Leben im Exil zugebracht hatte, beschloß nichtsdestoweniger, den Versuch zu wagen. Im Sommer 1715 schrieb er deshalb von Frankreich aus an den Earl of Mar, mit dem

Prinz James Edward, 1701, dreizehnjährig. In jenem Jahr starb sein Vater und in jakobitischen Augen wurde er König James VIII. und III.

Ansicht von Perth, aus dem *Theatrum Scotiae* von John Slezer, 1693. Lord Mar eroberte die Stadt für König James, 1715.

er schon seit einiger Zeit eine Korrespondenz unterhalten hatte, und forderte ihn auf, die Clans ohne weiteren Verzug zum Kampf aufzurufen.

Lord Mar, oder *Bobbing John* (Schwankender John), wie ihn seine Zeitgenossen nannten, war ein Helfer Queensberrys und einer der Unterzeichner des *Treaty of Union.* Zu Beginn des neuen Regiments hatte er keinen Augenblick gezögert, sich als »treuen und pflichtbewußten Untertan und Diener« König Georges zu erklären. Doch die kühle Reaktion des Königs hatte ihn enttäuscht, und so war er in Kontakt mit dem im Exil befindlichen Hof getreten. Auf den Empfang von James' Brief ging er, als Handwerker verkleidet, hinunter an die Docks von London und schiffte sich auf einem Kohlenfrachter nach Schottland ein. Nach seiner Ankunft, Mitte August, lud er als erstes seine Freunde und Nachbarn zu einem großen *tinchal,* einer Jagdpartie, auf den Braes of Mar ein. Dort unterrichtete er sie von den Vorgängen. Drei Wochen später, am 6. September, ernannte er James VIII. und III. öffentlich zum König und hißte das alte schottische Banner auf Castletown in Braemar. Zum Entsetzen der abergläubischen Zuschauer löste sich die verzierte goldene Kugel auf der Spitze

des Fahnenmastes und fiel zu Boden. Gleichzeitig verkündete Lord Mar, daß die *Union* ein Fehler gewesen sei, bei dem Schottlands »alte Freiheiten englischen Händen ausgeliefert worden seien.«

Kampfaufruf an die Clans

Anfänglich glückte die Erhebung. Nicht weniger als zwölftausend bewaffnete jakobitische Clansleute scharten sich unter ihren Häuptlingen um die Fahne, und viele nördliche Städte bekannten sich zu König James. Bis Mitte September hatte Mar ohne große Anstrengung Perth erobert. Von dieser günstigen Stellung aus erließ er eine Reihe klangvoller Proklamationen. Zwischen ihm und der englischen Grenze waren nur zweitausend Soldaten der Regierung stationiert, und zwar in Stirling unter dem Kommando des Duke of Argyll.

Doch ungeachtet seiner Fähigkeiten als Politiker, als militärischer Führer eignete Mar sich nicht. Nachdem er Perth erobert hatte, blieb er dort Woche um Woche und versäumte die Gelegenheit eines raschen Vorgehens gegen einen Feind, der unvorbereitet und ihm unterlegen war. An anderen Orten wurden von einzelnen Clans unabhängige Kämpfe geliefert. Die MacGregors versuchten vergeblich Dumbarton Castle zu stürmen, während die Macleans und einige Macdonalds auf die Festung der Campbells in Inveraray zumarschierten und den erfolglosen Versuch machten, ihre Heldentaten aus den Tagen von Montrose zu wiederholen. Doch dieses Mal gab es keinen Montrose; es gab nicht einmal einen Dundee. Und nach einigen unentschiedenen Kämpfen gegen Argylls Bruder, Islay, zogen sie sich nach Strathfillan zurück.

Als Mar schließlich Anfang November erfuhr, daß die Jakobiten an der *Border* sich rührten (Kenmure auf der schottischen Seite und Derwentwater und Forster auf der englischen), setzte er seinen erfahrensten Befehlshaber, Mackintosh of Berlum, mit zweitausend Leuten in Marsch, um zu ihnen eine Verbindung herzustellen. Er selber und der Rest seiner Streitmacht blieben weiterhin in Perth. Old Borlum, wie man ihn nannte, hatte Kriegsdienst in der französischen Armee geleistet. Aus eigener Initiative machte er jetzt einen raschen Vorstoß auf Edinburgh, doch kam ihm der nicht weniger erfahrene Argyll zuvor. Daraufhin zog er weiter nach Süden und stieß in Kelso auf Kenmure und Forster. Von dort führten sie ihre vereinte Streitmacht über die *Border* nach Preston in Lancashire, wo sie wegen der Torheit und Trägheit der englischen Jakobiten sehr bald zur Kapitulation gezwungen wurden.

Mar indessen blieb in Perth. Zwar war er, als Argyll Stirling unbeschützt gelassen hatte, um Edinburgh vor Borlum zu schützen, bis Dunblane vorgestoßen. Doch zog er sich wieder nach Perth zurück, als Argyll umkehrte. Mittlerweile hatte im Norden Lord Lovat, Häuptling des Clans Fraser, der erst kürzlich in Frankreich mit König James Kontakt gehabt hatte, seinen Clan zu den Waffen gerufen und Inverness Castle für König George erobert. Damit hatte er bis zu einem gewissen Ausmaß das Vertrauen des Hofes und der Regierung in England zurückgewonnen, die ihn bislang, wie jeder andere auch, mit Argwohn betrachtet hatten. Diejenigen Frasers, die sich Mar angeschlossen

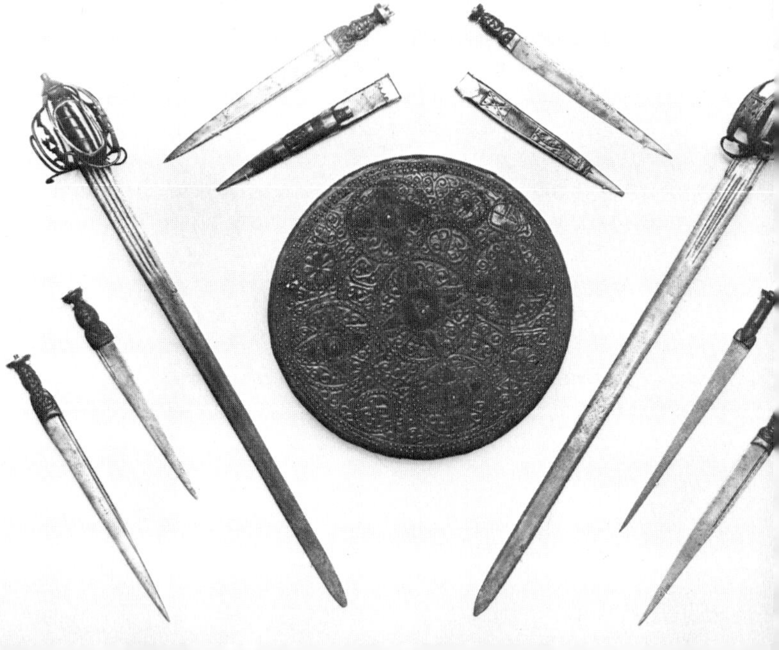

Dolche, Schwerter und Schild aus den *Highlands* des 17. und 18. Jhs.

hatten, desertierten daraufhin, auch viele Gordons, denen bald Huntly, der Sohn ihres Häuptlings, folgte. Die Situation der Jakobiten im Norden verschlechterte sich zusehends. Die Whigschen Clans, die Sutherlands, Frasers, Mackays, Rosses und Munroes beherrschten die Lage fast völlig.

Dann traf die Nachricht ein, daß viele Soldaten der Regierung, von Holland kommend, auf dem Marsch zur Verstärkung Argylls seien. In der zweiten Novemberwoche bewegten sich Mar und seine Hauptstreitmacht ein weiteres Mal langsam auf Stirling zu. Argyll zog ihm entgegen, und am Morgen des 13. November trafen sich die beiden Armeen bei Sheriffmuir, ein bis zwei Meilen nördlich von Dunblane.

Zu Beginn des nun folgenden Gefechts warfen die Macleans und Macdonalds auf dem rechten Flügel der jakobitischen Linie ihre Plaids ab und griffen den Feind mit ihren Zweihändern im Sturmschritt an. Für sie stand noch etwas anderes als die Zukunft der einen oder anderen Dynastie auf dem Spiel. Sie kämpften wieder einmal um ihre Existenz als Clans gegen ihren Erbfeind, die sich überall breitmachenden Campbells. »Gentlemen«, sagte Maclean of Duart, ein Veteran aus der Schlacht von Killiecrankie, indem er sich an die Spitze seines Clans stellte und hinüberblickte, wo Argyll seine Truppen gegen ihn hatte aufziehen lassen, »dies ist der Tag, den wir uns schon lange herbeigesehnt haben. Dort drüben steht MacChailein Mor für König George. Hier steht Maclean für König James. Gott segne Maclean und König James. Gentlemen, angreifen.« In dem nun einsetzenden Kampf wurde die Infanterie des Feindes in die Flucht geschlagen. Doch die Clansmitglieder auf dem rechten Flügel bemerkten im Eifer des Gefechts nicht, daß Argylls Kavallerie die Mitte und den linken Flügel ihrer Linie zerschlug und bis nach Allan Water zurücktrieb. Am Ende sah sich keine der beiden Seiten in der Verfassung, eine zweite Runde zu riskieren. Argyll zog sich nach Dunblane und Mar sich wiederum nach Perth zurück.

Militärisch war die Schlacht unentschieden ausgegangen. Doch im weiteren Sinn stellte sie eine Niederlage für die Jakobiten dar. Argyll hielt immer noch Stirling und blockierte auf diese Weise den Weg nach England, von wo bald die Nachricht von der Kapitulation bei Preston eintraf. Je länger Mar in Perth saß, desto schlimmer wurde seine Lage. Seine Hochländer, die nichts zu tun hatten und auf Kriegsbeute nicht hoffen konnten, zogen sich in immer größeren Scharen in ihre Berge zurück. Argylls Armee hatte unterdessen nicht nur aus Holland Verstärkung erlangt, sondern auch durch die Truppen, die durch die Kapitulation der Jakobiten bei Preston freigeworden waren. Die Regierungstruppen, anfänglich an Zahl stark unterlegen, hatten jetzt eine Übermacht im Verhältnis drei zu eins. Nur starker Schneefall hinderte sie daran, sofort mit aller Macht anzugreifen.

So standen die Dinge, als am 22. Dezember 1715 James Edward in Peterhead landete. Doch *Old Mr. Melancholy* war nicht der Mann, eine Situation zu retten, die schon so gut wie verfahren war. Er litt an Fieber und Schüttelfrost. Einiges Gold, das ihm die Spanier geschickt hatten, war vor Dundee auf See

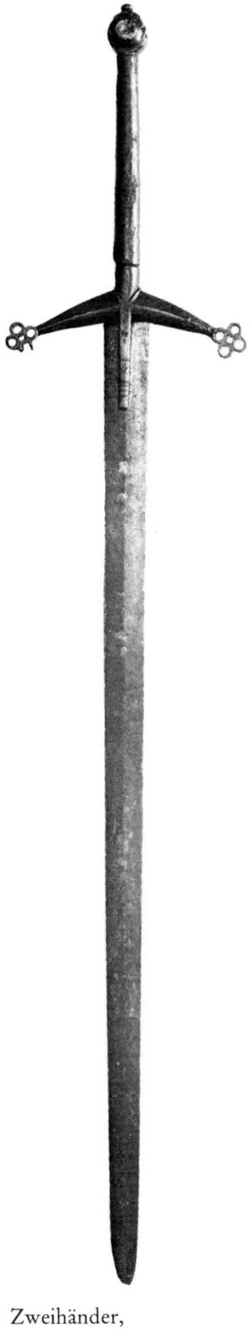

Zweihänder, vermutlich aus dem 16. Jh. Dieser Typ wurde noch in der Erhebung von 1715 verwendet.

Landung des Prinzen James Edward in Peterhead, Januar 1715.

verlorengegangen. »Für mich«, sagte er seinen Offizieren in schwermütiger Resignation, »ist es nichts Neues, Pech zu haben, denn von der Wiege an habe ich in meinem ganzen Leben immer nur Pech gehabt.« Solche Worte waren nicht dazu angetan, schon verzagten Männern wieder Mut beizubringen. Auch konnte er durch seine kühle, reservierte Art keine Zuneigung wecken.

Ende Januar 1716 traf die Meldung ein, daß Argyll sich zum Angriff schickte. Zu ihrer völligen Bestürzung erfuhren darauf die *Highlanders*, daß es die Absicht ihrer Anführer war, Perth aufzugeben und sich nach Norden zurückzuziehen. Schlimmer noch: James Edward und Mar entschwanden, als man Montrose erreichte, und nahmen heimlich ein Schiff nach Frankreich. Als die verbliebenen *Highlanders* in Aberdeen eintrafen, wurde ihnen eine Botschaft von James verlesen, der sie anwies, für sich selbst zu sorgen.

Die Hinrichtung des Earl of Derwentwater und des Viscount Kenmure auf dem Towerhill, 1716. Ihnen und vielen anderen jakobitischen Führern wurde wegen ihres Beharrens auf der Sache von Prinz James Titel und Besitz genommen.

Das Ende der Erhebung von 1715. Ein zeitgenössischer Stich zeigt gefangene Rebellen auf dem Weg nach London, und in Vignetten Episoden aus der Rebellion.

Nach diesen warnenden Ereignissen griff die Regierung in London jetzt zu Maßnahmen, die sie für wirkungsvoll erachtete, um eine weitere Erhebung zu vermeiden. Hunderte von Jakobiten wurden in die Kolonien verbannt, zwei der Anführer, denen es nicht gelungen war, ins Ausland zu fliehen, hingerichtet, und neunzehn Peerswürden und eine Reihe Besitzungen entzogen. Man machte auch den Versuch, die Clans zu entwaffnen, doch dies gelang nur teilweise. Jene Clans, deren Loyalität London gehörte, händigten vorschriftsmäßig ihre Waffen aus, während die anderen irgendwelche veralteten Waffen abgaben, die sie nicht mehr benötigten, und den Rest für künftigen Gebrauch versteckten. Die *Union* war noch unbeliebter als je zuvor, und sogar jene Schotten, die die Hannoveraner unterstützten, verübelten der Regierung diese Haltung ihrem Land gegenüber.

Fort Augustus, 1716 erbaut, um die *Highlanders* unter Kontrolle zu bekommen. Zu der Zeit hieß es Kilchumin. Es wurde 1730 durch General Wade erweitert. Nach der Erhebung von 1745 wurde es zu Ehren des Duke of Cumberland umbenannt.

Die Jakobiten hatten unterdessen in Kardinal Alberoni, dem mächtigen Minister des Königs von Spanien, einen neuen Alliierten gefunden. 1719 kam man überein, das Seaforth und Earl Marischal mit zwei Fregatten und dreihundert spanischen Soldaten an der Westküste Schottlands landen sollten, um die Clans zu mobilisieren. Eine Streitmacht von siebenundzwanzig Schiffen und fünftausend Soldaten segelte nach England. Doch die Jakobiten waren wiederum vom Pech verfolgt. Ein Sturm zersprengte die größere Flotte, bevor sie landen konnte. Das Kommando, das für Schottland bestimmt war, landetet planmäßig am Ufer von Loch Alsh und kam bis zum Glenshiel. Doch hier sahen sie sich zu Lande und zu Wasser einer großen Übermacht an Streitkräften der Regierung gegenüber. Die Spanier kapitulierten. Earl Marischal und die schottischen Jakobiten, die sich ihm angeschlossen hatten, verschwanden in den Bergen. Allerdings gelangten ungefähr sechstausend Musketen, die an Land gebracht worden waren, nach kurzer Zeit in die Hände, für die sie gedacht waren.

Befriedung der Highlands

Die Regierung fuhr fort mit ihren Maßnahmen zur Befriedung und Unterwerfung der *Highlanders.* Die heimische gälische, oder, wie sie es nannten, »irische« Sprache war schon lange eine besondere Zielscheibe englischer und vornehmlich schottischer Reformer aus den *Lowlands* gewesen. Schon 1695 hatte ein Erlaß für die »Errichtung englischer Schulen zur Ausrottung der irischen Sprache und anderer bigotter Gebräuche« Sorge getragen, und 1720, liest man, war es die Absicht der *Society for Propagation of Christian Knowledge* (Gesellschaft zur Verbreitung des Christlichen Wissens) »nicht weiter die irische Sprache bestehen zu lassen, sondern sie zu unterdrücken und dem Volk die englische zu lehren.« Ein neues und noch strengeres Gesetz zur Entwaffnung wurde 1725 erlassen, und viele *Highlanders* brachen vorübergehend mit ihrer Gewohnheit, in der Öffentlichkeit immer Waffen zu tragen.

Inzwischen nahm General Wade, der zum Oberbefehlshaber Schottlands ernannt worden war, ein zehn Jahre dauerndes militärisches Straßenbauprogramm in Angriff, um leichter in die wichtigeren Gebiete der *Highlands* vordringen zu können und um die strategischen Stützpunkte Fort William, Fort Augustus und Fort George zu verbinden. Diese Straßen hatten bei ihrer Fertigstellung eine Gesamtlänge von 260 Meilen. Sie ermöglichten der Zentralregierung eine weit intensivere Kontrolle über die *Highlands* und zerstörten bei ihrer Freigabe mehr noch als alles andere die alte, vorherrschende Ordnung. Gleichzeitig stellte General Wade eine Reihe *Independent Highland Companies* auf, unabhängige Hochlandtruppen, die sich aus Stammesmitgliedern des Whig-Lagers zusammensetzten und später in ein reguläres Regiment umgewandelt wurden, der *Black Watch.* Jetzt übernahmen sie in erster Linie polizeiliche Pflichten. Das Kommando über eine dieser Truppen war eine Zeit lang Lord Lovat anvertraut, wurde ihm aber, sehr zu seinem Ärger, später wieder entzogen.

George II. war 1727 George I. auf den Thron gefolgt. Doch in der Haltung der Regierung Schottlands gegenüber hatte sich nichts geändert, und die Beziehungen zwischen Schottland und England wiesen kein Anzeichen einer

Brücke von Aberfeldy, 1733 unter General Wade als Teil eines Programmes verbesserter Verbindungswege in den *Highlands* erbaut.

Besserung auf. Bis 1725 waren in Whitehall die schottischen Angelegenheiten von einem eigens für Schottland eingesetzten Minister abgewickelt worden. Jetzt, unter der langen Ministerpräsidentenschaft Sir Robert Walpoles, wurden sie der Zuständigkeit des Innenministeriums zugewiesen, während bei fast allen Beschlüssen die Exekutive bei Argyll oder Forbes of Culloden lag, dem *Lord Advocate* (Generalstaatsanwalt) und späteren *Lord Präsident* (Präsident des Geheimen Staatsrates). Mißhelligkeiten verschiedenster Art gehörten zur Tagesordnung. Groll über Malzsteuern und Salzsteuern führten in den Städten zu mehreren Tumultausbrüchen. Schmuggeln wurde zur patriotischen Pflicht, die Steuereinnehmer galten als Feinde der Öffentlichkeit und Schmuggler als Volkshelden. 1736 kam es schließlich zu einem größeren Skandal. Ein gewisser Capitain Porteous hatte in eine aufgebrachte Menschenansammlung schießen lassen, die gegen die öffentliche Hinrichtung eines berühmten Schmugglers protestierte. Daraufhin wurde er von einem schottischen Gericht zum Tode verurteilt, anschließend jedoch begnadigt. Von »unbekannten Personen«, die, »unter höchstmöglicher Geheimhaltung, mit Vorsicht und ebensolchen Nachdruck« handelten, wurde er aus dem Gefängnis geholt und gehenkt.

Auf diese harte Justiz reagierten Königin Caroline, die während des Aufenthalts ihres Mannes in seinem heimischen Hannover als Regentin agierte, und die Regierung in London mit einer *Bill of Pains and Penalties,* einer »Liste an Pein und Strafen«. Die Zunichtemachung des Stadtfreibriefes von Edinburgh wurde gefordert, die Entlassung der Stadtwache, die Zerstörung von Netherbar Port und die Inhaftierung des Provost. Nur der Einflußnahme Argylls auf Königin Caroline, die die Vorfälle auf ihre deutsche Art als eine persönliche Kränkung empfunden und die Absicht geäußert hatte, »Schottland zu einem Jagdrevier« zu machen, war es zu verdanken, daß diese empörenden Strafen nicht wirklich vollzogen wurden, sondern statt dessen der Stadt ein schweres Bußgeld abgepreßt wurde.

Auf diese Weise konnte das Haus Hannover bei seinen schottischen Untertanen keine Sympathie gewinnen. In Europa wurden jetzt Spannungen spürbar, die Britannien schließlich in Kriege verwickelten, erst 1739 mit Spanien und dann im folgenden Jahr mit Frankreich. 1742 kämpfte eine britische Armee, zu der auch das jüngst aufgestellte *Black Watch*-Regiment gehörte, in den Niederlanden. Wieder einmal bestand die berechtigte Hoffnung, daß sich eine jakobitische Erhebung der aktiven Unterstützung mächtiger Verbündeter erfreuen würde.

Lynchjustiz an Captain Porteous, 1736. Dieses Ölbild von James Drummond, entstanden 1855, zeigt auch den zuschauenden Mob. Ein zeitgenössischer Bericht teilt aber mit, daß der Captain in größter Heimlichkeit gehenkt wurde.

Prinz Charles Edward: Porträt von Antonio David, 1732.

Prinz Charles Edward

Die Jakobiten hatten inzwischen auch wieder etwas vorzuweisen. In James' ältestem Sohn, Prinz Charles Edward, besaßen sie einen letzten fähigen Führer, einen jungen Mann von Tatkraft, Mut und persönlicher Anziehungskraft, der mehr als bereit war, wenn sich die Gelegenheit bot, für seine Rechte und die seines Hauses zu kämpfen. Im Januar 1744 verabschiedete sich Prinz Charles von seinem Vater in Rom und begab sich nach Frankreich. Die Franzosen planten zu diesem Zeitpunkt eine Angriff auf England mit einer beachtlichen Flotte. Eine Armee von zehntausend Mann versammelte sich unter dem berühmten Marschall Saxe in Dünkirchen. Im März wurde diese Invasionsflotte von Stürmen zerschlagen und das Vorhaben mußte aufgegeben werden. Im Mai

Am Ufer von Loch nan Uamh, in Moidart, verabschiedet sich Prinz Charles von Antoine Walsh, der ihn von Eriskay über den Minch gebracht hatte. Zeitgenössische Zeichnung, die Walsh vom Prinzen erhielt, bei dessen Rückkehr nach Frankreich.

des darauffolgenden Jahres jedoch fügten die Franzosen den Engländern und Holländern bei Fontenoy eine gründliche Niederlage zu, und Charles' Hoffnungen wuchsen wiederum. »Darf ich zuversichtlich sein«, schrieb er an Ludwig XV. von Frankreich, »daß dieser außerordentliche Sieg, den Eure Majestät soeben über Ihre und meine Feinde (denn sie sind ein und dasselbe) errungen haben, eine gewisse Veränderung in der Lage der Dinge erfolgen läßt; und daß ich aus diesem Siegesglanz, der Euch umgibt, einigen Nutzen ziehen darf?«

Doch dies rief bei Ludwig nicht die spontane Reaktion hervor, auf die Charles gehofft hatte. Auch legten die schottischen und englischen Jakobiten keine große Bereitschaft an den Tag, sich aus eigenem Antrieb zu erheben. Charles wurde es jetzt klar, daß die beste Erfolgsaussicht im eigenen kühnen Handeln lag. Nur so konnten die zögernden Jakobiten zu einem Aufstand bewegt und die zweifelnden Franzosen überzeugt werden, daß seine Sache unterstützungswürdig sei. Mit Geld, das er durch die Pfändung der Rubinen seiner Mutter zusammenbrachte, stattete er eine Fregatte aus, die *Duttelir* oder *Doutelle,* und ein Schlachtschiff, die *Elizabeth.* Im Juli ging er in Nantes in Richtung Schottland unter Segel. Nach einer heftigen Feindbegegnung mit einem englischen Kriegsschiff vor Kap Lizard war die *Elizabeth* gezwungen, wieder umzukehren, doch die *Doutelle* entkam ihren Verfolgern, und am

2. August 1745 landete Prinz Charles mit sieben Anhängern auf der Insel Eriskay von den Äußeren Hebriden.

Der Empfang, den man ihm bereitete, war nicht ermutigend. Macleod und Macdonald of Sleat lehnten es trotz früherer Loyalitätsbekundungen ab, irgend etwas mit ihm zu tun zu bekommen, und Macdonald of the Boisdale drängte ihn besorgt, wieder heimzukehren. *»I am come home«*, erwiderte der Prinz kurz und bündig und segelte mit seinen sieben Gefährten nach Moidart, wo sich Macdonald of Clanranald sofort seiner Fahne anschloß.

Die Nachricht von seiner Landung erfüllte die Jakobiten der Mutterinsel mit Sorge. Sogar Cameron of Lochiel, ein stets glühender Unterstützer der Stuarts, bat ihn, sein Unternehmen abzubrechen. Doch ohne Erfolg. »Wie der Ausgang auch sein wird«, erwiderte Charles, »ich bin entschlossen, mein Banner zu entrollen und mit denen, die ihm folgen, ins Feld zu ziehen. Lochiel, den mein Vater als besten Freund unserer Familie schätzte, mag zu Hause bleiben und das Schicksal seines Prinzen aus der Zeitung erfahren.« Darauf konnte es nur eine Antwort geben. »Ich werde das Schicksal meines Prinzen teilen«, sagte Lochiel, »und so wird es jeder Mann, über den Natur oder Zufall mir Macht verliehen hat.« Darauf wurde am 19. August in Glenfinnan vor rund neunhundert versammelten Camerons und Macdonalds das Banner gehißt und James VIII. und III. ein weiteres Mal zum König ausgerufen.

Von Glenfinnan machte sich der Prinz unerschrocken auf nach Edinburgh und sammelte auf seinem Weg Verstärkung. Bald schon hatten sich fast dreitausend Clansmänner des Westens angeschlossen – Camerons, Macleans und Macdonalds. Auf die Nachricht von diesen Vorgängen zog sich Sir John Cope, der englische Oberbefehlshaber, nordwärts in Richtung Inverness zurück, um eine Begegnung mit der Streitmacht des Prinzen am Pass of Corryarrick zu vermeiden. Damit gab er den Weg frei zur Hauptstadt.

Nachdem die *Highlanders* Perth erobert hatten, marschierten sie auf Edinburgh zu. Es war Mitte September. In Coltbridge trafen sie auf zwei Dragonerregimenter der Regierung, die sie in die Flucht schlugen. In der Stadt selber herrschte Panik. Die Stadtwache und die Freiwilligen machten sich auf und davon. Als das Netherbar-Tor geöffnet wurde, um eine Kutsche einzulassen, überrumpelte ein Trupp Camerons die Wachposten und gewann Kontrolle über die schlafende Stadt. Am folgenden Tag wurde James VIII. am Marktkreuz zum König proklamiert und Charles zog im Triumph in Holyrood ein. »Er wurde«, wird uns berichtet, »von einer großen Menschenmenge begrüßt, die durch wiederholte Zurufe und Hurras ihre Freude darüber bekundeten, den Prinzen zu sehen.« Nur wenige waren nicht so begeistert, sprachen von einem »papistischen italienischen Prinzen, mit dem merkwürdigsten Haufen in Begleitung, den Britannien hervorbringen könnte, in Plaids, mit Dudelsäcken und nackten Hintern . . . Krethi und Plethi.«

Inzwischen gelangte General Cope in Aberdeen an. Die Frasers und die großen Whig-Clans des Nordens waren ihm nicht, wie er gehofft hatte, zu Hilfe geeilt. Sie warteten ab, wie sich die Dinge entwickelten. Um nicht völlig

Toastgläser, 18. Jh.; aus ihnen trank man auf das Wohl »des Königs über dem Meer«.

Einzug von Prinz Charles in Edinburgh, wo sein Vater als König James (Jakob) VIII. ausgerufen wurde.

abgeschnitten zu werden, verlud Cope seine Soldaten etwas verschämt auf einige Schiffe, ging mit ihnen in Dunbar an Land und marschierte auf Edinburgh zu. Bei Prestonpans stieß er auf den Prinzen, der ihm entgegengezogen war. Wie schon häufig zuvor konnte die reguläre Infanterie der Gewalt des Angriffs der *Highlanders* nicht standhalten. »The thin red line«*, die dünne rote Linie, wankte und brach auseinander; die Artillerie der Regierung verpaßte ihre Gelegenheit; und Copes zwei Dragonerregimenter suchten wieder einmal die Flucht. *»They ran«*, schrieb Charles an seinen Vater, *»like rabets.«* (Sie rannten wie die Kaninchen.) John Cope überließ es seinen Truppen, sich den Rebellen zu ergeben und galoppierte, den Meldereitern voraus, um die Kunde über die Ereignisse nach Berwick zu bringen. »Der erste General Europas«, wurde danach über ihn gesagt, »der die Botschaft über seine eigene Niederlage selber brachte.«

Prestonpans

Sein Sieg bei Prestonpans überzeugte Charles voll und ganz von der Schlagkraft der ihm dienenden Truppen. Er brachte ihm auch erneut Verstärkungen. Doch er versäumte es, seinen Vorteil auszunutzen und weilte länger als einen Monat in Edinburgh, während Georges' II. Regierung aufs höchste

* die Engländer trugen rote Uniformröcke

beunruhigt, mehr und mehr holländische und englische reguläre Truppen aus Flandern abzog und sie zum alten General Wade, der jetzt Feldmarschall war, nach Newcastle in Marsch setzte. In London hatte man der erst jüngst geschöpften Nationalhymne einen neuen Vers hinzugefügt, der jeden Abend in der Theaterstraße Drury Lane unter lautem Beifall gesungen wurde:

God grant that Marshal Wade
May by thy mighty aid
Victory bring.
May he sedition hush
And like a torrent rush
Rebellious Scots to crush.
God Save the King.

Charles hatte auf aktive französische Unterstützung gehofft. Nachschub und Geld kam zwar aus Frankreich, doch keine Männer. Weiteres Hinauszögern war ausgeschlossen. In einem Brief an seinen Vater, dem er im Oktober aus Edinburgh schrieb, nannte er seine Truppenstärke: achttausend Mann und dreihundert Pferde. »Mit diesen, so wie die Dinge stehen«, schrieb er, »werde ich nur einmal zuschlagen können und damit die Entscheidung herbeiführen . . . ich muß entweder erobern oder werde binnen kurzem zugrundegehen.« Wieder hoffte er, es mit Kühnheit zu schaffen. Anfang November überquerte er die *Border* und begann seinen Vorstoß nach London.

»Ein Rennen von Preston Pans nach Berwick«; zeitgenössische satirische Erläuterung zu Sir John Copes Überbringung der Nachricht von seiner eigenen Niederlage.

Lord George Murray, Prinz Charles' Generalleutnant. Bildnis von unbekannter Hand.

Gegenüber:
Englische Infanteristen verabschieden sich am Schlagbaum von Tottenham Court Road, bevor sie nach Finchley marschieren, um auf Prinz Charles' Streitkräfte zu treffen. Stich von William Hogarth.

Charles hätte am liebsten als erstes Wade in Northumberland angegriffen, doch auf den dringenden Rat Lord George Murrays, seines Generalleutnants, war er schließlich damit einverstanden, über Carlisle nach Lancashire vorzustoßen. Man hoffte, daß sich ihm dort eine große Anzahl englischer Jakobiten anschließen würde. Diese Hoffnung sollte dann aber nicht in Erfüllung gehen. Es wurde ihm in England zwar kein nennenswerter Widerstand geleistet, wo die Bewohner erleichtert waren, daß die *Highlanders* sich nicht als Kannibalen entpuppten, wie man ihnen glauben gemacht hatte. Aber es schlossen sich ihm auch nur zwei- bis dreihundert Rekruten an, die hauptsächlich aus Manchester stammten, während schon einige seiner schottischen Soldaten, die an Heimweh litten, desertierten.

Prinz Charles wurde nun aus dem Nordosten von Wade und seiner Armee bedroht; der junge dicke Sohn Georges' II., der Duke of Cumberland, stieß durch Mittelengland mit einer weiteren Armee vor; und eine dritte, von fragwürdiger Qualität, wurde bei Finchley zur Verteidigung der englischen Hauptstadt zusammengezogen; alles in allem ungefähr dreißigtausend reguläre Soldaten gegen nicht mehr als fünftausend schlecht ausgerüstete *Highlanders* und einige hundert Mann aus Manchester.

Anfang Dezember hatte die *Highland*-Armee Derby erreicht, und dort hielt Charles Kriegsrat über seinen nächsten Schritt. Er war jetzt nur 130 Meilen von London entfernt. Er hatte nicht einen einzigen Rückschlag erlitten. In der englischen Hauptstadt herrschte Panik. Die *Bank of England* zahlte in Sixpences, und George II. traf Anstalten, nach Hannover zurückzukehren. Es war ein Augenblick, in dem ein kühner Streich die beste, wenn nicht gar einzige Hoffnung auf Erfolg versprach. Besonnenheit würde zu Ausweglosigkeit

führen. Charles, der dies erkannte, wollte sein Vorrücken fortsetzen. »Ich kann für uns nur Verderben und Vernichtung sehen, falls wir uns zurückziehen sollten«, sagte er.

Doch seine Ratgeber, angeführt von Lord George Murray, sahen nur die augenscheinlichen Gefahren eines weiteren Vorstoßes, und sie gewannen mit ihren Begründungen schließlich die Oberhand. Es wurde beschlossen, sich in die *Highlands* zurückzuziehen, von wo aus ein neuer Feldzug, so meinte Lord George, im Frühjahr gestartet werden könne. Darauf geriet, nach den Worten Lord Elchos, Charles »in einen Wutausbruch und belegte die Gentlemen, die argumentierten, mit heftigen Schimpfworten und sagte, daß sie im Sinne hätten, ihn zu verraten.« Dennoch begann am 6. Dezember 1745 seine Armee ihren langen Marsch nach Norden und Horace Walpole in London konnte sich die Worte leisten, daß er »eine Rebellion, die davonläuft« nicht länger fürchte.

Am 19. Dezember trafen die *Highlanders* in Carlisle ein, überquerten am folgenden Tag den Esk und befanden sich damit wieder auf schottischem Boden. Doch, wie sie merken mußten, nicht unbedingt in Freundesland. Dumfries verhielt sich unverhohlen feindlich und Glasgow nicht sehr viel anders. In den *Highlands* hatten sich zwar mehr Clans offen für den Prinzen erklärt, so daß seine Schar wieder anwuchs. Doch Seaforth (genauer Lord Fortrose) und seine Mackenzies hatten sich den Hannoveranischen Clans des Nordens, den Sutherlands, Macleods, Mackays und Munroes angeschlossen. Lord Lovat dagegen, dessen Interesse durch die Aussicht eines jakobitischen Herzogtums geweckt war, wechselte jetzt, trotz dringlicher Bitten seines alten Whigschen Freundes Forbes of Culloden, dergleichen nicht zu tun, in das Lager Prinz Charles' über.

Der Duke of Cumberland nimmt die Übergabe von Carlisle durch den französischen Kommandeur am 30. Dezember 1745 entgegen.

Im Januar 1746 setzte Charles seinen Marsch nach Norden fort und rückte mit sieben- bis achttausend Mann auf Stirling zu. In Falkirk traf er auf eine weitaus stärkere Streitmacht der Regierung unter General Hawley. Wieder jagten die Stoßtaktiken der *Highlanders* die Regulären in die Flucht. Doch die Schlacht war nicht entscheidend, und abermals nutzte Charles seinen Vorteil nicht aus. Statt dessen hob er die Belagerung von Stirling auf, bewegte sich weiter nach Norden jenseits des Tay und errichtete sein Hauptquartier in Inverness. Enttäuschung und Untätigkeit verlangten wieder ihre Opfer: die Moral sank und die Zahl der Gefolgsleute schrumpfte.

Während all dieser Zeit hatte die Regierung mehr und mehr Truppen aus Flandern zurückbeordert. Sie wurden nach Schottland gesandt und in Aberdeen unter dem Kommando des Duke of Cumberland versammelt, der dort sechs Wochen mit sorgfältigen Vorbereitungen verbrachte. Im April 1746 erfuhr Charles, daß Cumberland mit einer gut ausgerüsteten, vorzüglich gedrillten und vor allem gut genährten Armee von der doppelten Größe der seinen auf Inverness anrückte.

Culloden

Nach Empfang dieser Nachricht machte Charles den angestrengten Versuch, seine Truppen zu sammeln und konnte am Ende ungefähr fünftausend hungrige, schlecht ausgerüstete *Highlanders* auf Culloden Moor nahe Inverness um sich scharen. Die Gegend war völlig ungünstig für die guerillaähnlichen Kampftaktiken der *Highlanders*, dagegen sehr von Vorteil für reguläre Truppen. Am 14. April überquerte Cumberlands Armee den Spey und schlug ihr Lager zwölf Meilen entfernt, nahe der Stadt Nairn auf.

In der Nacht vom 15. auf den 16. April riet Lord George Murray, dem mit Recht das Gelände nicht zusagte und der hoffte, durch einen Überraschungsangriff das Gleichgewicht zwischen den beiden Armeen herzustellen, zu einem Nachtangriff auf Cumberlands Lager. Doch der Plan scheiterte. Die *Highlanders*, die am Tag zuvor pro Kopf nur ein Stück Zwieback gegessen hatten, verbrachten die halbe Nacht damit, im Dunkeln umherzuirren, ohne auf den Feind zu stoßen. Als sie schließlich in ihr Lager zurückkamen, waren sie völlig erschöpft und schliefen ein, wo sie sich auf den Boden fallen ließen. Bei Tagesanbruch gab Cumberland seinen satten, gedrillten und ausgeruhten Regulären den Befehl zum Angriff, und die hungrigen und erschöpften *Highlanders* wurden durch die Trommeln des Feindes aus dem Schlaf gerissen und zu den Waffen gerufen.

Cumberland begann seinen Angriff mit einem schweren Artilleriesperrfeuer, das die *Highlanders* nicht wirksam erwidern konnten. Nachdem dies eine Stunde lang angedauert hatte und sich mehr und mehr Lücken in ihren Reihen zeigten, begannen sie ungeduldig zu werden, und der Prinz ließ durch Lord George Murray Befehl zum Angriff geben. Die Macdonalds, die aus Tradition das Vorrecht hatten, den rechten Flügel der Kampflinie zu bilden, waren links plaziert worden und deshalb verstimmt. Die Camerons, Clan Chattan, die

Die Schlacht von Culloden, 16. April 1746. Stich von unbekannter Hand, der wenige Wochen nach der Schlacht veröffentlicht wurde. Er zeigt, vor dem Culloden House, wie der *Young Chevalier* zu Pferd vor dem Duke of Cumberland flieht.

Macleans und die Maclachlans in der Mitte stießen als erste mit den Feind zusammen. »Sie kamen auf unsere Kampflinie wie ein Rudel hungriger Wölfe zugestürzt«, schrieb ein Soldat der Royal Scots aus Ayr am nächsten Tag an seine Frau. Doch dieses Mal waren die Hannoveraner auf den Angriff der *Highlanders* vorbereitet. »Nichts konnte verzweifelter sein, als ihr Angriff«, sagte Colonel Whitefoord von den Fifth Marines, »und nichts gebührender begrüßt.« Nachdem sie durch Cumberlands erste Kampflinie durchgebrochen waren, und die zweite angegriffen hatten, sahen sich die *Highlanders* zwischen zwei Feuern gefangen und starben zu Hunderten unter dem hannoveranischen Bajonettangriff.

Bei den regulären englischen und schottischen Regimentern der *Lowlands* standen vier Kompanien von Argylls Leuten – seine »mutigen Campbells«, wie Cumberland sie nannte. Jetzt richtete die feindliche Kavallerie die Waffen auf die Jakobiten. *»Allein comma leat misse, mas toil leat do bheatha thoir'n arrigh dhuit fhein.«* »Denk nicht an mich, paß auf dich selber auf, wenn dir dein Leben lieb ist«, sagte der alte Maclean of Drimnin, als er von seinem Sohn Allan erfuhr, daß sein anderer Sohn Lachlan tot war. Dann wandte sich der alte Mann, der einst in der Royal Navy gedient hatte und jetzt im Getümmel Schottenmütze und Perücke verloren hatte, um und trat dem Feind entgegen. »Es wird nicht umsonst sein«, sagte er und schlug den ersten englischen Dragoner, auf den er traf, nieder, schaffte es, einen weiteren zu verwunden, bevor drei andere aus dem Gewehrrauch geritten kamen und ihm ein Ende machten. Auf der linken Flanke waren die Macdonalds, von englischer Kavallerie umrundet, durch

Diese alte Hütte auf dem Schlachtfeld ist das einzige Gebäude, das die Schlacht von Culloden überstand.

Captain Grosset von den Truppen des Königs wurde von einem von Prinz Charles' Leuten, den er gefangengenommen hatte, erschossen.

Kartätschen niedergemäht worden, noch bevor sie überhaupt mit dem Feind handgemein werden konnten. Bald ritten auf dem gesamten Schlachtfeld englische Kavalleristen die *Highlanders* nieder und richteten unter den Verwundeten ein Gemetzel an.

Prinz Charles, heißt es, traten beim Anblick der Vernichtung seiner Armee die Tränen in die Augen. Als es vorbei war, ließ er sich von einem seiner Offiziere vom Schlachtfeld führen. »Jetzt machst du dich davon, du verdammter feiger Italiener«, lautete der grobe lowländisch-unverholene Kommentar Lord Elchos, der dann selber das Weite suchte, um später einen wertvollen Bericht über seine Erfahrungen während des Aufstandes zu veröffentlichen.

Flora Macdonald nach einem Porträt von Allan Ramsay. Sie half mutig Prince Charlie, als er ein Flüchtling war, der Verhaftung zu entgehen und wurde für die Jakobiten eine Heldin.

Die dann folgenden fünf Monate wanderte Prinz Charles, früher der strahlende »Bonnie Prince Charlie«, auf den ein Kopfgeld von 30 000 £ ausgesetzt war, nun als gejagter Flüchtling, manchmal nur mit zwei oder drei Gefährten, durch die westlichen *Highlands* und über die Inseln. Die 30 000 £ konnten, so versicherten ihm die armen *Highlanders*, die ihm begegneten, keine Versuchung für sie sein. Denn wer immer sich dieses Kopfgeld verdiente, würde es nicht wagen, jemals wieder in den *Highlands* sein Gesicht zu zeigen. Dank der Treue und der Findigkeit seiner Freunde und wahrscheinlich auch der Halbherzigkeit einiger jener, die nach ihm fahnden sollten, wurde er von den Soldaten der Regierung, die jetzt das ganze Gebiet durchkämmten, nicht gegriffen. Von South Uist, wohin er als erstes Zuflucht genommen hatte, setzte er über nach Skye und von dort zurück aufs Mutterland. Während all der Gefahren und Härten jener anstrengenden Monate zeigte sich Charles von unversiegbarem Mut und Frohsinn und gewann die Herzen und die Ergebenheit aller, die ihm begegneten. Es war im gewissen Sinn seine Erfüllung: etwas, das ihm nie zuvor gewährt worden war und nie wieder gewährt werden würde. Am 19. September 1746 nahm ihn schließlich unter Schwierigkeiten eine französische Fregatte am Ufer desselben Lochs auf, an dem er vierzehn Monate zuvor gelandet war. Von dort aus wurde er sicher nach Frankreich zurückgebracht und war für den Rest seines Lebens ein unglücklicher Verbannter. *Bliadnar Thearlaich*, Charlies Jahr, wie die *Highlanders* es nannten, war vorüber.

»Der Angenehme Kontrast« von Prinz Charles mit Flora Macdonald zu dem »Schlächter« Cumberland mit einer Stadtdirne. Einmal auch illustrierte Propaganda für die Verlierer.

VII.

»Menschen, trotz alledem«

William Augustus, Duke of Cumberland. Porträt von Sir Joshua Reynolds.

Die Erhebung von 1745 hatte der Regierung einen ziemlichen Schrecken eingejagt. »Ich zittere vor Angst«, schrieb Cumberland, »daß dieses elende Stück Land der Ruin dieser Insel und unserer Familie sein könnte.« Die Erhebung aber auch bot ihr und ihren Anhängern in Schottland die lang gesuchte Gelegenheit, mit den *Highlanders* endgültig abzurechnen. Im Duke of Cumberland fanden sie das ideale Werkzeug für diese Aufgabe. Er erledigte sie mit typisch deutscher Gewissenhaftigkeit.

Nach der Schlacht von Culloden wurde kein Pardon gegeben. Hunderte von verwundeten Jakobiten wurden auf des Dukes ausdrückliche Anweisung noch auf dem Schlachtfeld erschossen. Der Einfachheit halber verbrannte man einige lebendigen Leibes. Gefangene wurden in einer Weise behandelt, daß sie zu Hunderten starben. Kommandos aus Regierungstruppen, sowohl schottischen als englischen, schickte man in die Gebiete derjenigen Clans, die Prinz Charles die Treue gehalten hatten, um den Geflohenen nachzusetzen. Ihre Häuser wurden geplündert und in Brand gesteckt, ihr Vieh weggetrieben und ihr Land verwüstet. Als der Provost von Inverness, ein guter Whig, ankam, um für eine bessere Behandlung seiner Landsleute zu plädieren, stieß man ihn die Treppe hinunter. Und Forbes of Culloden, der auf seine Weise mehr als jeder andere zum Gelingen der Sache der Hannoveraner in den *Highlands* beigetragen hatte, und sich jetzt für weniger Brutalität einsetzte, wurde von Cumberland entlassen als »jenes alte Weib, das mir von Menschlichkeit sprach«. Im Mai 1746 empfing der Duke als Krönung seines Triumphes eine offizielle Ergebenheitsadresse der *General Assembly of the Church of Scotland.* In ihr wurde seine Haltung und seine Unnachgiebigkeit in höchst überschwenglichen Wendungen gelobt und sogar von den »allgemeinen Segnungen« gesprochen, die durch seine Familie »der Menschheit« erwiesen würden. Die Regierung ließ Cumberlands Sieg eine Reihe von Verfügungen folgen, deren Ziel es war, jegliches Risiko einer jakobitischen Wiedererhebung auszuschalten, indem der Geist der *Highlanders* gebrochen und ihre Lebensweise zerstört wurden. Die Episkopalkirche, die im Verdacht stand, die jakobitische Sache zu begünstigen, wurde bewußter und methodischer als je zuvor verfolgt. Die meisten der jakobitischen Anführer, die nicht in der Schlacht umgekommen waren und nicht übers Meer hatten entkommen können, wurden angeklagt und hingerichtet; Hunderte von Clansleuten wurden in die Kolonien verschickt. Selbst der bejahrte Lovat, der mit geringerer Weitsicht, als sonst bei ihm üblich, seinen Clan im letzten Augenblick auf die Seite des Verlierers gebracht hatte, wurde in den Tower of London gebracht und wie sein Vorfahre, vier Jahrhunderte zuvor, enthauptet. Er begegnete seinem Schicksal ehrenvoll, mit Würde und Mut. Als er zum Hinrichtungsort geführt wurde, war der Andrang der Massen so groß, daß eine der Tribünen zusammenbrach und eine Reihe Leute getötet wurden. »Je größer das Unglück«, war die für den alten Mann typische Bemerkung, »desto größer der Spaß.«

Entwaffnung der Clans

Die jakobitischen Häuptlinge gingen ihrer Besitzungen verlustig, und man begann äußerst entschlossen, das Clansystem endgültig zu zerstören. Eine spezielle Entwaffnungsakte wurde von Lord Hardwicke, dem Lordkanzler, ausgearbeitet, dessen Sohn Joseph als Cumberlands *aide-de-camp* in Culloden dabeigewesen war. Diese Akte, die 1746 erlassen wurde, unterwarf nicht nur das Tragen und den Besitz von Waffen schweren Strafen, sondern auch das Tragen des *kilt,* des *plaid* oder eines anderen Tartan-Kleidungsstückes mit den Karos der Clans. Sogar der Dudelsack wurde als *an instrument of war* verboten. Gleichzeitig hob man die erbliche Gerichtsgewalt der Häuptlinge auf und verfolgte verschiedene andere Maßnahmen, um ihre Macht zu brechen und die traditionelle patriarchalische Beziehung zu ihrem Clan zu zerstören. Die Politik der Regierung führte letztlich zur Massenauswanderung. Dr. Samuel Johnson, der sicher nicht übermäßig für Schottland eingenommen war, äußerte die beißende Bemerkung, daß »friedlich zu regieren, nachdem man sich der

Simon, Lord Lovat, wegen Verrats vor Gericht. Er wurde für schuldig befunden, in den Tower gebracht und enthauptet.

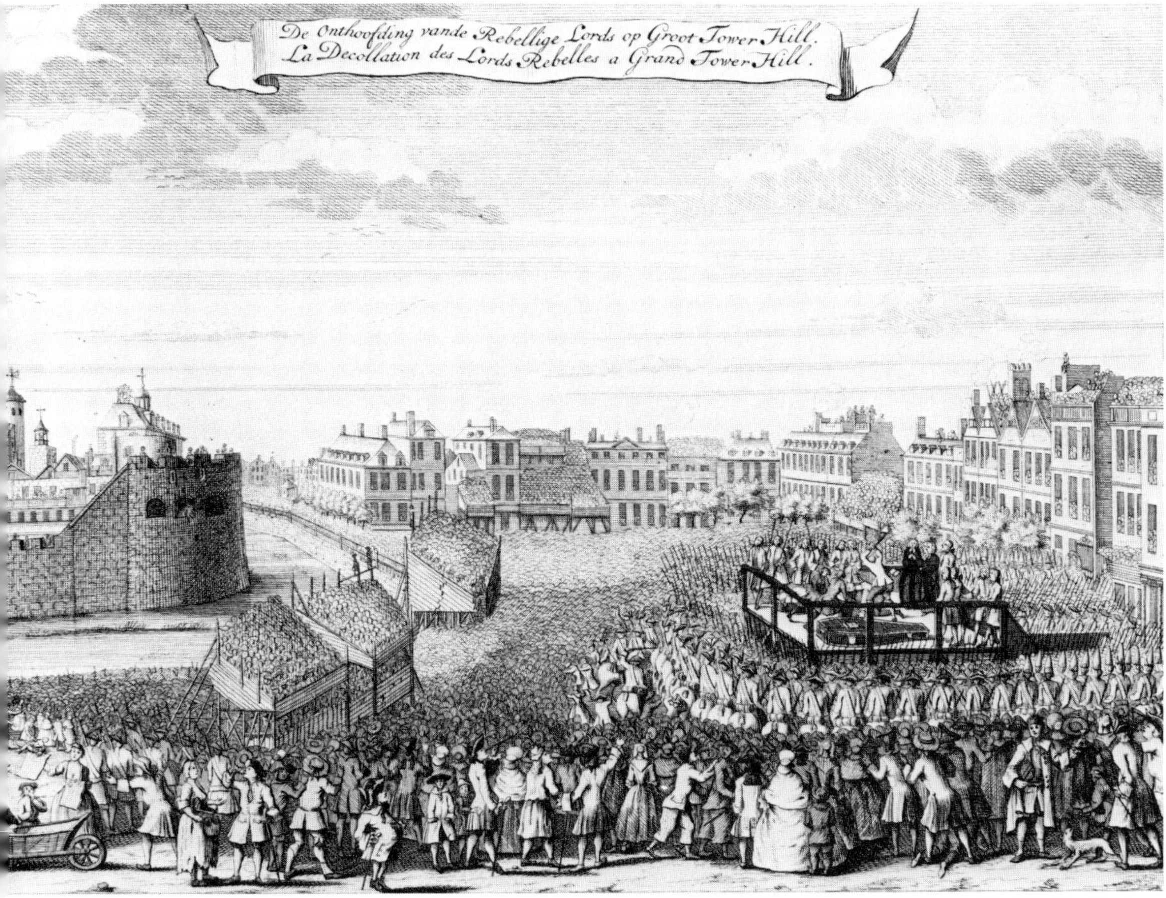

Hinrichtung von zwei rebellischen Lords auf dem Tower Hill vor einer riesigen Menge von Zuschauern. So groß war der Andrang, daß eine der Tribünen zusammenstürzte und mehrere Leute tötete.

Untertanen entledigt habe, ein Mittel sei, das nicht für große Stärke einer Politik spräche«. Seine Worte riefen, möglicherweise absichtlich, die Rede ins Gedächtnis, die siebzehn Jahrhunderte zuvor Tacitus in den Mund seines kaledonischen Helden Calgacus gelegt hatte, *solitudinem faciunt, pacem appellant.*

Dennoch lebte etwas von dem alten Geist weiter fort. Spione, die Lord Albemarle, der jetzt Oberbefehlshaber in Schottland war, ausschickte, berichteten, daß die Macleans, die Grants of Glenmoriston, die Macphersons, die MacDonnells of Glengarry und die Camerons alle darauf brannten, *to do it again*, es nochmals zu tun, wenn man nur Hilfe von Frankreich erlangen könnte. Am 15. Mai 1752 wurde Campbell of Glenure, als er von den enteigneten jakobitischen Ländereien Lochiel und Ardshiel in Appin Pächter vertrieb, am hellichten Tag von einem Scharfschützen erschossen, der dank guter Planung und der allgemeinen Sympathie für seine Tat, ungestraft entkommen konnte. Allerdings sorgte der Duke of Argyll und ein Campbell-Gericht dafür, daß ein anderer, unschuldiger Mann statt seiner gehenkt wurde. Und sogar noch im Jahr 1770 wurde Argyll durch Geheimagenten informiert, daß die Macleans sich wiederum aufrührerisch verhielten.

Doch für die jakobitische Sache gab es eigentlich keine wirkliche Hoffnung mehr. Prinz Charles, der nun selber seit 1766 *King over the water,* König im Exil, geworden war und verspätet ein Protestant, lebte in Italien in einem gemieteten Palast. In der Eingangshalle war das königliche Wappen Großbritanniens an die Wand gemalt, und auf dem Dach stand eine Wetterfahne, die auch noch heute das königliche Monogramm CRIII trägt. Er wurde ein trübseliger, trunksüchtiger, ältelnder Gentleman mit einer unerfreulichen, untreuen deutschen Ehefrau und ohne legitime Kinder. Neben der Flasche war seine einzige Tröstung seine natürliche Tochter Charlotte, Robert Burns *Bonnie Lass of Albany,* der er viel Zuneigung entgegenbrachte und den Titel Duchess of Albany verlieh. Sie heiratete nie, gebar allerdings dem Erzbischof von Bordeaux drei Kinder. Manchmal, so wurde berichtet, sang wohl ein Besucher oder ein Mitglied aus Charles' Umgebung *Lochaber no more* oder irgendein anderes jakobitisches Lied, und bei den Erinnerungen, die es weckte, traten ihm Tränen in die trüben Augen.

Unterschrift von Charles Edward auf einem Brief an seinen Bankier, ca. 1773. Da sein Vater gestorben war, unterzeichnet er »Charles R.«, König Charles III.

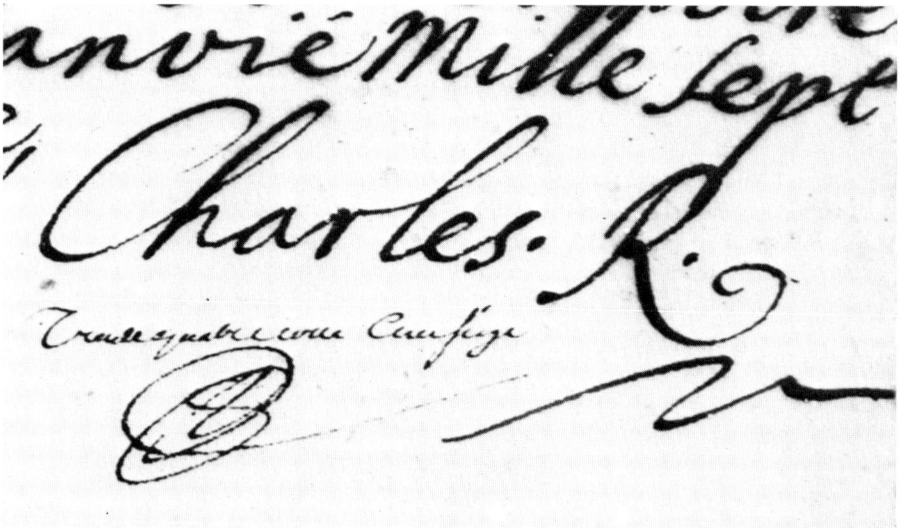

Gegenüber: Marmornes Grabmal in St. Peter, Rom, von James (Jakob) III., Charles Edward und seinem Bruder Henry. König George III. ließ es errichten.

IACOBO · III
IACOBI · II · MAGNAE · BRIT · REGIS · FILIO
KAROLO · EDVARDO
ET · HENRICO · DECANO · PATRVM · CARDINALIVM
IACOBI · III · FILIIS
REGIAE · STIRPIS · STVARDIAE · POSTREMIS
ANNO · M · DCCC · XIX
BEATI MORTVI
QVI IN DOMINO MORIVNTVR

Generalsynode der Church of Scotland, 1787, in der Tron Church in Edinburgh. Der Earl of Dalhousie präsidiert (rechts), und der Redner hinter der Schranke (links) ist James Boswell.

Gegenüber: George IV. in seinem *Kilt;* Porträt von Sir David Wilkie.

Aussöhnung

Auf Charles' Tod, 1788, folgte als Haupt des Hauses Stuart sein jüngerer Bruder Henry, Cardinal York, der durch seinen Kircheneintritt die Zukunftsaussichten seiner Dynastie gänzlich zunichte machte, aber dennoch einen Lebensstil annahm, als sei er Heinrich IX. 1807 starb auch er. Zwölf Jahre später wurde den beiden Brüdern und ihrem Vater ein edles, marmornes Grabmal in St. Peter errichtet. Dies geschah durch den Großmut ihres entfernten Verwandten und rechtmäßigen Nachfolgers König George III. von England, der damals schon geisteskrank war und fast auf dem Sterbebett lag. 1822 stattete sein gefühlsseliger Sohn George IV., den plumpen Körper mit dem drapiert, was er für den Royal Tartan hielt, Schottland einen Staatsbesuch ab. Er tat dies als erstes Mitglied seiner Familie nach seinem Urgroßonkel William Duke of Cumberland fast achtzig Jahre zuvor, und als erster regierender Monarch

irgendeiner Dynastie seit Charles' II. kurzem, doch ereignisreichen Aufenthalt im Jahre 1650. Er wurde von Sir Walter Scott, der selber Campbell-Tartan trug, und von vielen anderen mit Begeisterung begrüßt und in großartigem Stil von Lord Hopetoun gastlich aufgenommen, dessen Vater sich seinerzeit die Mühe gemacht hatte, dem siegreichen Duke of Cumberland bei dessen Rückkehr von Culloden zur Begrüßung in einer Kutsche entgegenzufahren.

Doch alle frühere Nichtachtung, die die Monarchen für den nördlichen Teil des United Kingdom gezeigt hatten, wurde mehr als nur wettgemacht durch die nicht nachlassende Aufmerksamkeit, die die unbezähmbare Nichte Georges'

Königin Victoria, in ihren *dear Highlands*, steigt aus einem Boot ans Ufer von Loch Muich. Diese Aquarellvorlage für ein Ölbild stammt von Sir Edwin Landseer (ca. 1850).

IV., Queen Victoria, ihm nachträglich schenkte. Mit ihrem, im leuchtenden Kilt gekleideten Gemahl, Prinz Albert von Sachsen-Coburg-Gotha, verbrachte sie dort regelmäßig ihre Sommerferien, die sie Tag für Tag bis ins einzelne in ihrem *Journal of our Life in the Highlands* schilderte. »Wir hatten immer die Gewohnheit«, schrieb sie in einer erläuternden Fußnote, »uns mit den *Highlanders* zu unterhalten – mit denen man dort in so enge Berührung kommt. Der Prinz schätzte ihre guten Manieren, ihre Schlichtheit und Intelligenz, was das Gespräch mit ihnen so angenehm und lehrreich macht.« Und dann: »Der Blick über die geliebten Hügel war so malerisch; der Tag so schön; das ganze *so gemütlich.*«

Es war eine Tradition, die auf glückliche Manier von den Nachfolgern Victorias fortgesetzt wurde. In den Jahren, die folgten, war es passenderweise die Krone, die als stärkste Verbindung zwischen Schottland und dem anderen

Edinburgh Castle, Gemälde von Paul Sandby (ca. 1750).

Teil des United Kingdom diente. George VI. heiratete die Tochter einer alten schottischen Familie und gab damit seiner Dynastie eine stärkere natürliche Verbindung mit Schottland, als sie je existiert hatte, seit James VI. und I. in seiner Staatskarosse, mit aufgepackter Golftasche voller Schläger, südwärts gerollt war. Außerdem hat die heute regierende Königin, indem sie mehr als nur einmal der *General Assembly of the Church of Scotland* beiwohnte und jedes Jahr im Holyroodhouse Aufenthalt nimmt, die Phantasie ihrer schottischen Untertanen erregt und ihre Begeisterung entzündet, da auf diese Weise Edinburgh seine eigentliche Rolle als Hauptstadt Schottlands wieder übernahm.

Vorteil der Union

Im Jahr 1707 war für Schottland der attraktivste Aspekt der *Union* mit England die wirtschaftlichen Vorteile gewesen, die es daraus zu ziehen hoffte. Doch es dauerte eine beträchtliche Zeit, bis man diese Vorteile zu spüren begann. Eigentlich machten die unmittelbaren Auswirkungen der *Union* die Dinge für Schottland sogar noch nachteiliger als sie schon gewesen waren. Bis Mitte des achtzehnten Jahrhunderts jedoch war ein blühender Handel mit Tabak entstanden, der aus den amerikanischen Kolonien zum Weitertransport auf den Kontinent in Schottland umgeschlagen wurde. Die großspurigen, mit rotem Umhang bekleideten *tobacco lords* erwarben immense Vermögen. Glasgow war bald der größte Tabakhafen Großbritanniens. Gleichzeitig entstand eine blühende Leinenindustrie. Leinwand wurde zu Schottlands wichtigstem Exportartikel.

Mit dem amerikanischen Unabhängigkeitskrieg änderte sich allerdings die Situation. Die Amerikaner konnten jetzt ungehindert überall in der Welt ihren Tabak verkaufen. Der profitreiche Tabakhandel brach dadurch zusammen. Ein Großteil des vorhandenen und jetzt freigewordenen Kapitals wurde zum Aufbau der Baumwollindustrie verwendet, die nun das Leinen verdrängte und die schottische Wirtschaft während der folgenden hundert Jahre beherrschte.

Mit dem Ende des achtzehnten Jahrhunderts hatte sich die einfache, in erster Linie auf Agrarkultur beruhende Wirtschaft des Landes in eine vielseitigere gewandelt. Die Menschen lebten nicht mehr unbedingt nur von den Produkten ihrer eigenen Gegend. Im Tal des Clyde und auch anderswo begannen Industriegebiete zu entstehen, begleitet von einer entsprechenden Konzentrierung der Bevölkerung.

Weitere sechzig Jahre lang blieb die Baumwolle dominierend. Doch in den sechziger Jahren des neunzehnten Jahrhunderts setzte der amerikanische Bürgerkrieg der Zufuhr von Rohbaumwolle ein Ende, und die Baumwollindustrie brach so jäh zusammen wie neunzig Jahre zuvor der Tabakhandel. Von der Textilindustrie verlagerte sich jetzt das Gewicht auf die Schwerindustrie und es blieb auch dort. Im Lauf des neunzehnten Jahrhunderts spielten Eisen, Stahl, Kohle, Maschinenbau und vor allem Schiffsbau eine immer bedeutendere Rolle. Bald schon waren die Werften am Clyde weltführend im Schiffsbau. Enorme Vermögen wurden erworben, und die prunkvollen Wohnsitze der Neureichen flankierten den Firth of Clyde. Doch wie spätere Generationen zu ihrem Nachteil entdecken mußten, stützte sich jetzt die Wirtschaft gefährlich einseitig ab. Die ehemalige Anpassungsfähigkeit war verlorengegangen.

Mechanischer Webstuhl – eine frühe Form der Industrialisierung.

Das Wiegen von Bleibarren, Gemälde von David Allan (ca. 1790).

Zu Beginn der *Union* hatte Schottland, und ganz besonders die *Highlands*, verhältnismäßig wenig Straßen besessen. Mit der wachsenden wirtschaftlichen Entwicklung wurden bessere Transportwege notwendig. Bald schon bedeckte ein reguläres Straßennetz das Land. In den *Highlands* dienten General Wades strategische Straßen, ursprünglich für militärische Zwecke gebaut, als Ausgangspunkt für dieses umfassendere Straßensystem. Zu gleicher Zeit wurden Brücken gebaut und Kanäle gegraben, von denen die wichtigsten der Forth-Clyde- und der Kaledonische Kanal waren. Schottische Erfinder und schottische Maschinenbauer standen in der Welt an führender Stelle. In den vierziger Jahren des neunzehnten Jahrhunderts wurde Schottland, wie auch der übrige Teil Großbritanniens, infolge der Erfindung der Dampfmaschine durch James Watt aus Greenock, von der Eisenbahnmanie ergriffen und das Straßen- und Kanalsystem durch ein Schienennetz ergänzt, das bald alle wichtigen Städte untereinander und mit dem anderen Teil des United Kingdom verband. 1802 stellte die *Charlotte Dundas* und 1812 die *Comet* Schottland ebenso an die Spitze der Dampfschiffahrt, wie es schon im Schiffsbau der Fall war. Bis zum Zeitpunkt der *Union* hatte die schottische Wirtschaft in erster Linie auf Ackerbau und Viehzucht basiert, und trotz wachsender Industrialisierung blieb

James Watt in seiner Werkstatt. Seine Erfindung des vom Zylinder getrennten Kondensators gab der Dampfmaschine erst die richtige Kraft.

Eröffnung der Eisenbahnlinie Glasgow – Garnkirk, 1831. Blick von St. Collox nach Südosten.

Der Schleppdampfer *Charlotte Dundas* und der Raddampfer *Comet*, zwei bahnbrechende schottische Dampfboote.

die Landwirtschaft weiterhin von höchster wirtschaftlicher Bedeutung. Auch hier spielten sich wichtige Veränderungen ab. Altmodische Anbaumethoden wurden zugunsten moderner abgelegt.

Die Vertreibung aus den Highlands

In den *Highlands* zeigten sich die Entwicklungen, die der *Union* und den Erhebungen von 1715 und 1745 folgten, weniger glücklich. Durch die Gesetze, mit denen das Clansystem gebrochen werden sollte, und mit der Zerstörung der alten patriarchalischen Verbindung zwischen dem Häuptling und seinem Clan, hatte die Londoner Regierung erreicht, die überlebenden Häuptlinge, ob Jakobit oder Whig, in bloße Grundbesitzer zu verwandeln, die, wenn auch keineswegs alle, nicht mehr, wie einst, Verantwortung für ihre Stammesmitglie-

Handbetriebene Kornmühle und die primitive Methode des Stoffwalkens mit bloßen Füßen. Aus Pennants *Tour in Scotland*, 1774–1776.

der und Bedienten empfanden, sondern für die es in den schlechten Zeiten von größerem Belang war, Gewinn aus ihrem Land zu ziehen. Am leichtesten, so fanden die meisten, geschah dies, indem man es zur Schafzucht verwandte. Das machte große Areale erforderlich, so daß in vielen Gebieten der *Highlands* Farmer enteignet und Pächter vertrieben wurden. Manchmal wurde jenen, die mit dem Weggehen zögerten, einfach das Dach über dem Kopf angezündet. So in die Welt gestoßen, wurden die einen, wo es sich ihnen bot, Kätner oder Fischer. Andere wanderten nach Amerika aus oder meldeten sich freiwillig zu den erst kürzlich aufgestellten *Highland*-Regimentern. Tausende trieb es in die schon überbevölkerten Städte und Industriegebiete. Diese Vertreibungen, die in der zweiten Hälfte des achtzehnten Jahrhunderts einsetzten und oftmals durch Bezugnahme auf die höchst fortschrittlichen liberalen Prinzipien gerechtfertigt wurden, setzten sich gute hundert Jahre fort und fanden ihren Höhepunkt in den berüchtigten *Sutherland clearances,* die bis in die Regentschaft Queen Victorias andauerten. Bald zeigten in den Tälern nur mehr kleine Steinhaufen zwischen Gras und Nesseln die Stellen an, wo einst ansehnliche *clachans** und Dorfgemeinden existiert hatten.

Doch während die Bevölkerung in den *Highlands* nach anfänglichem Wachstum schließlich schrumpfte, stieg sie in den Städten und Industriegebieten sprunghaft an. Von 1 608 420 im Jahre 1801 war die Bevölkerung Schottlands im ganzen bis auf 4 760 904 im Jahre 1911 angewachsen. Zu den Tausenden entwurzelter *Highlanders* kamen in den vierziger Jahren des neunzehnten

* Weiler

Die Vertreibung der Pächter erfolgte von 1760 an in den gesamten *Highlands,* als die Bauernbetriebe Platz machen mußten für den leichteren Profit durch Schafzucht.

Glasgow, das zur Zeit der *Union* 12 000 Einwohner zählte, hatte bis zu den unschönen dreißiger Jahren dieses Jahrhunderts eine Million erreicht. Blick von der Nekropolis.

Jahrhunderts eine große Zahl hungernder Einwanderer aus Irland. Sie hatte der Kartoffelmangel aus ihrer Heimat vertrieben, und sie waren bereit, jeglichen Lebensstandard zu akzeptieren, um jeden Lohn zu arbeiten. Geringe Löhne und lange Arbeitszeit waren die Regel. Die wachsende Industrie konnte beliebige Mengen an billigen Arbeitskräften aufnehmen. In den ersten vierzig Jahren des neunzehnten Jahrhunderts zogen 350 000 Menschen in das Tal des Clyde. Vom Zeitpunkt der *Union* bis 1800 wuchs die Bevölkerung Glasgows von 12 000 auf 77 000 und 1830 auf über 200 000 an. 1931 hatte sie die Million erreicht. Die Bevölkerung der anderen Industriestädte entwickelte sich in gleichen Proportionen. Als Ergebnis dieses plötzlichen Wachstums herrschten eine furchtbare Überbevölkerung und grauenhafte Lebensbedingungen, mit verhängnisvollen Folgen für die Gesundheit und die allgemeine Wohlfahrt der Menschen. Es wurden auch bis in die zweite Hälfte des neunzehnten Jahrhunderts keine ernsthaften Versuche unternommen, die Situation zu verbessern.

Im Verlauf der hundert Jahre, die der *Union* folgten, während derer Schottland wirtschaftlich und sozial völlig umgewandelt wurde, stagnierte das politische Leben in jeder Hinsicht. Nach 1707 lag die Verantwortung für schottische Angelegenheiten mal bei einem Minister für Schottland, mal bei dem

Britischen Minister für Innere Angelegenheiten. Doch in Wirklichkeit befand sich die Macht in den Händen eines politischen Sachwalters oder Führers, manchmal eines Privatmannes, der sich dank seines persönlichen Einflusses und seiner Protektionsgewalt für befähigt hielt, die Stimmen der fünfundvierzig schottischen Mitglieder im Westminster Parliament zu manipulieren.

Von diesen Abgeordneten repräsentierten dreißig die Grafschaften und die restlichen fünfzehn die sechsundfünfzig königlichen Burgflecken. Das Landeswahlrecht basierte noch auf dem mittelalterlichen Gedanken, daß das Parlament eine Versammlung der Lehensmänner des Königs sei. Es war ein System, das es ermöglichte, auf Wunsch neue Stimmberechtigte zu schaffen, indem man Verpachtungen der Krone *de jure* unterteilte, ohne daß die betroffenen Ländereien je in eine andere Hand übergingen. Dennoch blieb in Schottland die Zahl der tatsächlich Stimmberechtigten klein. 1781 waren es insgesamt 235, wobei Ayrshire die größte Wählerschaft aller schottischen Grafschaften besaß. Der Amtsbereich Bute konnte dagegen nur 12 Wähler aufweisen. 1788 zählte die Wählerschaft des ganzen Landes keine 3000.

Das Wahlsystem, das in den königlichen Burgflecken vorherrschte, hatte eine noch geringere Ähnlichkeit mit Demokratie. Die Abgeordneten wurden weder von den Bürgern, noch, mit Ausnahme von Edinburgh, direkt durch den Stadtrat gewählt, sondern von Delegierten, die zu diesem Zweck aus einer Gruppe von vier oder fünf Städten ernannt wurden. Die im großen sich abspielende Neuverteilung der Bevölkerung, die der industriellen Revolution folgte, verstärkte noch die Mängel dieses Systems. Neuentstandene, mächtige Bevölkerungszentren, wie beispielsweise Paisley und Greenock, die keine königlichen Burgflecken waren, hatten überhaupt keine Repräsentanten, während drei der fünfzehn Abgeordneten von den Städten in Fife gestellt wurden, von denen einige schon lange nichts anderes mehr als Dörfer waren.

Ein solches System führte unweigerlich zu Korruption und Manipulation. Die Regierung in London hatte zahllose Ämter, Privilegien und Beförderungen zu vergeben, sowohl im eigenen Land, wie auch in Übersee. Die Aussicht auf eine solche Gegenleistung, in einer Zeit, da die Stimmabgabe nicht geheim war, reichte ohne weiteres aus, diesen oder jenen Wähler in die gewünschte Richtung zu bringen. »Hat eine Familie, für die er sorgen muß«, »Hat Söhne in der Armee«, »Sein Sohn möchte eine Kirche« sind bezeichnende Randbemerkungen auf einer Liste der Stimmberechtigten des Landes für 1788. Die begrenzte Stimmenanzahl machte dem Parteiführer diese Aufgabe noch leichter.

Henry Dundas

Während des dritten Viertels des achtzehnten Jahrhunderts wurde Schottland im Sinne der Whigs von zwei aufeinanderfolgenden Dukes of Argyll geführt, und danach im Sinne der Tories von Henry Dundas, erster Viscount Melville, dem berühmtesten aller Führer, der dreißig Jahre lang Schottland in Wirklichkeit regierte. Zuerst war Dundas, der ein enger Freund und Verbündeter von William Pitt dem Jüngeren wurde, *Lord Advocate* (Generalstaatsanwalt), dann *President of the Board of Control for India* (Präsident der Kontrollbehörde für Indien), *Treasurer of the Navy* (Schatzmeister der Navy), *Home Secretary* (Innenminister) und *Secretary of War* (Kriegsminister). Alle diese Ämter boten ihm unbeschränkte Möglichkeiten und Protektionen, sowohl im Heimatland, wie auch in den Kolonien, und setzten ihn dadurch in den Stand, die fünfundvierzig schottischen Abgeordneten und ihre Wähler zufrieden und der Sache der Tories loyal gegenüber zu halten. Nur einmal, zu Beginn seiner Karriere 1778, als er ein Gesetz durchbringen wollte, das einige der Rechtsunfähigkeiten, die über die römisch-katholischen Schotten verhängt worden waren, abschaffen sollte, bekam er zu spüren, daß er sich übernommen hatte. Er mußte dem Sturm der Empörung, den sein Vorschlag erregte, weichen.

Wenn er auch weniger beliebt war bei jenen, die er überging, so hielt man ihm doch einige brauchbare Reformen zugute. Seine Heirat in eine große Familie der westlichen *Highlands* mag ihm etwas Verständnis für die Probleme dieses Landesteils verliehen haben. Er versuchte jedenfalls, wie verspätet auch immer, einiges Unrecht wiedergutzumachen, das die Hannoveraner den *Highlands* zugefügt hatten. Dank ihm wurde schließlich Lord Hardwickes widernatürliches Gesetz von 1746, das die Tracht des *Highlanders* und das Spielen des Dudelsacks verbot, 1782 aufgehoben und 1784 die meisten enteigneten jakobitischen Besitzungen an ihre rechtmäßigen Eigentümer zurückgegeben.

Henry Dundas, erster Viscount Melville. Als enger Freund des jüngeren Pitt »managte« er Schottland dreißig Jahre lang im Interesse der Tories.

Schon während des Siebenjährigen Krieges hatte der ältere Pitt den umstrittenen Schritt getan, eine Reihe *Highland*-Regimenter aus Clansmitgliedern aufzustellen, die kaum ein Dutzend Jahre zuvor für Prinz Charlie bei Culloden gekämpft hatten. »Ich suchte nach Verdiensten«, sagte er, »egal wo es sie gab. Es ist mein ganzer Stolz, daß ich der erste Minister bin, der nach Verdiensten in den Bergen des Nordens Ausschau hielt und fand. Ich machte sie sichtbar und zog einen ausdauernden und unerschrockenen Männerschlag in Ihren Dienst ... Sie dienten ebenso treu, wie sie mit Furchtlosigkeit kämpften und waren für Sie in allen Teilen der Welt siegreich.« Lord Hardwicke gegenüber gab er indes für seine Entscheidung zynisch andere Beweggründe an, nämlich, daß »nicht viele von ihnen zurückkehren würden«. So diente seine Politik einem doppelten Zweck. Sie versorgte George II. und seine Erben mit einigen der besten Soldaten auf der Welt. Und gleichzeitig dezimierte sie in den *Highlands* den Menschenbestand und schaffte somit eine potentielle Bedrohung des Hauses Hannover aus dem Weg.

1805 wurde Dundas, jetzt erster Lord der Admiralität, der Unterschlagung beschuldigt. Wenn er auch voll und ganz rehabilitiert und wieder in den Geheimen Kronrat zurückgerufen wurde, so wurde seine Position nie wieder das, was sie gewesen war. Doch wurde, als er 1811 starb, sein Sohn sein Nachfolger, der Schottland bis an seinen Tod, sechzehn Jahre später, verwaltete. Danach fiel diese Aufgabe an eine Reihe aufeinanderfolgender, weniger bedeutender Lord Advocates.

Unter solchen Umständen war es nicht verwunderlich, daß das schottische Volk in einen Zustand politischer Apathie versank. »Als wir einen eigenen König, einen eigenen Kanzler und eigene Parlamentarier besaßen, konnten wir sie immer mit Steinen bewerfen, wenn sie sich nicht wie brave Kinder aufführten – doch keine Hand schafft es bis nach London.« Wenn schottisches Interesse durch Steuern oder ähnliches unmittelbar betroffen wurde, gab es gelegentliche Äußerungen des Unmuts und Aufruhr. Sonst aber wurde die Aufgabe der Führung des Landes bereitwillig dem augenblicklichen Verwalter und seinen fünfundvierzig Anhängern überlassen, die ihrerseits bereitwillig das taten, was man sie hieß und die eine entsprechende Belohnung dafür einsteckten. Eine der wenigen überlieferten Beschwerden eines schottischen Parlamentsmitglieds betraf denn auch die mangelnde Größe des Lord Advocates. »Die schottischen Mitglieder«, lautete sie, »stimmen immer mit dem Lord Advocate, und deshalb verlangen wir, daß wir ihn bei einer Abstimmung auch sehen können. Nun, ich kann Mr. Pitt sehen und ich kann Mr. Addington sehen. Den Lord Advocate sehe ich nicht.«

Diese Gemütslage machte es möglich, daß die *Union*, einst so verbittert und stürmisch abgelehnt, während der folgenden rund hundert Jahre allgemein hingenommen wurde. Doch von da aus fehlte noch ein großer Schritt bis zu aktiver schottischer Mitwirkung im politischen Leben von Westminster.

Nur zweimal während der zweiten Hälfte des achtzehnten Jahrhunderts beschäftigte sich eine fundierte schottische Meinung mit Fragen der Außenpolitik. Zum einen war es der Amerikanische Unabhängigkeitskrieg, der die

Das riesige Faktotum vergnügt sich. Karikatur von James Gillray, die die Macht Pitts über das Unterhaus satirisch angreift. Dundas, im Kilt, stützt seinen rechten Fuß, während sein linker die Opposition zerdrückt. Selbst Mr. Speaker zieht seinen Hut vor dem *Great Commoner*.

Schotten, die unterwürfige Haltung ihrer parlamentarischen Repräsentanten mißachtend, voll und ganz mit den Kolonisten sympathisieren ließ. Zum anderen fanden beim Ausbruch der Französischen Revolution die neuen Ideen bereitwilligen Widerhall in Schottland. Bei beiden Anlässen war es nur natürlich, daß Parallelen zwischen den politischen Rechten der Schotten und jener der Amerikaner und Franzosen gezogen würden. Die Sympathie, die in Schottland für die Ideen der französischen Revolutionäre an den Tag trat, war stark genug, um harte Vergeltungsmaßnahmen seitens der Regierung herauszufordern. So wurde Thomas Palmer, ein Geistlicher, für sieben Jahre nach Botany Bay verbannt, und Thomas Muir, ein Anwalt, zu vierzehn Jahren Deportation verurteilt. In beiden Fällen war der Richter der berüchtigte Lord Braxfield. Jedoch mit Beginn der Napoleonischen Kriege und dem Gerücht einer drohenden französischen Invasion, begannen die Schotten, von denen viele Tausende jetzt für König George III. in den verschiedenen britischen Regimentern und in der Royal Navy kämpften, zunehmend solidarisch mit ihren englischen Nachbarn zu empfinden.

Obwohl das politische Leben in Schottland stagnierte, und Schottland die Möglichkeit politischer Selbstverwirklichung verwehrt war, zeugten die zweite Hälfte des achtzehnten und der Beginn des neunzehnten Jahrhunderts überall im Land von einer großen Blüte der Literatur, der bildenden Kunst und des

Thomas Muir, ein Rechtsanwalt aus Edinburgh. Nach einem lächerlichen Gerichtsverfahren unter Lord Braxfield wurde er zu vierzehn Jahren Deportation nach Botany Bay für das Verbrechen verurteilt, hartnäckig die Reform des Parlaments und die Ausdehnung des Wahlrechts gefordert zu haben.

Die *Academy of Fine Arts* in Glasgow. Ihre Gründung, 1753, war ein Teil des allgemeinen Erblühens der Künste in Schottland.

David Hume

Allan Ramsay (Selbstporträt, 1776)

intellektuellen Lebens. Edinburgh wurde, wenn jetzt auch nicht mehr die Hauptstadt eines unabhängigen Staates, zu einem der großen literarischen, intellektuellen und künstlerischen Zentren Europas. Es war die Zeit von David Hume und Adam Smith, von Allan Ramsay und Henry Raeburn, von David Wilkie und den Nasmyths, von Robert Adam und seinen Brüdern, von Macphersons Ossian und der Rückbesinnung auf das keltische Erbe, von Robert Burns und Walter Scott. Schottland mochte wohl nicht mehr unabhängig sein, doch im Denken seiner Menschen war der Sinn für Nationalität so stark wie zuvor. »Ist es nicht merkwürdig«, schrieb David Hume 1757, »daß wir, in einer Zeit, in der wir unsere Herrscher, unsere Parlamente, unsere unabhängige Regierung verloren haben, in der unser Hochadel außer Landes ist und wir uns mit unserer eigenen Sprache unglücklich fühlen und die Sprache, in der wir uns verständigen, nur in einem sehr verfälschten Dialekt beherrschen, ist es nicht merkwürdig, meine ich, daß wir unter diesen Umständen wirklich das Volk sein sollten, das sich in Europa für seine Literatur am meisten auszeichnet?«

Doch Robert Burns und Walter Scott bewirkten mehr, als nur die Ausbreitung von Schottlands Ruhm über alle Meere in die ganze zivilisierte Welt. Sie halfen den Schotten ihr Selbstvertrauen und ihre Selbstachtung wieder zu gewinnen, welche die Ereignisse des verflossenen Jahrhunderts so sehr zerstört hatten. Sie verbannten das unselige Gefühl von Minderwertigkeit, von verlorener Identität, das auf die *Union* gefolgt war. Ganz besonders halfen die beiden Schriftsteller ein neues volkstümliches Bild von Schottland und den Schotten zu schaffen, das, wenn es auch nicht immer viel mit der Wirklichkeit zu tun hatte, sicherlich dazu beitrug, unser Land und unsere Nation wieder auf der Land-

Treppenschacht im Stil Adams, Laurieston House, Glasgow

Sir Walter Scott im Kreis seiner Freunde; er gab Schottland seine Geschichte zurück.

karte erscheinen zu lassen. Dies geschah in einem solchen Ausmaß, daß die Schotten, einst als ungeschlachte Barbaren und Bewohner einer unzuträglichen Gegend nördlich des Tweed angesehen, bald in der allgemeinen Vorstellung Inbegriff aller Tugenden wurden; gleichzeitig furchtlose Helden und gewitzte, fröhliche, ehrliche, gastfreundliche Menschen, mit dem Herzen auf dem rechten Fleck und mit hellem Kopf. Schottland und vor allem die *Highlands* wurden zum Ziel zahlloser enthusiastischer Touristen aus der ganzen Welt. Bald war jeder Engländer bemüht, eine schottische Urgroßmutter unter seinen Ahnen zu entdecken, und die Kinder halb Europas wurden in farbenprächtigen *tartans* herausgeputzt, *à la Lucia di Lammermoor.*

In Burns Gedichten, mit ihrer Betonung der Toleranz und Weitherzigkeit und ihrer starken Heraushebung der menschlichen Natur mit all ihren Tugenden und Mängeln, konnten sich die Schotten mit neuem Stolz als *men for a' that* (trotz alledem Menschen) sehen, als menschlichere Wesen denn die meisten anderen, warmherzig und nur allzu freigebig, große Zecher und Liebhaber und entschlossene Kämpfer für Freiheit und Menschenrechte. Sir Walter aber gab Schottland seine Geschichte zurück, eine Geschichte, auf die alle stolz sein konnten, und in der alle sich selbst und ihre Ahnen in einem dramatischen und

Robert Burns; er schenkte den Schotten ein neues Selbstgefühl.

romantischen, wenn auch gelegentlich etwas idealisiertem Licht sehen konnten. Bald schon war mit Hilfe von Macphersons *Ossian*, mit dem Schäfer von Ettrick (James Hogg) und einer Generation neo-jakobitischer Dichterinnen an Stelle der rauhen, blutbefleckten Wirklichkeit eine glückliche, bunte Sagenwelt um keltische Helden, Robert the Bruce, Mary Queen of Scots (Maria Stuart), Rob Roy, Bonnie Prince Charlie (den unglückseligen Charles II.) gewoben, und um Flora Macdonald, die auf Kosten der historischen Genauigkeit immer im Rampenlicht stand.

Zu gleicher Zeit bot Britanniens wachsendes Empire dem Volk Schottlands neuen Spielraum für seine ihm typischen Energien und Talente. Sir Walter Scott hatte von »der nationalen Veranlagung zu Wanderschaft und Abenteuer« gesprochen, und die Rolle, die die Schotten bei der Erweiterung des Empires spielten, stand gewiß in keinem Vergleich zu ihrer zahlenmäßigen Stärke. »Eine Menschenrasse«, schrieb James Barrie, »deren Name wie ein Wind über die entferntesten Meere gefegt ist.« Auf jedem Kontinent wurde die führende Stelle

Colonel Alastair Macdonell of Glengarry. Er soll das Vorbild für »Fergus MacIvor« in *Waverly* von Sir Walter Scott gewesen sein.

der Entdecker, Soldaten, Seeleute, Verwalter, Diplomaten, Händler, Techniker, Missionare und Ärzte von Schotten eingenommen, denen sich in Übersee die Möglichkeiten boten, die ihnen daheim verwehrt waren. Es war die Zeit von Mungo Park, David Livingstone, Colin Campbell, Abercrombie und zahlreichen anderen. Diese bedeutende Rolle verlieh Schottland auf die Dauer das Gefühl wachsender Einheit mit dem Rest Britanniens und gemeinsamer Verantwortung für das Empire, das es aufbauen geholfen hatte.

Dinge der Kirche

In Dingen der Kirche akzeptierten die Gemäßigten der *Church of Scotland* allmählich ihre Position als Mitglieder der *Established Church*, während es den Anhängern der evangelischen Richtung weniger leicht fiel, sich der Kontrolle eines Parlaments zu fügen, dessen Mitglieder in großer Mehrheit weder schottisch noch presbyterianisch waren. Schwierigkeiten erwuchsen ganz besonders aus der Frage des Patronatsrechts, das kurz nach der *Union* wieder zur Geltung kam und erst 1874 endgültig aufgehoben wurde. In der *General Assembly* von 1842 spitzten sich die Dinge zu, als es um das Recht des Parlaments ging, sich in Angelegenheiten der Kirche zu mischen, und 1843 verließen über vierhundert Geistliche, mehr als ein Drittel der Gesamtheit, die *Assembly* und die *Established Church*, gefolgt von einem ebensolchen Anteil ihrer Gemeindemitglieder, und gründeten, unter Verzicht auf ihre Kirchen, Pfarrhäuser und festen Bezüge, unter ihrem Führer Thomas Chalmers die *Free Church of Scotland*, die Freie Kirche Schottlands. 1900 schloß sich die *Free Church* den sogenannten *United Presbyterians* an. Es entstand die *United Free Church*, die jetzt 1700 Geistliche gegen 1400 in der *Church of Scotland* aufweisen konnte. Schließlich wurde 1929, nachdem das *Westminster Parliament* endgültig auf sein Recht verzichtet hatte, sich in schottische Kirchenangelegenheiten zu mischen, zwischen der *Church of Scotland* und der *United Free Church* eine Vereinigung unter für beide Teile befriedigenden Bedingungen vorgenommen. Die große Mehrheit der schottischen Presbyterianer war jetzt in einer Kirche zusammengeschlossen.

Die *Episcopal Church* war als eine eigene Sekte von denjenigen Mitgliedern der *Church of Scotland* lebendig gehalten worden, die die Regelung von 1690 ablehnten. Sie war, wegen der jakobitischen Gesinnung vieler ihrer Anhänger während des achtzehnten Jahrhunderts heftig verfolgt worden. Die Strafgesetze gegen sie wurden schließlich 1792 aufgehoben, als sie – mit den Worten Walter Scotts – »zum Schatten eines Schattens« reduziert worden waren. Wenn sie jetzt auch wieder an Stärke zunahm, so belief sich die Zahl ihrer Mitglieder nie höher als ein geringer Prozentsatz der Gesamtbevölkerung.

Die römisch-katholische Kirche in Schottland war gegen Ende des siebzehnten Jahrhunderts als eine organisierte Institution so gut wie erloschen. Die Anzahl ihrer Mitglieder schrumpfte auf wenige Tausend, die hauptsächlich in den entlegeneren westlichen *Highlands* und auf den westlichen Inseln lebten, wohin der Einfluß der Reformation kaum gedrungen war. Missionen vom europäischen Kontinent bewirkten während des achtzehnten Jahrhunderts ein teilweises Anwachsen, und um 1800 zählte diese Kirche dreißigtausend Mitglieder. Während des neunzehnten Jahrhunderts nahm der Anteil der römisch-katholischen Einwohner durch zahllose Einwanderungen aus Irland zu, bis er in Glasgow und Umgegend fast ein Drittel der Bevölkerung ausmachte – ein Drittel, das sich von den heimischen schottischen Einwohnern der Stadt neben der Religion noch auf zahlreiche andere Weise unterschied. Diese Verschiedenheiten und Uneinigkeiten sollten im Lauf der Zeit nur allzu bereitwillig auf dem Fußballfeld und seiner Umgebung zum Ausdruck kommen. Die stark besuchten Spiele zwischen »Celtic« und »Rangers« sind zunehmend zu einem wichtigen Bestandteil unseres nationalen Lebens geworden.

Mit dem Inkrafttreten der *Scottish Reform Bill* 1832, eines Reformgesetzes, das der turbulenten Verabschiedung des *English Act* 1832, dem englischen Parlamentsreformgesetz, folgte, nahm die schottische Politik ein neues Leben an. Dank der Ernennung von acht Orten zu korporierten Städten wuchs die Zahl der schottischen Mitglieder im Unterhaus von fünfundvierzig auf dreiundfünfzig an. Edinburgh und Glasgow wurden jetzt je zwei Mitglieder zuerkannt, und einige der neuen Bevölkerungszentren waren nun auch im Parlament vertreten. Bei der letzten Wahl vor der Reform hatten in Edinburgh nur neununddreißig Wähler ihre Stimme abgegeben. Bei der ersten ihr folgenden Wahl wurden auf Grund des erweiterten Bürgerrechts über neuntausend Stimmen gezählt.

Schotten in Westminster

Nach der Parlamentsreform und der sie begleitenden Neuordnung der Regierung begann das schottische Volk mehr Interesse an Politik zu nehmen. Das alte System der Verwaltung durch politische Führer fand ein Ende und im politischen Anstrich der Parlamentsmitglieder, die Schottland nach Westminster entsandte, erfolgte eine grundlegende Veränderung. Unter dem Regime Dundas' waren von den fünfundvierzig Abgeordneten nur sechs keine Tories. In dem umgestalteten Parlament waren vierundvierzig von dreiundfünfzig Mitgliedern Liberale. Dieses liberale Übergewicht in Schottland sollte fast ein ganzes Jahrhundert andauern. Nur in einer einzigen allgemeinen Wahl zwischen 1832 und 1917 gelang es Schottland nicht, eine Mehrheit liberaler Mitglieder ins Parlament zu entsenden. Und sogar noch 1922 waren achtundzwanzig der vierundsiebzig schottischen Parlamentsmitglieder liberal. Danach aber sank der Erfolg der Liberalen Partei in Schottland rasch, bis Mitte dieses Jahrhunderts nur noch ein liberales schottisches Mitglied im Parlament saß. Die Erwartung eines Wiederauflebens der Liberalen wurde erst neuerdings erfüllt.

Das Reformgesetz von 1832 hatte dem Mittelstand das Wahlrecht erteilt. Die Reformgesetze von 1868 und 1885 dehnten das Wahlrecht noch weiter aus, während die Zahl der schottischen Parlamentsmitglieder auf sechzig und dann auf zweiundsiebzig anwuchs. 1910 wurden die schottischen Sitze auf vierundsiebzig erhöht und das allgemeine Stimmrecht für männliche Erwachsene eingeführt.

Gegen Ende des achtzehnten Jahrhunderts hatten die schottischen Baumwollweber eine Gewerkschaft gegründet, und während der ersten Hälfte des neunzehnten Jahrhunderts wurden in einer Reihe verschiedener Industrien, als

Protest gegen die damals herrschenden, entsetzlichen Arbeitsbedingungen, Streiks organisiert. Doch erst in der zweiten Hälfte des Jahrhundert nahm die Gewerkschaftsbewegung richtige Form an. 1886 wurde die *Scottish Miners' Federation*, mit James Keir Hardie als ihrem Sekretär, gegründet, und 1892 gab es in Schottland 150 000 Gewerkschaftsmitglieder.

Seite an Seite mit der Gewerkschaftsbewegung kam es zum Aufstieg der *Scottish Labour Party*, der Arbeiterpartei. Sie wurde als eine autonome politische Institution 1888 von Keir Hardie und R. B. Cunninghame Graham, einem romantisch veranlagten Schriftsteller und Grundbesitzer, gegründet. Ihr Programm umfaßte zu jener Zeit die Verstaatlichung des Grundbesitzes, die Abschaffung des *House of Lords*, die Entstaatlichung der Kirche und die Selbstregierung Schottlands. Später verschmolz sie mit der *Britisch Labour Party*. Wenn sie auch dadurch ihre eigene Identität verlor, so hatte die schottische Gruppe doch einen belebenden Einfluß auf die Gesamtheit der Partei während der zwanziger und dreißiger Jahre unseres Jahrhunderts. 1922 gewann die *Labour Party*, trotz eines entscheidenden Sieges der Konservativen in England, dreißig von vierundsiebzig schottischen Sitzen. Von nun an lag, mit dem Niedergang der Liberalen, die politische Macht in Schottland mehr oder weniger zu gleichen Teilen bei der *Conservative party* und der *Labour party*.

Zu Anfang des neunzehnten Jahrhunderts hatten zahlreiche zusammenwirkende Einflüsse die Verbindung zwischen Schottland und England gestärkt. Wachsender Handel, verbesserte Verkehrswege, ein beständiges Kommen und Gehen über die Grenze, Umsiedlungen, Heiraten, Untertanentreue gegenüber

James Keir Hardie, gemeinsam mit Cunninghame Graham, Gründer der Scottish Labour Party im Jahr 1888.

demselben Monarchen, gemeinsame Siege, gemeinsame Opfer für eine gemeinsame Sache, die Einflußnahme einzelner Schotten in jedem Bereich britischen Lebens, und umgekehrt die allmähliche Verbreitung englischer Ideen, Moden und Sitten in Schottland, dienten dazu, die Schranken, die die beiden Völker trennten, niederzubrechen. Während man gewiß nicht sagen könnte, daß Schottland sich England angepaßt habe oder umgekehrt, so begannen doch viele der alten Differenzen zwischen ihnen zu verschwinden.

Schottland hatte sich inzwischen zu einem ganz anderen Land entwickelt, als es zur Zeit der *Union* gewesen war. »Es gibt keine europäische Nation«, schrieb 1814 Sir Walter Scott, »mit der im Laufe eines halben Jahrhunderts oder wenig mehr, eine solche völlige Veränderung vorgegangen ist wie mit dem Königreich Schottland.« Und im Verlauf des neunzehnten Jahrhunderts bewahrheitete sich das noch stärker. In den *Highlands* starb die gälische Sprache durch englischen, und noch stärker durch schottischen Einfluß aus den *Lowlands,* rasch aus. Die Zahl der Einwohner, die Gälisch beherrschten, fiel von mehr als 250 000 im Jahr 1891 auf 95 000 im Jahr 1951.

Ebenso gab es in Schottland, obwohl Sir Walters Einfluß noch lange nach seinem Tod fortwirkte und sich in Schlössern im Baronialstil und in romantischen Romanen und Balladen kundtat, keine Anzeichen eines neuen nationalen Wiederauflebens in Kunst und Literatur, das vergleichbar zur vorhergegangenen Blüte gewesen wäre. Es machten sich wohl einzelne Schotten einen Namen. Carlyle und Stevenson in der Literatur. In der bildenden Kunst eine Handvoll fähiger Maler: Sir John Watson Gordon, ein gewissenhafter Schüler Raeburns,

1888 brach unter den Kleinpächtern auf der Insel Lewis ein Aufruhr wegen der Ungerechtigkeiten der Pachtgesetze und der Landzuweisungen aus. Sheriff Fraser von Stornoway verliest unter dem Schutz von Marineinfanteristen und Polizei die Aufruhrakte, die zum friedlichen Auseinandergehen auffordert. Viele ähnliche Tumulte führten zur Bildung einer Untersuchungskommission und zu Änderungen in der Gesetzgebung.

Die Forth-Brücke, Bild aus Seide gewebt von Thomas Stevens aus Coventry.

Der Hafen von Leith, vom Pier aus gesehen (Aquarell von T. H. Shepherd, 1829).

Der Fischereihafen von Dunbar, Haddingtonshire, 1882.

Robert Louis Stevenson

Sir James Guthrie, der Begründer der Glasgower Schule, McTaggart, Mac Whirter und andere. In der Architektur waren es »Greek« Thomson, der das viktorianische Glasgow mit Wohn-, Geschäfts- und Handelshäusern und mit presbyterianischen Kirchen, alle im Geist des reinsten Klassizismus, schmückte, Robert Lorimer, der sich gewissenhaft am Historismus hielt, um nicht zu sagen am Baronialstil, und Charles Rennie Macintosh, dessen kraftvolle Originalität und gekonnte Verwendung traditioneller Mittel in zweckmäßigem Zusammenspiel ihm einen größeren Ruf auf dem europäischen Kontinent als in seinem eigenen Land einbrachte. Doch von einer neuerlichen schottischen Renaissance konnte keine Rede sein.

Auch traten während rund hundert Jahren keine Anzeichen für eine ernstliche Unzufriedenheit mit der *Union* oder für eine starke nationalistische oder separatistische Bewegung auf. Erst 1853 manifestierten sich die ersten Regungen eines neuen schottischen Nationalismus in der Gründung einer *National Association for the Vindication of Scottish Rights,* einer Nationalen Gesellschaft zur Aufrechterhaltung Schottischer Rechte. Sie blieb nicht ohne Unterstützung. Gut besuchte Versammlungen wurden abgehalten, und wir erfahren, daß 1880 *Home Rule,* d. h. Autonomie, »deutlich und laut erwähnt« wurde, so sehr, daß es 1885 die Londoner Regierung wieder einmal für angebracht hielt, eigens einen Minister mit dem Titel *Secretary for Scotland* zu ernennen, der sich um schottische Angelegenheiten zu kümmern hatte.

Doch dies stellte die Verfechter der *Home Rule* nicht zufrieden, die weiterhin die Selbstregierung forderten. Wiederholt setzten sich die *Liberal Party* und die *Labour Party* für die Autonomie Schottlands ein, und während der nun folgenden rund fünfzig Jahre wurden verschiedene Gesetzentwürfe und Resolutionen zur *Home Rule* vorgelegt. Wenn auch mit einer Fülle guten Willens und guter Absichten lanciert, so waren die Fortschritte in Richtung einer Gesetzesformulierung doch nur gering. 1907 jedoch geschah so etwas wie eine maßvolle Annäherung an die Autonomie. Ein schottischer Ausschuß wurde im Unterhaus gebildet, in dem sich schottische Unterhausmitglieder mit schottischen Gesetzentwürfen befassen konnten.

Der Ausbruch des Ersten Weltkrieges ließ Schottlands eigene Probleme weniger dringlich erscheinen, und während der folgenden vier Jahre kämpften schottische Soldaten, Seeleute und Flieger mutig an allen Fronten für Großbritannien und auch für die Idee eines Britischen Empire, das in hohem Maß auch von Schotten errichtet worden war. Während dieser vier Jahre gaben ungefähr vierundsiebzigtausend Schotten ihr Leben hin, ein schwerer Tribut für ein so kleines Land, wie die Kriegerdenkmäler in jeder Stadt und in jedem Dorf in Schottland bezeugen.

Der Friede und die Wirtschaftsdepression brachten eine Welle der Ernüchterung. Schottland, allzu sehr angewiesen auf Textil- und Schwerindustrie, die jetzt hart unter der ausländischen Konkurrenz zu leiden hatten, war schwerer betroffen als England und litt noch ärger unter der Arbeitslosigkeit. Auf der Höhe der Krise, 1931, waren 65 Prozent der Werftarbeiter am Clyde unbeschäf-

Hungermarsch während der großen Depression. Die schottischen Teilnehmer an dem Protestmarsch gegen den *Means Test* (die behördliche Einkommensermittlung zwecks Entscheidung über Wohlfahrtsunterstützung nach Auslaufen der Arbeitslosenunterstützung), als er durch Croughton, Northhamptonshire, am 22. Oktober 1932 zog.

tigt. Auch um die Landwirtschaft stand es schlecht. Allgemeine Not und Entmutigung waren das Ergebnis und führten dazu, Schottland durch eine gefährliche und anhaltende Entvölkerung eines Großteils seines besten Menschenmaterials zu berauben. In Schottland glaubte man allgemein, daß diese Mißstände Londons Nichtbeachtung schottischer Belange zu danken sei, und daraus resultierte das Wiederaufleben der Autonomiebestrebungen. Es war mit den Worten von Sir Robert Horne das natürliche Ergebnis eines Gefühls des Defätismus und der Erniedrigung, das während der Depression erzeugt worden war.

Londons Antwort war die Beförderung des schottischen Ministers zu einem Staatsminister im Kabinettsrang und mit erweiterten Befugnissen. Das war 1928. 1939 wurden diese Zuständigkeiten noch weiter ausgedehnt, indem die Aufgaben der Ministerien für Inneres, Gesundheit, Landwirtschaft und Erziehung unter seine Vollmacht gestellt wurden. Im selben Jahr verlegte man den Hauptsitz seines Ministeriums in das St. Andrew's House nach Edinburgh und nur ein kleiner, untergeordneter Stab blieb in London. 1951 wurde ein *Minister of State* ernannt, der als Bevollmächtigter des *Secretary of State* handeln und seinen Sitz in Schottland haben sollte. Gleichzeitig wurde die Zahl der *Parliamentary Under-Secretaries of State* auf drei erhöht, ein jeder mit einem speziellen Aufgabenbereich.

Auf diese Weise gewann Schottland ein ständig wachsendes Maß an Unabhängigkeit in der Verwaltung. Doch das Ziel der Nationalisten war politische Unabhängigkeit. 1934 hatten sich zwei nationalistische Gruppen zusammengeschlossen und die *Scottish National Party* gegründet. Fünf Jahre später brach der Zweite Weltkrieg aus, und die Bestrebungen der Nationalen Partei gerieten während dieser Zeit in den Schatten. Schottland trug wiederum seinen vollen Anteil an Britanniens Bürde, und wiederum ließen Zehntausende von Schotten ihr Leben für die gemeinsame Sache.

Der erste Einzug eines schottischen Kandidaten der Nationalen im April 1945 zeigte, auch wenn er wenige Wochen später bei den allgemeinen Wahlen eine Niederlage erlitt, daß der schottische Nationalismus nicht untergegangen war. Das durch den Krieg verursachte und von der Labour-Regierung von 1945 geförderte ungeheure Anwachsen der Zentralmacht des Staates (und damit Londons) war dazu angetan, eine Reaktion in Schottland zu provozieren. Wie beruhigend auch immer die Versicherung der Sozialisten, ›der Gentleman von Whitehall weiß es am besten‹, in einigen englischen Ohren geklungen haben mag, so hatte es doch einen weit weniger beruhigenden Klang nördlich der *Border*. 1948 wurde das Betätigungsfeld des *Scottish Standing Committee*, eines ständigen Ausschusses, etwas erweitert. Doch im selben Jahr fand eine neue Welle schottischen nationalistischen Fühlens ihren Höhepunkt in der Abfassung eines *Scottish Convenant*, der ein schottisches Parlament innerhalb des Rahmens des United Kingdom forderte, und das Hunderttausende an Unterschriften aus ganz Schottland trug. 1950 rief die erfolgreiche heimliche Rückführung des *Stone of Scone* aus Westminster Abbey nach Schottland selbst in

England widerwillig Bewunderung hervor. Und zwei Jahre später wurde der Beginn der Regierung Elizabeths II. in ganz Schottland durch das muntere Krachen explodierender Briefkästen verkündet, aus Protest gegen das auf ihnen befindliche neue königliche Monogramm ERII, das von vielen als eine Ehrenkränkung Schottlands angesehen wurde.

Danach hörte man eine Zeitlang etwas weniger von der Schottischen Nationalen Partei. Doch es herrschte immer das unterschwellige Gefühl, daß in Whitehall den schottischen Angelegenheiten ungenügende Aufmerksamkeit gewidmet würde, und daß den schottischen Interessen durch eine erweiterte Übertragung von Rechten besser gedient wäre. Dieses Gefühl wurde noch durch die Tatsache verstärkt, daß seit dem Krieg die Zahl der Arbeitslosen in Schottland unter der *Labour-* wie auch unter der *Conservative*-Regierung, wenn die Situation auch besser als zwischen den Kriegen war, sich doch ungefähr auf das Doppelte des Durchschnitts im United Kingdom belief.

Die Siege der *Labour Party* von 1964 und 1966 und die konsequente Rückkehr zur sozialistischen Politik und steigender Zentralisierung rief, wie gewöhnlich, ein starkes Wiederaufflackern nationaler Gefühle in Schottland hervor und führte 1967 bei einer Nachwahl in Hamilton, einer Hochburg der Labours, zu dem überwältigenden Sieg einer Kandidatin der schottischen Nationalisten, die, während der Union Jack von ihren Anhängern öffentlich verbrannt wurde, unter Beifallsstürmen erklärte, daß es ihr Ziel sei, Schottland in den Vereinten Nationen zwischen Saudi-Arabien und Senegal sitzen zu

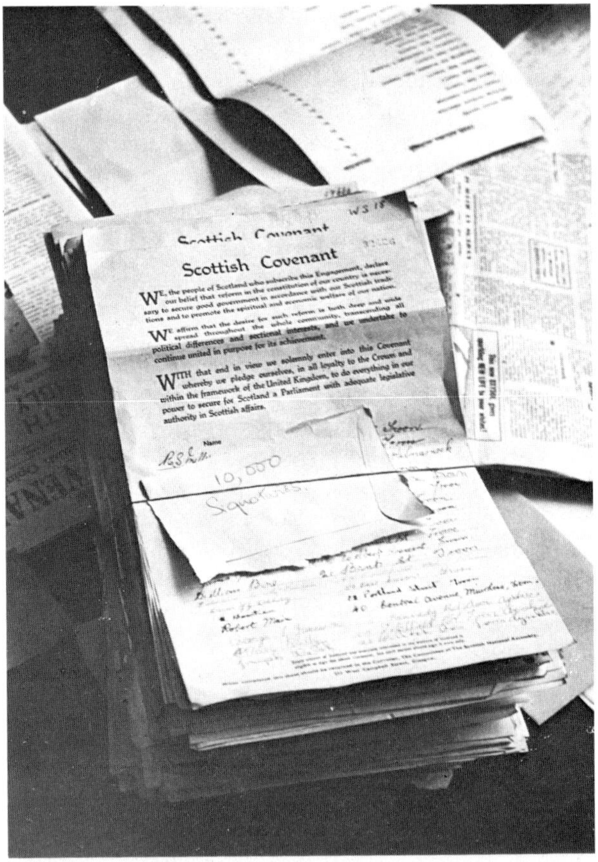

Der jüngste *Covenant* in der schottischen Geschichte, der ein höheres Maß an Selbstregierung für Schottland forderte. 1950 unterzeichneten ihn eineinviertel Millionen Schotten.

Diese Forderung wurde, und wird auch jetzt noch, durch die gewohnten Graffiti betont.

sehen. Obwohl damals behauptet wurde, daß dies nicht mehr als eine Protestwahl gewesen sei, so war es immerhin eine Protestwahl, die eine mächtige und auch heilsame Wirkung auf die ganze politische Szene hatte, und den alteingesessenen politischen Parteien genügend Stoff zum Nachdenken gab. Bald waren eine Vielzahl von Ausschüssen und Kommissionen eifrig damit befaßt, die Ratsamkeit einer noch weitgehenderen Übertragung von Rechten an Schottland zu überprüfen.

Wiederum hatten wirtschaftliche Mißstände und das Gefühl, Schottland würde nicht gleichberechtigt behandelt, zu dieser Reaktion geführt, und es wurde von den Nationalisten offen behauptet, daß Schottland sich eines größeren Aufschwungs als unabhängiger Staat, denn als ein Teil des United

Mrs. Ewing, gewähltes schottisches Parlamentsmitglied der Nationalen von Hamilton, 16. November 1967, auf dem Weg, ihren Sitz im Unterhaus einzunehmen.

Orrin Damm im Glen Orrin, wo ein neues Loch als Teil der Nutzbarmachung des Conon Valley's gebildet wurde.

Kingdom, erfreuen könnte. Und dies trotz zahlreicher gegenteiliger Anzeichen und einem weltweiten Trend zu größeren und nicht kleineren Wirtschaftsgemeinschaften.

Doch das Problem lag nicht nur auf wirtschaftlichem Gebiet. Großbritannien durchschritt während dieser Zeit einen schwierigen Abschnitt seiner Geschichte, eine Periode der Instabilität, der Ernüchterung und Besorgnis. Und dies spiegelte sich in einer Gefühlslage wachsender Enttäuschung über die Politik und die Politiker wider. Die Kernfragen des Tages waren weder scharf umrissen noch leicht faßbar, und so mancher Mann sah keinen großen Unterschied zwischen den großen, in London sitzenden politischen Parteien. Ganz besonders auf diesen Teil der Wählerschaft hatte der einfache und eingängige Slogan *Scotland for the Scots* seine unmittelbare und kräftige Wirkung. Er erregte die Vorstellungskraft und weckte die Emotionen, das einzige, was von diesem Slogan verlangt wurde. Was er genau mit sich brächte,

Cruachan Damm auf dem Ben Cruachan. Vom Loch Awe wird Wasser fast 400 m hoch in das Reservoir gepumpt.

könnte immer noch später ausgearbeitet werden, obwohl für die meisten Schotten die Vorstellung eines unabhängigen, doch geschwächten Schottlands, das feierlich seinen Sitz in den Vereinten Nationen »zwischen Saudi-Arabien und Senegal« einnahm, bislang nur wenig Reiz besaß.

Außerdem war der Faktor, der es hundert Jahre zuvor mehr als alles andere bewirkt hatte, die *Union* für Schottland akzeptabel zu machen, für das heutige Schottland nicht mehr relevant. In den eineinhalb Jahrhunderten, die auf die *Union* folgten, war Großbritannien das Herz eines großen und sich entfaltenden Empires gewesen, ein Empire, dessen Staatsbürger, welchen Volkes auch immer, stolz waren, dazuzugehören, ein Empire, das Männern mit Fähigkeiten unbegrenzte Möglichkeiten bot, Möglichkeiten, an denen die Schotten ihren Anteil voll ausgeschöpft hatten. So aber verhielt es sich jetzt nicht mehr. Britannien war ein kleines Land geworden, mit großen Problemen und schwindenem Vertrauen in seine Fähigkeiten, diese zu lösen; ein Land, das, wie

ein berühmter Amerikaner etwas beißend bemerkte, »ein Empire verloren und bislang keine Funktion gefunden« hatte. Es handelte sich nicht darum, daß die Schotten plötzlich entdeckt hätten, daß sie ihr eigenes Land mehr liebten oder stolzer darauf wären. Es waren ganz einfach jetzt viele weniger stolz als früher, zu Großbritannien zu gehören, und die Unionsflagge hatte nicht mehr ganz dieselbe Bedeutung für sie wie in den Tagen, als so viele von ihnen bereitwillig für sie gestorben waren. Ob diese heikle Stimmung von Dauer sein würde, hinge in erster Linie von Großbritanniens Fähigkeit ab, sein altes Selbstvertrauen wiederzufinden und seinen Platz in der modernen Welt einzunehmen. Damit könnte in den Schotten (wie auch in den Engländern) der weitreichendere Patriotismus von ehedem entfacht werden.

Die Neue Forth-Brücke, North Queensferry. Mit einer Spannweite von über 1000 Metern zwischen den Hauptpfeilern ist sie die längste Hängebrücke Europas.

In Schottland war unterdessen viel Hoffnungsvolles entstanden. Zeitweilig, während des vorhergehenden halben Jahrhunderts, hatte es den Anschein gehabt, als sei ein Wiedererstehen nicht zu erhoffen, und es herrschte ein Trend zur Selbstbemitleidung und Verzweiflung. Jetzt, entgegen aller herrschenden Untergangsprophezeiungen, machten sich in den frühen sechziger Jahren überzeugende Anzeichen für einen Durchbruch auf der wirtschaftlichen Ebene bemerkbar, Anzeichen auflebenden Selbstvertrauens und neuer Industrien, die endlich an Stelle der alten traten, auf denen Schottlands ehemaliger Wohlstand begründet gewesen war. Es war ein Trend weg von der eingleisigen Schwerindustrie, hin zu einer neuen vielgestaltigeren Leichtindustrie und zu neuen Technologien. Die Lebensbedingungen wurden besser, als sie je gewesen waren. Die landwirtschaftliche Produktion machte Fortschritte. Alles das bewies, wenn ein Beweis vonnöten wäre, daß eine bessere Situation in Schottland nicht so sehr von konstitutionellen Regelungen, obwohl diese hilfreich sein mögen, abhing, sondern von einer gemeinsamen Anstrengung aller Betroffenen, und vor allem, und als erstes, von den Schotten selber.

Gänzlich getrennt von den vernehmlichen Manifestationen der *Scottish National Party* wuchs ein wiedererwachtes Nationalbewußtsein im ganzen Land und in allen Bevölkerungsschichten, das stark genug ist, uns sicherzustellen, daß Schottland keinesfalls, was immer auch kommen möge, einer düsteren, stereotypen Uniformität erliegen würde, sondern immer seinen eigenen naturgegebenen Charakter bewahren und mit ungeminderter Kraft seine eigenen Rechte und Interessen als eine Nation aufrechterhalten wird.

Strachur, Argyll, Sommer 1986

Her Majesty the Queen, begleitet vom Duke of Edinburgh und Prinzessin Anne, in der Generalsynode der *Church of Scotland* am 22. Mai 1969.

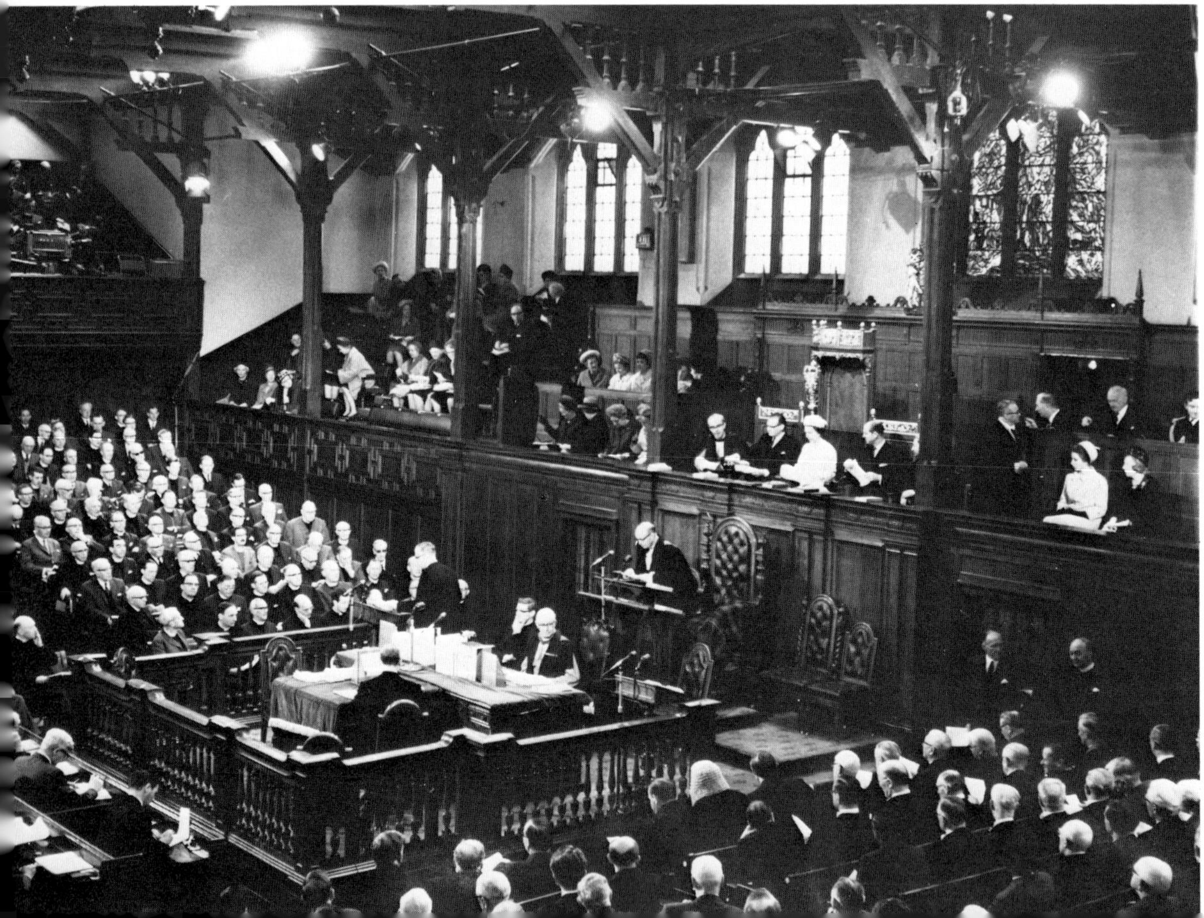

Stammbaum der schottischen Könige

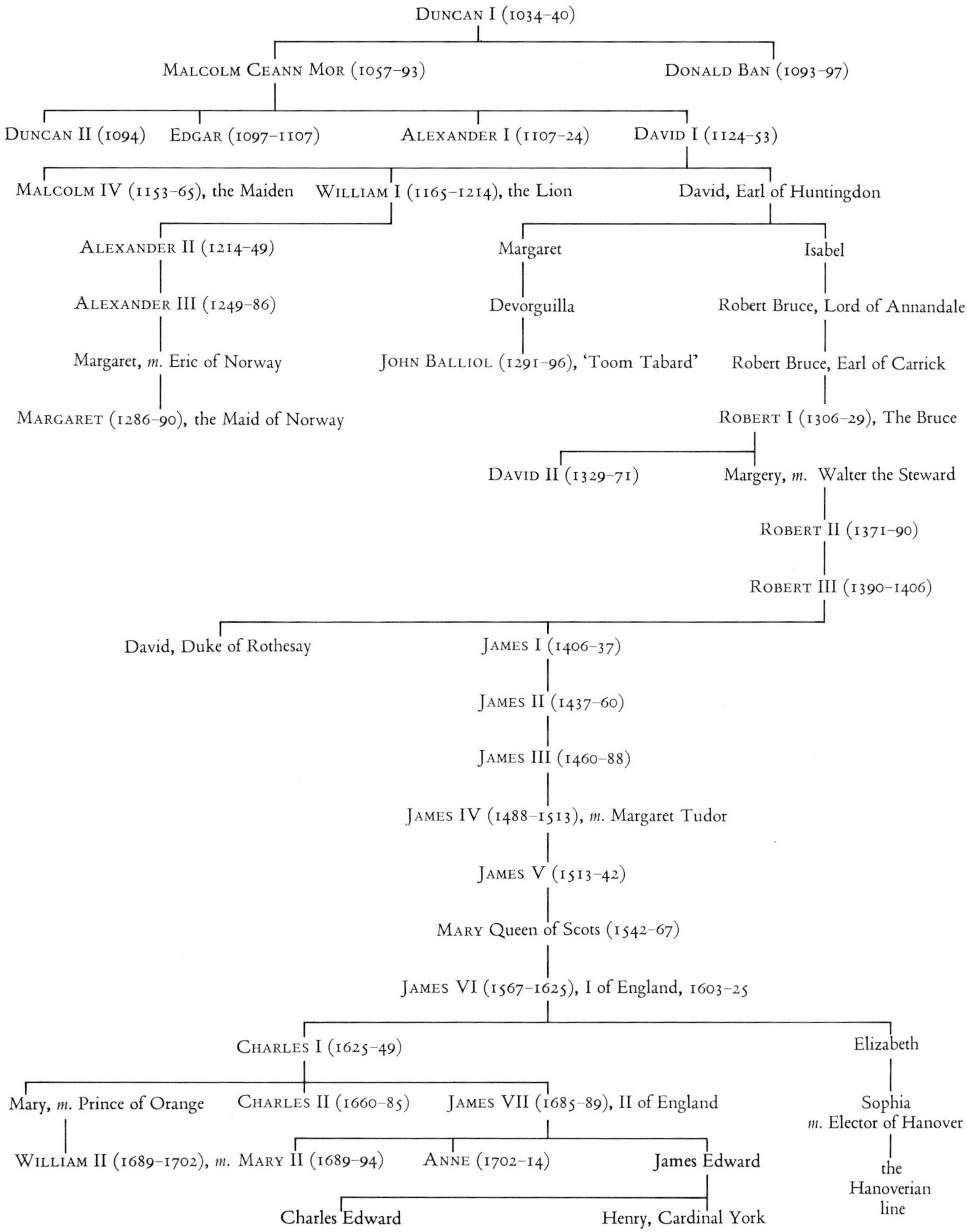

Verzeichnis der Illustrationen

18 St. Markus aus dem *Book of Deer*. Handschrift in lateinischer Sprache aus dem 9. Jh. Aus dem Kloster von Deer, Buchan, Aberdeenshire, gegründet von den Heiligen Columba und Drostan. *(Cambridge University Library, Ii. VI. 32, f. 16 b.)*

19 Ausschnitt aus dem *Ruthwell-Kreuz*, Ruthwell Church, Dumfriesshire. Spätes 7. Jh. oder frühes 8. Jh. Eine Kopie des Gedichtes, womit das Kreuz beschriftet ist, erschien in einer italienischen Handschrift des 10. Jh. *(Foto: Edwin Smith.)*

20 Wikingerschwertgriff von Eigg. Bronze versilbert und mit Einlegearbeiten aus Silber, knapp 20 cm lang, 9. Jh. *(National Museum of Antiquities of Scotland, Edinburgh. Foto: Tom Scott.)*

21 Das Monymusk-Reliquiar in der Form einer frühen irischen Kirche, 8. Jh. *(National Museum of Antiquities of Scotland, Edinburgh.)*

22 Die Hunterston-Brosche, gefunden in der Nähe von Largs, Argyllshire. Keltisch, 8. Jh. *(National Museum of Antiquities of Scotland, Edinburgh.)*

23 Schachfiguren aus Walroßelfenbein von der Insel Lewis. Wahrscheinlich skandinavisch, 12. Jh. (Mit freundlicher Genehmigung der *Trustees of the British Museum. Foto: Edwin Smith.)*

24 St. Margaret, Königin von Schottland. Buchmalerei aus einer Handschrift des 15. Jhs., wahrscheinlich in Bourges für eine schottische Dame angefertigt. (Mit freundlicher Genehmigung der *Trustees of the British Museum, MS. Add. 39761. f. 93 b.)*

25 Rundturm von Abernethy, Perthshire. (Copyright der Krone, mit Erlaubnis des *Ministry of Public Building and Works, Edinburgh.)*

26 Urkunde Duncans II., 1094, in der Land von Tynninghame, Auldhame und anderen Teilen East Lothians an die Abtei St. Cuthbert in Durham vergeben wurde. (Mit Genehmigung des *Dean und Chapter von Durham Cathedral.)*

27 Grabstätte der Könige, Iona, Argyllshire. *(Foto: Miss Diana Ashcroft.)*

28 Paneel des St. Andrews Sarkophags, St. Andrews, Fife. Erste Hälfte des 10. Jhs. (Copyright der Krone, mit Erlaubnis des *Ministry of Public Building and Works, Edinburgh.)*

29 Türbogen vom Kreuzgang ins Kirchenschiff, Dryburgh Abbey, Berwickshire. *(Foto: Edwin Smith.)*

30 Münze mit dem Kopf Davids I., 1124–53. Erste schottische Münze aus Sterlingsilber aus Berwick. *(National Museum of Scotland, Edinburgh.)*

31 David I. und Malcolm IV. Miniatur auf der Gründungsurkunde von Kelso Abbey, 1159. (Mit freundlicher Genehmigung des Duke of Roxburghe. Leihweise in der *National Library of Scotland, Edinburgh.)*

32 Münze mit dem Kopf William I., 1165–1214. *(National Museum of Antiquities of Scotland, Edinburgh.)*

33 Münze mit dem Kopf Alexanders II., 1214–49. Sterlingsilbermünze aus Berwick. *(National Museum of Antiquities of Scotland, Edinburgh.)*

34 Wikingische Silbermünze aus Birka, Schweden, ca. 880. (Mit freundlicher Genehmigung der *Trustees of the British Museum, London.)*

35 Wikingerschiff, Ausschnitt vom Sparlosa-Runenstein, Västergötland, Schweden, ca. 800. *(Foto: Antikvarisk Topografiska Arkivet, Stockholm.)*

36 Parlament Edwards I., 1274. *(British Museum.)*

37 Ausschnitt aus dem geplanten Heiratsvertrag zwischen der Jungfrau von Norwegen und Edwards I. Sohn, 1290. (Copyright der Krone, mit Genehmigung des *Controller of H. M. Stationery Office. Public Record Office, London, E. 36, vol. 274, Liber A., f. 188.)*

38 Münze mit dem Kopf John Balliols, 1292–96. Sterlingsilber, Avers. *(National Museum of Antiquities of Scotland, Edinburgh.)*

39 Ausschnitt aus der *Ragman's Roll*, 28. August 1296. (Copyright der Krone, mit Genehmigung des *Controller of H. M. Stationery Office, Public Record Office, London.)*

40 Brief von Sir William Wallace und Sir Andrew de Moray an die Bürgermeister und Gemeinden von Lübeck und Hamburg, 1297. *(Archiv der Hansestadt Lübeck.)*

41 Großes Siegel von Robert Bruce. (Mit freundlicher Genehmigung der *Trustees of the British Museum, London.)*

42 Reiterstatue von Robert Bruce, Bannockburn, Stirling. *(Foto: The British Travel Association.)*

43 Münze mit dem Kopf von Robert Bruce, 1306–1329. Sterling, Avers. *(National Museum of Antiquities of Scotland, Edinburgh.)*

44 Luftaufnahme von Caerlaverock Castle, Dumfriesshire. *(Foto: Aerofilms Limited.)*

45 Schlacht von Bannockburn, 1314. Zeichnung aus dem *Scotichronicon* von John Fordun, 15. Jh. (Mit Genehmigung der *Masters and Fellows of Corpus Christi College, Cambridge, Corpus Christi College Library, MS. 171, f. 265.)*

46 *The Arbroath Declaration*, Brief der Barone an Papst Johannes XXII., am 6. April 1320, mit den Siegeln der Barone. *(Scottish Record Office, Edinburgh.* Copyright der Krone, mit Genehmigung des *Controller of H. M. Stationery Office, Public Record Office, London.)*

47 Abguß des Schädels von Robert Bruce. *(Scottish National Portrait Gallery, Edinburgh.)*

48 Das Bruce-Schwert, mit den Initialen von Bruce, »KRB«, und von Douglas, »ILD«, mit Anweisungen an Douglas, das Herz von Bruce in der Heiligen Stadt zu begraben. Datiert 1320. Authentizität umstritten. (Mit freundlicher Genehmigung des *Rt. Hon. Sir Alec Douglas-Home, Douglas Castle.)*

49 Perth, belagert durch den Earl of Mar, ca. 1332. Holzschnitt aus den *Chronicles* von Holinshed, vol. I., 1577. *(British Museum, London.)*

50 Edward III. mit seinem Gefangenen David II., der bei Neville's Cross, 1346, in seine Gewalt geriet. Buchmalerei aus einer Handschrift des 14. Jhs. (Mit freundlicher Genehmigung der *Trustees of the British Museum, MS. Nero D, VI, f. 61 v.)*

51 Schotten und Franzosen greifen Wark Castle, Northumberland, an. Buchmalerei aus den *Chroniques* von Froissart, französische Handschrift des 15. Jhs. (Mit freundlicher Genehmigung der *Trustees of the British Museum, MS. 18 E. I., vol. 11, f. 345.)*

52 Münze mit dem Kopf Robert II., 1371–90. Grot, Avers. *(National Museum of Antiquities of Scotland, Edinburgh.)*

53 Die Cavers-Standarte der Douglas Familie. *(National Museum of Antiquities of Scotland, Edinburgh.)*

54 Hermitage Castle, Roxburghshire. *(Foto: Edwin Smith.)*

55 Grabkreuz von Ranald, Sohn von John, Lord of the Isles, zeigt ihn in einer gesteppten Kriegstracht, mit keltischem konischem Helm und mit Zweihänder und Kriegsbeil bewaffnet. *(National Museum of Antiquities of Scotland, Edinburgh.)*

56 Tartsche der Macdonalds, mit doppelköpfigem Adler, das Wahrzeichen der Lords of the Isles. Spätes 17. Jh. *(National Museum of Antiquities of Scotland, Edinburgh. Foto: Tom Scott.)*
Tartsche der Macdonalds of Keppoch, hergestellt aus Tannen- oder Eichenholz, Verzierungen im keltischen Stil, 18. Jh. (Mit freundlicher Genehmigung des *Royal Scottish Museum, Edinburgh.)*

57 Duart Castle, Mull. (Mit freundlicher Genehmigung von *Sir Charles Maclean, Bt. Foto: The Scout Association.)*

58 Maclean of Coll, gemeißelte Grabplatte auf Iona. (Aus *Antiquities of Iona*, H. D. Graham, London, 1850.)

59 Ansicht von St. Andrews. Stich aus dem *Theatrum Scotiae* von John Slezer, 1693.

60 Amtsstab der Fakultät der Freien Künste, 1418. (Mit Erlaubnis des *Bibliotheksdirektors, St. Andrews University.)*

61 Parlament von James I. in Edinburgh, 1424. Holzschnitt aus den *Chronicles* von Holinshed, vol. I. 1577. *(British Museum, London.)*

62 Äneas Silvius am Hof James' I., Fresko von Pinturicchio, 1505. Dom zu Siena. *Foto: Mansell Collection.)*

63 Wappenschild und Inschrift am Grabmal von James, siebter Earl of Douglas, St. Bride's Chapel, Douglas, Lanarkshire. Aus *The Douglas Book*, W. Fraser, London, 1885. *(British Museum, London.)*

64 James II., Buchmalerei von Jörg von Ehingen. *(Landesbibliothek Stuttgart, Cod. Hist. 4°, 141.)*

65 Kirchliches Siegel des Bischofs Kennedy von St. Andrews, ca. 1450. *(Scottish Record Office, Edinburgh.* Copyright der Krone, mit Genehmigung des *Controller of H. M. Stationery Office, Public Record Office, London.)*

66 Ansicht der Stadt Inverness. Stich aus dem *Theatrum Scotiae* von John Slezer, 1693.

67 James III., Ausschnitt aus einem Hugo van der Goes zugeschriebenen Altarbild, 1476. (Mit gnädiger Genehmigung von *Her Majesty the Queen.)*

68 Margarete von Dänemark, die Frau James' III. Ausschnitt aus einem Hugo van der Goes zugeschriebenen Altarbild. (Mit gnädiger Genehmigung von *Her Majesty the Queen.)*

69 Münze mit dem Kopf James' III., Avers, wahrscheinlich frühestes Renaissanceporträt außerhalb Italiens, ca. 1485. *(National Museum of Antiquities of Scotland, Edinburgh.)*
Münze aus der Zeit James' III., Revers, zeigt drei Kugeln und einen Ring, Krone und Lilie in den Winkeln des Kreuzes. *(National Museum of Antiquities of Scotland, Edinburgh.)*

70 Die Schlacht von Sauchieburn, 1488. Aus *The Pictorial History of Scotland*, James Taylor, vol. II., London, 1859.

71 Porträt, genannt »James IV.« Flämische Schule, 16. Jh. *(National Gallery of Scotland, Edinburgh.)*

72 »Queen Mary's Harp«, ca. 1500. *(National Museum of Antiquities of Scotland, Edinburgh.)*

73 Palast zu Linlithgow. Aus *Theatrum Scotiae* von John Slezer, 1693.

74 Andrew Myllars Druckerzeichen. (Mit Genehmigung der *Trustees of the National Library of Scotland, Edinburgh. F. 7, d. 27, p. 168.)*

75 Sarkophag von Alasdair Crotach, siebter Häuptling des Clans Macleod, St. Clement's Church, Isle of Harris, entstanden 1528. *(Foto: Edwin Smith.)*

76 Karte mit den Gebieten der Clans im 17. Jh. Aus *The Highland Clans* von Sir Iain Moncreiffe of that Ilk, Barrie & Rockliff, 1967. (Mit freundlicher Genehmigung des *Autors und Verlages.)*

77 Drei Kaufleute. Steinmetzarbeit aus dem 16. Jh. (Mit freundlicher Genehmigung des *Merchants' House, Glasgow.)*

78 Modell der *Great Michael.* (Mit freundlicher Genehmigung des *Royal Scottish Museum, Edinburgh.)*

79 Mary Tudor, Porträt von Daniel Mytens. (Mit gnädiger Genehmigung von *Her Majesty the Queen.)*

80 Unterschrift James' IV. auf seinem Brief an Heinrich VIII., 11. Juni (?) 1509. (Mit freundlicher Genehmigung der *Trustees of the British Museum, London, MS. Vespasian F. III, f. 77.)*

81 Standarte des Earl Marischal von Schottland, 1,40 Meter lang, in der Schlacht von Flodden Field getragen von Black John Skirving of Plewlandhill, dem Standartenträger des Earls. (Mit freundlicher Genehmigung der *Faculty of Advocates, Edinburgh.)*

82 Margaret Tudor und der Duke of Albany; Doppelbildnis, Künstler unbekannt. (Mit freundlicher Genehmigung der *Marquess of Bute, Rothesay. Foto: Scottish National Portrait Gallery, Edinburgh.)*

83 Ansicht von Stirling Castle. Stich aus dem *Theatrum Scotiae* von John Slezer, 1693.

84 Ansicht des Palastes von Falkland. Stich aus dem *Theatrum Scotiae* von John Slezer, 1693.

85 James V. und Marie de Guise-Lorraine; Doppelbildnis, Künstler unbekannt. (Mit freundlicher Genehmigung von *The National Trust, Hardwick Hall.)*

86 Marie de Guise-Lorraine, Frau James' V., Porträt Corneille de Lyon zugeschrieben. *(Scottish National Portrait Gallery, Edinburgh.)*

87 Der Watson-Pokal; Mitte 16. Jh. (Mit freundlicher Genehmigung des *Royal Scottish Museum, Edinburgh.)*

88 Titelblatt der Genfer- oder »Breeches«-Bibel. *(British Museum, London.)*

89 George Wishart, Porträt, Künstler unbekannt. *(University of Glasgow Art Collection.)*

90 John Knox, Statuenversion von Hondius, 1580, nach einem Ölbild. *(British Museum, London.)*

91 George Wishart auf dem Scheiterhaufen, St. Andrews, März 1546. Holzschnitt aus den *Chronicles* von Holinshed, vol. I., London 1577. *(British Museum, London.)*

92 Brief Edwards VI. an den Duke of Somerset, 18. September 1547. (Mit freundlicher Genehmigung der *Trustees of the British Museum, London, MS. Lansdowne 1236, f. 16.)*

93 Plan der Schlacht von Pinkie, Holzschnitt aus *The Expedicion into Scotlade of the Duke of Soomerset,* William Patten, 1548. *(British Museum, London.)*

94 *The Preaching of Knox before the Lords of the Congregation, 10. Juni 1559.* Von Sir David Wilkie, 1832. (Mit freundlicher Genehmigung der *Trustees of the Tate Gallery, London.)*

95 Die Selbstverpflichtung der Lords of the Congregation, 1557. (Mit Genehmigung der *Society of Antiquaries of Scotland.* Leihweise in der *National Library of Scotland, Edinburgh.)*

96 Brief John Knox' an Mary Queen of Scots, ursprünglich 1556 geschrieben. Titelseite aus einem Exemplar von Knox' *Historie of the Reformation of the Church of Scotland,* 1644.

97 Tod Heinrichs II. von Frankreich, 1559. Stich von J. Tortorel und J. Perrissin. *(British Museum, London.)*

98 John Knox und »Goodman« blasen die Trompeten gegen »the Monstrous Regiment of Women«. Mary Queen of Scots ist dargestellt. Aus *An Oration against the unlawfull Insurrections . . .,* Peter Frarinus, Antwerpen, 1566. *(British Museum, London.)*

99 Seite aus *The First Booke of Discipline,* 1560, gedruckt 1621. *(British Museum, London.)*

100 Frontispiz der »Tennowr«-Partie des Ersten Psalms. Aus *The Scottish Psalter* von dem Reformator Thomas Wode, Vikar von St. Andrews, 1566. Wahrscheinlich für den Gebrauch der Königlichen Kapelle im Holyroodhouse. *(Edinburgh University Library.)*

101 Das »Deuil Blanc«-Bildnis von Mary Queen of Scots, wahrscheinlich 1559 von François Clouet. *(Scottish National Portrait Gallery, Edinburgh.)*

102 Henry Stewart, Lord Darnley, Detail aus einem Gemälde von Hans Eworth. (Mit gnädiger Genehmigung von *Her Majesty the Queen.)*

103 *The Murder of Riccio* von Sir William Allan, 1833. *(National Gallery of Scotland, Edinburgh.)*

104 Plan von Kirk o' Field, 1567, nach der Ermordung Darnleys. Zeitgenössische Zeichnung. (Copyright der Krone, mit Genehmigung des *Controller of H. M.*

Stationery Office, Public Record Office, London. SP 52/12, no. I.)

105 James Hepburn, vierter Earl of Bothwell, Miniatur, 1566, Künstler unbekannt. *(Scottish National Portrait Gallery, Edinburgh.)*

106 Mary Queen of Scots, Miniatur, Künstler unbekannt. (Mit freundlicher Genehmigung des *Duke of Portland, K. G. Welbeck Woodhouse. Foto: Victoria and Albert Museum, London.)*

107 Die Schlacht von Carberry Hill, 1567. Zeitgenössische Zeichnung. (Copyright der Krone, mit Genehmigung des *Controller of H. M. Stationery Office, Public Record Office,* London, SP 52/13, No. 58.)

108 Schrift und Unterschriften von Mary Queen of Scots. Aus dem Meßbuch, das Mary von dem Dauphin von Frankreich vor ihrer Hochzeit erhalten hatte und von ihr während ihrer Gefangenschaft in Fotheringhay benutzt wurde. *(Eremitage, St. Petersburg. Foto: Novosti Press Agency.)*

109 Belagerung von Edinburgh Castle, 1573. Holzschnitt aus den *Chronicles* von Holinshed, vol. II, London, 1577. *(British Museum, London.)*

110 Bildnis des George Buchanan, 1506, Künstler unbekannt. *(Scottish National Portrait Gallery, Edinburgh.)*

111 Bildnis des James Stewart, vierter Earl of Moray, Regent für James VI., Kopie von H. Munro nach dem Gemälde eines unbekannten Künstlers. *(Scottish National Portrait Gallery, Edinburgh.)*

112 Bildnis des James Douglas, vierter Earl of Morton, Regent für James VI., von Arnold Bronkhorst. *(Scottish National Portrait Gallery, Edinburgh.)*

113 Bildnis James' VI. and I. als kleiner Junge von Arnold Bronkhorst. *(Scottish National Portrait Gallery, Edinburgh.)*

114 Mittelfeld des Oxburgh-Wandteppichs, Seide auf Gitterleinen, von Mary während ihrer Gefangenschaft gearbeitet. *(Victoria and Albert Museum, London.)*

115 Skizze mit Feder und Tinte über die räumliche Anordnung bei der Hinrichtung Mary Queen of Scots in Fotheringhay Castle, 8. Februar 1587. (Mit freundlicher Genehmigung der *Trustees of the British Museum, London, MS. Add. 48 027.)*

116 James VI. und I. und Anne von Dänemark. Wahrscheinlich entstand dieser Stich kurz nach James' Besteigung des englischen Throns; Doppelbildnis von Renold Elstrack. *(British Museum, London.)*

117 Titelseite der gälischen Übersetzung des calvinschen *Katechismus* durch John Carswell; bei Wreittoun, Edinburgh, 1631 gedruckt. (Mit Genehmigung der *Trustees of the National Library of Scotland, Edinburgh.)*

118 Triumphbogen für den Einzug James' VI. und I. in London. Stich von Stephen Harrison, 1604. *(British Museum, London.)*

119 Die Krönung James' VI. und I. und Annes in Westminster Abbey am 25. Juli 1603. Zeitgenössischer Stich. *(British Museum, London.)*

120 Seite aus *Regiam Majestatem, The Auld Lawes and Constitutions of Scotland* von Sir John Skene. Gedruckt bei Thomas Finlayson, Edinburgh, 1606. *(British Museum, London.)*

121 Bildnis James' VI. und I., 1610. Schule von Marcus Gheeraerts dem Jüngeren, jetzt J. de Critz zugeschrieben. (Mit freundlicher Genehmigung der *Trustees of the National Maritime Museum, Greenwich.)*

122 Charles I. in Edinburgh. Stich von Cornelius van Dalen, wahrscheinlich um 1638 entstanden. *(British Museum, London.)*

123 a. Titelseite des *Booke of Comon Prayer* für die Church of Scotland. Gedruckt in Edinburgh, 1637. *(British Museum, London.)*

b. Der *Arch-Prelate* von St. Andrews wird tätlich angegriffen, während er das neue *Revised Prayer Book for Scotland,* das der schottischen Kirche von Charles aufgezwungen wurde, verliest. Szene spielte sich 1637 in St. Giles ab. Stich von Wenceslaus Hollar für *Sight of the Transactions of these latter years* von John Vicars, 1646. *(British Museum, London.)*

124 a. Alexander Hendersons of Leuchars. Stich von S. Freeman, nach dem Leben. Aus *History of Scotland,* vol. III, George Buchanan, Glasgow, 1855. *(British Museum, London.)*
b. James Guthries of Stirling. Stich von S. Freeman, nach dem Leben. Aus *History of Scotland,* vol. IV., George Buchanan, Glasgow, 1855. *(British Museum, London.)*

125 Die Unterschriften von Montrose und dem Earl of Rothes auf dem National Covenant, 28. Februar 1638. *(Edinburgh Corporation Museums, Huntly House.)*
Der *National Covenant,* 28. Februar 1638; Rückseite des Originals. *(Edinburgh Corporation Museum, Huntly House.)*

126 James Graham, erster Marquess of Montrose, Porträt von George Jamesone. (Mit freundlicher Genehmigung des *Earl of Southesk. Foto: Scottish Portrait Gallery, Edinburgh.)*

127 Archibald Campbell, erster Marquess of Argyll, Porträt eines unbekannten Malers. *(Scottish National Portrait Gallery, Edinburgh.)*

128 Die Regierung Charles' I. Zeitgenössischer Stich.

129 *A Solemn League and Covenant for Reformation,* am 25. September 1643 in London veröffentlicht. Die beiden bebilderten Felder zeigen, wie Adel, Gentry und Klerus feierlich den Eid leisten. Stich von Wenceslaus Hollar.

130 Oliver Cromwell, unvollendete Miniatur von Samuel Cooper, 1650. (Mit freundlicher Genehmigung des *Duke of Buccleuch and Queensberry, K.T. G.C.V.O., Bowhill, Selkirk. Foto: Scottish National Portrait Gallery, Edinburgh.)*

131 Ansicht von Old Aberdeen. Stich aus *Theatrum Scotiae,* John Slezer, 1693.

132 Schlacht von Naseby, 1645. Stich aus *Anglia Rediviva,* Joshua Sprigge, 1647. *(British Museum, London.)*

133 Hinrichtung Charles' I., Januar 1649. Zeitgenössischer deutscher Stich. *(British Museum, London.)*

134 Krönung Charles' II. in Scone, 1. Januar 1651. *(British Museum, London.)*

135 *Old Sayings and Predictions Verified and fulfilled, Touching the Young King of Scotland and his gued Subjects,* (Alte Sprichwörter und Prophezeiungen, die sich bewahrheiten und erfüllen, hinsichtlich des jungen Königs von Schottland und seinen guten Untertanen), eine heftige Kritik von 1651. *(British Museum, London.)*

136 House of Commons, Rückseite des Großen Siegels von England. Befestigt an der Übertragungsurkunde Oliver Cromwells für Edward Horseman, datiert zu Westminster am 8. September 1656. (Mit freundlicher Genehmigung der *Trustees of the British Museum, London, MS. Sloane 3243.)*

137 Charles II., Porträt von Pieter van der Banck. Zeichnung mit gefälschter Signatur. (Mit gnädiger Genehmigung von *Her Majesty the Queen.)*

138 Ansicht des Parlamentsgebäudes und des Schatzamtes. Stich von Parr nach einer Vorlage von Elphinstone. *(British Museum, London, Department of Maps, Kings XLIX, no. 68E.7.)*

139 Silberner Becher mit eingravierten Disteln und Tulpen. Aus der Werkstatt des James Penman, Edinburgh, 1685. (Mit freundlicher Genehmigung des *Royal Scottish Museum, Edinburgh.)*

140 Die Ermordung des Erzbischofs Sharp von St. Andrews, 3. Mai 1679. In London 1679 erschienener Druck. *(British Museum, London.)*

141 Die Schlacht von Drumclog, 1. Juni 1679. Stich von C.E. Wagstaff nach einem Original von Georg Harvey. *(British Museum, London.)*
142 James VII. und II., 1685–1689, Porträt von Sir Peter Lely. *(Scottish National Portrait Gallery, Edinburgh.)*

143 Unterschriften Charles' II und seines Bruders James, 1662. (Mit Genehmigung der *Royal Society.)*
144 John Graham of Claverhouse, Viscount Dundee.
145 Unterschrift des Graham of Claverhouse, Viscount Dundee, auf seinem Brief an den Earl of Linlithgow, Oberbefehlshaber von Schottland. Glasgow, 1. Juni 1679. (Mit freundlicher Genehmigung der *Trustees of the British Museum, London, MS. Stowe 142, f. 95.)*
146 Schottischer Dragoner, 1680. Aus *History of the Scottish Regiments in the British Army,* Alexander K. Murray, Glasgow, 1982. *(British Museum, London.)*

147 Ansicht von Dunkeld. Stich aus *Theatrum Scotiae,* John Slezer, 1693.
148 Ansicht von Dunfermline. Stich aus *Theatrum Scotiae,* John Slezer, 1693.
149 Die Belagerung von Londonderry, 1689. Stich von Schoonebeck. *(Foto: Mansell Collection.)*

150 John Campbell, erster Earl of Breadalbane, Porträt von Sir John Medina. *(Scottish National Portrait Gallery, Edinburgh.)*
151 Captain Robert Campbell von Glenlyon, Porträt von unbekannter Hand. *(Scottish National Portrait Gallery, Edinburgh.)*

152 Duncansons Befehl zum Massaker am Clan Macdonald in Glencoe. Er wurde am 12. Februar 1692 an Captain Robert Campbell gesandt. (Mit Genehmigung der *Trustees of the National Library of Scotland, Edinburgh.)*
153 Glencoe, Argyllshire. *(Foto: Edwin Smith.)*

154 Highland-Häuptling um 1660 von Joseph Michael Wright. *(Scottish National Portrait Gallery, Edinburgh.)*
155 Karte von Darien. Aus *A letter giving a description of Darien by an unknown person,* gesandt an den Marquess of Tweeddale, 1699. *(British Museum, London.)*

156 Brief von Colin Campbell an seinen Bruder, 22. Dezember 1698. (Mit Genehmigung der *Trustees of the National Library of Scotland, Edinburgh.)*
157 Geburt des Prinzen James Edward, 1688. Zeitgenössischer Stich. *(British Museum, London.)*
158 John Campbell, zweiter Duke of Argyll, General der Hannoveranischen Truppen während des Aufstandes 1715, Porträt von William Aikman. *(Scottish National Portrait Gallery, Edinburgh.)*

159 Unterschriften und Siegel auf dem Bündnisvertrag, 22. Juli 1706. *(Scottish Record Office, Edinburgh.* Copyright der Krone, mit Genehmigung des *Controller of H. M. Stationerey Office, Public Record Office, London.)*

160 Der Duke of Queensberry überreicht den Bündnisvertrag Königin Anne. Stich von unbekannter Hand. *(British Museum, London.)*
161 Die Krone Schottlands. (Copyright der Krone, mit Genehmigung des *Controller of H. M. Stationery Office, Public Record Office, London.)*
162 Prinz James Francis Edward, Porträt von François de Troy, 1701. *(Scottish National Portrait Gallery, Edinburgh.)*

163 Ansicht von Perth. Stich aus Theatrum Scotiae, John Slezer, 1693.
164 Dolche, Schwerter und Tartsche aus den Highlands, 17. und 18. Jh. (Mit freundlicher Genehmigung des *Royal Scottish Museum, Edinburgh.)*
165 Zweihänder. Frühes Beispiel dieses Typs, wahrscheinlich 16. Jh. *(National Museum of Antiquities of Scotland, Edinburgh.)*

166 Landung von Prinz James Edward in Peterhead, Januar 1715. Stich in Linienmanier von Peter Schenk. *(Scottish National Portrait Gallery, Edinburgh.)*

167 Hinrichtung jakobitischer Lords, Tower Hill, 1716. Stich in Linienmanier von unbekannter Hand. *(Scottish National Portrait Gallery, Edinburgh.)*

168 Gefangene Rebellen auf dem Weg nach London, 1715. Stich von H. Terasson nach einem Gemälde von L. du Guernier. *(British Museum, London.)*

169. Ansicht von Fort Augustus, von Paul Sandly. (Mit gnädiger Genehmigung von *Her Majesty the Queen.)*

170 Die Brücke General Wades in Aberfeldy, Perthshire. *(Foto: Edwin Smith.)*

171 *The Porteous Mob.* Szene auf dem Grassmarket, Edinburgh, 1736, mit Captain Porteous, den man links im Bild zum Färbergraben bringt. Gemälde von James Drummond, 1855. *(National Gallery of Scotland, Edingburgh.)*

172 Prinz Charles Edward, Porträt von Antonio David, 1732. *(Scottish National Portrait Gallery, Edinburgh.)*

173 Prinz Charles und Antoine Walsh verabschieden sich am Ufer von Loch nan Uamh, 1745. Zeitgenössische Zeichnung. *(Scottish National Portrait Gallery, Edinburgh.)*

174 Jakobitische Toast-Gläser, 18. Jh. *(Victoria and Albert Museum, London.)*

175 *Entry of Prince Charles and Highlanders into Edinburgh after the Battle of Prestonpans.* Stich von Frederick Bacon nach einem Gemälde von Thomas Duncan. *(British Museum, London.)*

176 *A Race from Preston Pans to Berwick.* Gedruckt am 22. September 1745. *(British Museum, London.)*

177 *Lord George Murray, Bild von unbekannter Hand.* (Mit freundlicher Genehmigung des *Duke of Atholl.* Leihweise in der *National Scottish Portrait Gallery, Edinburgh.)*

178 *The March to Finchley.* Stich von William Hogarth, Dezember 1750 erstmalig veröffentlicht. *(Foto: Courtauld Institute of Art.)*

179 Der französische Kommandant übergibt den Schlüssel von Carlisle dem Duke of Cumberland, 30. Dezember 1745. Mezzotinto von Miller nach einem Gemälde von Thomas Hudson. *(British Museum, London.)*

180 *Tandem Triumphans,* Schlacht von Culloden, 16. April 1746. Stich von unbekannter Hand, am 7. Mai 1746 veröffentlicht. *(British Museum, London.)*

181 Hütte auf dem Gelände des Schlachtfeldes von Culloden. *(Foto: Edwin Smith.)*

182 *Rebell Gratitude.* Stich von unbekannter Hand, veröffentlicht am 14. Januar 1747.

183 Flora Macdonald, Portrait nach einem Gemälde von Allan Ramsay. *(Scottish National Portrait Gallery, Edinburgh.)*

184 *The Agreeable Contrast.* Stich W. Ebersley, 1746. *(British Museum, London.)*

185 William Augustus, Duke of Cumberland, Porträt von Sir Joshua Reynolds. *(Scottish National Portrait Gallery, Edinburgh.)*

186 Simon, Lord Lovat, erscheint vor Gericht unter dem Vorsitz von Lord Hardwicke, Lord High Steward, 1746. Stich von 1791, nach dem Original von William Hogarth, das er während der Gerichtsverhandlung skizzierte. *(British Museum, London.)*

187 Hinrichtung der rebellischen Lords auf dem Tower Hill, 1746. Zeitgenössischer französischer Stich. *(British Museum, London.)*

188 Unterschrift von Charles Edward, ca. 1773, auf einem Brief an Monsieur Nicolas Verzura, seinen Bankier in Paris. (Mit Genehmigung der *Trustees of the National Library of Scotland, Edinburgh, MS. 593, no. 2033.)*

189 Grabmal für die letzten drei Mitglieder des Hauses Stuart, entworfen von Canova. Petersdom, Rom. *(Foto: Mansell Collection.)*

190 *The General Assembly of the Kirk of Scotland,* 1787. Zeichnung von David Allan, bekannt als der »Scottish Hogarth«. *(British Museum, London, Department of Maps, Kings XLIX, no. 68.g.2.)*

191 George IV., Porträt von Sir David Wilkie. (Mit gnädiger Genehmigung von *Her Majesty the Queen.)*

192 *Queen Victoria landing at Loch Muich,* von Sir Edward Landseer. Entwurf, ca. 1850, für ein Ölgemälde. (Mit gnädiger Genehmigung von *Her Majesty the Queen.)*

193 *Edinburgh Castle,* ca. 1750 von Paul Sandly. (Mit freundlicher Genehmigung der *Trustees of the Tate Gallery.)*

194 Mechanischer Webstuhl. Stich aus *History of Cotton Manufacture in Great Britain* von Edward Baines, London, 1835. *(British Museum, London.)*

195 *Weighing the bar-lead,* von David Allan. (Mit freundlicher Genehmigung von *Sir James Hunter Blair, Bt., Maybole, Ayrshire. Foto: National Gallery of Scotland, Edinburgh.)*

196 James Watt und die Dampfmaschine. Stich, 1860, von James Scott nach einem Gemälde von E. Lauder. *(Foto: Science Museum.)*

197 Eröffnung der Eisenbahnlinie zwischen Glasgow und Garnkirk, 1831. Lithographie von W. Day. *(Foto: Science Museum.)*

198 *Charlotte Dundas,* 1804. Aus *A Sketch of the origin and progress of Steam Navigation,* Bennet Woodcroft, London, 1848. *(British Museum, London.)*
Passagierdampfer Comet, 1812. Zeitgenössische Lithographie. *(Foto: Science Museum.)*

199 Frauen, die Korn mahlen und Stoff walken. Stich aus *Tour in Scotland,* vol. I., Thomas Pennant, London, 1774-76. *(British Museum, London.)*

200 Vertreibung von Pächtern. Stich aus *Real Scottish Grievances.* Donald Ross, Glasgow, 1854. *(Mitchell Library, Glasgow.)*

201 Blick auf Glasgow von der Nekropolis. *(Foto: Edwin Smith.)*

202 Henry Dundas, erster Viscount Melville, Porträt von Sir Thomas Lawrence. *(Scottish National Portrait Gallery, London.)*

203 *The Giant Factotum amusing himself,* von James Gilbray, veröffentlicht am 21. Januar 1797. *(British Museum, London.)*

204 Thomas Muir, wegen Aufwiegelung vor Gericht, 30.–31. August 1793. Stich von I. Kay aus *The Trial of Thomas Muir. Esq.,* Edinburgh, 1793, 2. Ausgabe. *(British Museum, London.)*

205 Inneres der Academy of Fine Arts, University of Glasgow. Gegründet von den Gebrüdern Foulis, fünfzehn Jahre vor der Royal Academy, London. Geschlossen 1775 mangels Geldmittel. Stich von David Allan, ca. 1760. *(British Museum, London.)*

206 David Hume, Medaillonbildnis von James Tassie. *(Scottisch National Portrait Gallery, Edinburgh.)*

207 Allan Ramsay, Selbstportrait, Rötelzeichnung. *(National Portrait Gallery, London.)*

208 Inneres vom Laurieston House, Carlton Place, Glasgow. *(Foto: Edwin Smith.)*

209 *Walter Scott with his friends,* von Thomas Faed. *(Scottisch National Portrait Gallery, Edinburgh.)*

210 Robert Burns, Porträt, 1787, von Alexander Nasmyth. *(Scottisch National Portrait Gallery, Edinburgh.)*

211 Colonel Alastair Macdonell of Glengarry, Chief of Macdonells, Gemälde von Sir Henry Raeburn. *(National Gallery of Scotland, Edinburgh.)*

212 James Keir Hardie, Porträt von C. Rowe. Bleistiftzeichnung. *(National Portrait Gallery, London.)*

213 Das Verlesen der »Riot Act« auf der Aignish Farm, nahe Stornoway. Aus *Illustrated London News,* 21. Januar 1888. *(Foto: Radio Times Hulton Picture Library.)*

Register

Außer in Sonderfällen, zum Beispiel Heinrich VIII., wurden die Namen der Könige beibehalten, wo nötig beim ersten Erscheinen im Text noch durch die deutsche Namensform ergänzt, zum Beispiel »James (Jakob)« und »Mary Queen of Scots (Maria Stuart)«. Auch Adelstitel und die Bezeichnungen von Hofämtern wurden im Original beibehalten.